U0596494

Knowledge and Social Imagery

当 代 世 界 学 术 名 著

知识和社会意象

[英] 大卫·布鲁尔（David Bloor）／著
霍桂桓／译

中国人民大学出版社
·北京·

“当代世界学术名著”
出版说明

中华民族历来有海纳百川的宽阔胸怀，她在创造灿烂文明的同时，不断吸纳整个人类文明的精华，滋养、壮大和发展自己。当前，全球化使得人类文明之间的相互交流和影响进一步加强，互动效应更为明显。以世界眼光和开放的视野，引介世界各国的优秀哲学社会科学的前沿成果，服务于我国的社会主义现代化建设，服务于我国的科教兴国战略，是新中国出版工作的优良传统，也是中国当代出版工作者的重要使命。

中国人民大学出版社历来注重对国外哲学社会科学成果的译介工作，所出版的“经济科学译丛”、“工商管理经典译丛”等系列译丛受到社会广泛欢迎。这些译丛侧重于西方经典性教材；同时，我们又推出了这套“当代世界学术名著”系列，旨在迻译国外当代学术名著。所谓“当代”，一般指近几十年发表的著作；所谓“名著”，是指这些著作在该领域产生巨大影响并被各类文献反复引用，成为研究者的必读著作。我们希望经过不断的筛选和积累，使这套丛书成为当代的“汉译世界学术名著丛书”，成为读书人的精神殿堂。

由于本套丛书所选著作距今时日较短，未经历史的充分淘洗，加之判断标准见仁见智，以及选择视野的局限，这项工作肯定难以尽如人意。我们期待着海内外学界积极参与推荐，并对我们的工作提出宝贵的意见和建议。我们深信，经过学界同仁和出版者的共同努力，这套丛书必将日臻完善。

中国人民大学出版社

译者前言

强纲领，相对主义与知识成因的社会定位

经过数月紧张校译，在诸多友人的帮助下，大卫·布鲁尔（David Bloor）所著的《知识和社会意象》这部科学知识社会学经典著作的中译本终于彻底完成了；在这里，我似乎可以松一口气，感受一下仲春的美好气息了。不过，实际情况并非如此。这不仅是因为从表面上看来，译文必定还有这样那样的不足，而以布鲁尔为杰出代表的、以英国爱丁堡学派为主要阵营的“科学知识社会学”（英文简称为SSK），在国内学术界也还基本上鲜为人知，尚未引起广泛的重视；而且更重要的是，从学理的角度来看，在这部著作中，布鲁尔通过强调知识和“社会意象”（social imagery）之间的关系、通过阐述其“强纲领”（strong programme）理论，对包括科学知识在内的人类知识成因进行的相对主义说明，向我们提出了一个极其尖锐的、关于知识的元理论问题（meta-theoretical problem）——包括科学知识在内的人类知识究竟是怎样形成的？或者更具体地说，假如我们基本接受布鲁尔的观点（即使我们不接受他的观点，我们也不能不面对他的问题），以“社会意象”为代表的社会因素，在人类知识的形成过程中究竟如何发挥作用、发挥了多大的作用？我们究竟应当如何看待这种作用，如何看待与此有关的当今西方学术界盛行的“相对主

义”呢?

显然，对于所有以追求和传播知识为目的的人来说，这都是一个必须仔细思考的问题。在我看来，无论就所谓的“知识经济”目前在国内外日常社会生活中大行其道而言，还是就当代西方学术界相对主义风行一时而论，这个问题都是我们必须要直接面对的。毋庸赘言，即使我已经译出了布鲁尔的这部著作，但是对这些问题进行思考和回答无论如何都不是一件轻松的事情，更不用说科学地解决这些问题了；甚至可以毫不夸张地说，由于目前西方学术界流行的“相对主义”思潮的矛头，直指自笛卡尔以来的西方传统理性主义客观认识论和知识论，必置之死地而后快，所以，无论我们对这股“相对主义”潮流持何种态度，在确定继续进行学术研究的方向的时候，我们都绝对不能对它置之不理；而且，正是因为这种“相对主义”是从根本上针对传统的客观认识论基础和知识论基础发难的，这些问题的深度、广度和难度就更显而易见了。

因此，我的心情可以说是既兴奋又紧张——之所以“兴奋”，是因为这个问题极其重要且非常富有挑战性；而“紧张”则是因为无论本书的译文还是这里提出的介绍和基本观点，都远不能使自己满意，更难以说有多大的理论意义了。不过，“千里之行，始于足下”，没有刚开始的蹒跚学步，就不会有以后的健步如飞。出于这样的现状和想法，下面对本书的作者、基本观点以及我自己的相应看法，作一个尽可能简单的交代，供国内学术界有志于研究这方面的同道参考和批评。

一、关于布鲁尔及其“强纲领”

(一) 作为爱丁堡学派“理论家”的大卫·布鲁尔

就20世纪70年代中叶以后崛起的爱丁堡“科学知识社会学”学派而言，大卫·布鲁尔是与巴里·巴恩斯（Barry Barnes）齐名的最主要的理论家；他提出的科学知识社会学的“强纲领”理论已经成为这个学派最重要的理论核心。就这个学派的构成人员各自的特点及其理论贡献而言，布鲁尔和巴恩斯堪称其中的“理论家”，而拉图尔（Bruno Latour）与诺尔-塞蒂纳（Karin Knorr-Cetina）则可以被称为其中的“实践家”（当然，这样的称呼是就他们的研究特色和理论成果的特点而言，并不是说前者仅仅涉及理论，而后者仅仅进行实证性的经验研究），此外还有一些界于这两者之间的人物。显然，就了解“科学知识社会学”的基本观点和理论成就而言，布鲁尔在本书中提出的“强纲领”理论具有极其重要的意义，本书也理所当然地成为了“科学知识社会学”最重要的经典著作之一。

大卫·布鲁尔是当代著名科学知识社会学家。他于 1942 年出生在位于英国中部工业区的德比，曾经在基勒（Keele）大学受教育，于 1964 年获得数学和哲学方面的学位。之后，他到剑桥大学三一学院继续进行学术研究，在两年之后即 1966 年，完成了实验心理学方面的研究。1967 年，他被任命为新成立的爱丁堡大学科学研究部的讲师，从而与巴恩斯一起成为爱丁堡“科学知识社会学”学派的元老级人物。他的第一部重要著作也是“科学知识社会学”的经典著作之一，即《知识和社会意象》，于 1976 年首次出版（后于 1991 年出了第二版，除了原有内容基本保持不变、只修改了几处文字错误以外，主要增加了“第二版前言”和“后记”，以之作为他对那些持不同观点的人的回应）。

接着，他从“科学知识社会学”立场出发，结合对维特根斯坦思想的研究，进一步加强了对知识的社会哲学维度的研究，先后于 1983 年和 1997 年出版了两部有关著作：《维特根斯坦：关于知识的社会理论》和《维特根斯坦：规则和制度》。另外，在此期间，他还与他的两位同事——巴里·巴恩斯和约翰·亨利（John Henry）——合写了《科学：社会学分析》，作为研究院教材于 1996 年出版。1998 年，布鲁尔被任命为科学社会学教席的专职教授（personal chair），并且成为美国圣迭戈加利福尼亚大学、维也纳科技大学、马萨诸塞技术研究所以及柏林的马克斯·普朗克科学史研究所客座教授或者客座研究员。[①] 就目前“科学知识社会学”在西方学术界的传播状况而言，可以说它在欧洲大陆和北美洲已经基本上“遍地开花”，产生了非常广泛的影响，因而“水涨船高”，布鲁尔的上述三部主要著作，尤其是《知识和社会意象》，也因此成了人们广泛注意、研究和批评的焦点，成了科学知识社会学的最重要的理论著作之一。

囿于篇幅，这里不打算一一叙述和评价这部著作的内容（需要指出的是，布鲁尔这部著作虽然篇幅并不很大，但是人们读了本书就可以切身感受到，他以“强纲领”为中心所涉及的知识面非常广泛；也正是因为如此，要进行这样的叙述和评价，我们就至少需要写一部与这部著作篇幅相同的著作），而只能集中考察和论述它所包含的两个方面——“强纲领”和与知识成因有关的相对主义。在我看来，这两个紧密联系在一起的方面共同构成了《知识和社会意象》这部著作的核心，甚至可以说构成了“科学知识社会学”整个学派的理论核心。所以，我们试图以此举达到“纲举目张”之效——至于实际结果究竟如何，就只能由读者来评判了；当然，《知识和社会意象》这部著作的基本观点和结论也都必须由读者来评价，包括作者、译者、出版者在内的其他任何人都无法“越俎代庖”。

(二)“强纲领”及其相对主义倾向

对于国内初次接触“科学知识社会学”著述的读者来说，他们对“强纲领”是什么颇有些摸不着头脑——“纲领”尚可理解，加上一个“强”字又作何解呢？其实，这主要是由于对与“科学知识社会学”有关的学术背景还不甚了解。正像上面已经指出的那样，“科学知识社会学”的理论核心是“强纲领”，主要理论取向是对科学知识成因进行社会学说明——在这里，所谓“社会学说明”虽然也可以说是一种学理性说明，但是与传统的理性主义所认为的“学理性说明”相比，这种说明在客观性、确定性、精确性、可重复性方面都要“大

① 此处材料主要来自大卫·布鲁尔于2000年5月19日给我发来的电子邮件。

打折扣”；这也就是说，无论与以数学和自然科学为代表的精确科学相比，还是与不断追求量化并且在一定程度上取得了成功的经济学相比，“社会学说明”在这些方面都相差甚远——当然，持这种观点的人的立场是传统的理性主义所坚持的立场。

另一方面，进行这样的说明通常都必然涉及科学史，亦即利用科学史上的材料，从传统的理性主义角度来说明科学知识成因——这基本上是“科学知识社会学”学派崛起以前，人们在进行这个方面研究时所采取的做法，而这种做法也就是所谓的“科学研究纲领”要求的做法，同时，这种“纲领”还要求，只有当不涉及某些社会因素就无法对科学史上的某个阶段加以全面说明的时候，人们才应当把这些因素考虑在内。[①] 因此，在“科学知识社会学”以前，人们在从传统的理性主义角度对科学知识成因的研究和说明过程中，对社会因素的态度基本上是“能避开时则避开，不得已时再求助之”——他们基本上是同等看待这些社会因素与不合理性的因素的。与这种态度相比，爱丁堡学派所坚持的基本态度则要“强硬”得多。他们认为，各种社会因素不仅始终存在，而且（对于知识的形成过程来说）是发挥决定性作用的因素。[②] 正是这种基本态度所具有的更加“强硬”的特征，使爱丁堡学派体现这种态度的纲领被学术界称为“强纲领”，而且他们自己也完全接受这种称呼。

那么，“强纲领”的基本内容是什么？它是如何体现爱丁堡学派在研究知识成因过程中所论述的相对主义的呢？

具体说来，大卫·布鲁尔在本书中提到了它的四个“信条”[③]：

1. 应当从因果关系角度涉及那些导致信念（beliefs）和知识状态的条件（因果性）；

---

①② 参见詹姆斯·罗伯特·布朗（James Robert Brown）：《引论：社会学转向》（Introduction：The Sociological Turn），见《科学的合理性：社会学转向》（*Scientific Rationality*：*The Sociological Turn*），D. Reidel Publishing Company，Dordrecht，1984，p. 3。

③ 参见 David Bloor，*Knowledge and Social Imagery*，The University of Chicago Press，Second Edition，1991，p. 7；也可以参见英文原书第 7 页（本书边码）。笔者在这里并没有逐字逐句地引用布鲁尔的原话，是为了简明扼要地进行概括。

2. 应当客观公正地对待真理和谬误、合理性和不合理性、成功和失败（无偏见性）；

3. 应当用同一些原因类型既说明真实的信念，也说明虚假的信念（对称性）；

4. 应当可以把一种学说的各种说明模式运用于它自身（反身性）。

布鲁尔和爱丁堡学派其他成员坚持的就是由以上四个信条组成的“强纲领”。概括地说，“强纲领”所主张的是，包括自然科学知识和社会科学知识在内的所有各种人类知识都是处于一定的社会建构过程之中的信念；所有这些信念都是相对的、由社会决定的，都是处于一定的社会情境之中的人们进行协商的结果。因此，处于不同时代、不同社会群体、不同民族之中的人们，会基于不同的“社会意象”而形成不同的信念，因而拥有不同的知识。正因为如此，“科学知识社会学”的“强纲领”才提出了上述四个信条，以之作为对研究科学知识的社会成因的要求。

在这里，“因果性信条”所规定的实际上是对于进行这种研究的基本要求——也就是说，要想研究知识的社会成因，就必须从因果关系角度出发，去研究究竟是哪些条件使人们形成了特定的信念和知识；在此基础上，“无偏见性信条”要求研究者必须客观公正地对待真理和谬误、合理性和不合理性、成功和失败，绝不能因为谬误、不合理性、失败令人反感或者令人失望，就不去客观公正地对待它们；“对称性信条”则说明了之所以如此的原因：无论就真理和谬误、合理性和不合理性、成功和失败而言，还是对于真实的信念和虚假的信念来说，它们的社会成因都是相同的，所以当人们研究和说明科学知识的社会成因时，必须运用同一些原因类型；最后，“反身性信条”使研究者所坚持和运用的理论本身也变成了他自己研究的对象——也就是说，这种研究者必须把他用于说明其他知识和理论的模式同样用于对待和研究他自己的理论，从而真正达到对知识的社会成因进行彻底的研究和说明。

我认为，“强纲领”的相对主义倾向主要体现在，它坚持认为一切知识都是相对的、由社会建构和决定的、随着社会情境的不同而有所不同的东西。就这种观点而言，它不仅像以往的相对主义观点那样强调知识的形式（概念、范畴、表达方式乃至学说体系）的相对性，还进一步通过强调一切知识都是基于社会意象的信念，而且这些社会意象和信念又由于社会情境的不同而不同，主张对知识的内容进行具有相对主义色彩的说明——就整个“科学知识社会学”学派而言，这种倾向是居于主导地位的倾向。

这里必须强调指出的是，在西方思想界和学术界，从认为某种理论“是由社会决定的”观点出发，并不一定能够得出这样的观点不是相对主义观点的结论。因为自近代以来，尤其是自 19 世纪下半叶欧洲进行的“科学方法论大辩论”以来，在人们的心目中，“社会领域”和“历史领域”一直是作为由独一无二、变动不居的事件组成的领域而存在的；因此，在西方学者的心目中，说一种观点“是由社会决定的”，大致相当于说它并没有得到传统的理性主义所说的那种具有终极确定性的“决定”，因而，这种说法所指称的观点仍然具有非常浓厚的相对主义色彩。所以，无论是当前西方学术界其他学术流派成员，还是“科学知识社会学”学派理论家们自己，都不讳言“强纲领”是相对主义的。那么，我们应当如何看待“强纲领”乃至“科学知识社会学”学派所具有的相对主义倾向呢？这种倾向与他们的研究结论的功过得失有什么关系？我们又应当由此得出什么结论呢？

二、“强纲领”的相对主义与如何研究知识成因

（一）一般的相对主义与“强纲领”的相对主义

就西方思想史而言，相对主义可以说是源远流长，具有非常悠久的历史传统。众所周知，早在古希腊，赫拉克利特就曾经说出过“人不能两次踏入同一条河流”的名言；此后，克拉底鲁又说出了“人连一次也不能踏入同一条河流”的偏激之言；后来的普罗泰戈拉则以

"人是万物的尺度"这一千古名句表达过同样的相对主义倾向。到了近代以后，休谟的"世界不可知论"、贝克莱的"存在就是被感知"、马赫的"真理是感觉的复合"以及实用主义的"有用就是真理"等，无不具有某些类似的和强烈的相对主义倾向。

由此可见，一般的（也可以说"传统的"）相对主义具有以下五个特征：(1) 通过极端强调变动性，来否定确定性；(2) 通过极端强调认识主体的主观性和历史依赖性，来否定作为认识结果的客观真理；(3) 通过强调过渡和转化，来否定区别和对立①；(4) 与强调确定性、客观真理，以及区别和对立的传统观点针锋相对，但是很少形成主流、处于主导地位；(5) 主要侧重于强调存在于认识过程中的、存在于结果的形式方面的相对主义特征，很少直接主张作为认识结果的知识内容具有相对性。这也就是说，传统的相对主义非常重视作为认识主体的人在其获得知识的过程中所发挥的作用；这就向我们提出了一个问题：作为认识主体，人怎样才能获得知识?（也可以说，"人怎样才能获得客观知识?"——这正是西方哲学认识论和一般知识论所孜孜以求其解答的核心问题。）但是，总的说来，这种传统的相对主义所说的作为认识主体的"人"，基本上还是孤零零的、非社会的、像相片一样没有生命的或理想化了的单个的人，而不是处于具体社会历史情境之中并且随着具体的社会历史情境的发展变化而发展变化的人。这种倾向虽然可以说是西方思想界尤其是哲学界的基本倾向和所能够达到的思想水平②，但是它同时也限制了这种相对主义视野的进一步扩展。

与这种传统的相对主义倾向相比，以大卫·布鲁尔为代表的"科

---

① 这里的三个特征是国内哲学界对相对主义基本特征的、基本上得到人们公认的概括（参见《中国大百科全书·哲学》第二卷，第1002页；我在这里同样采取了概括转述的做法），以下则是我自己的概括。

② 囿于本文的篇幅和论域，这里无法对这种基本倾向和思想水平进行充分而详细的论述；不过，至少自19世纪中叶以来，西方思想界和哲学界已经开始逐渐认识到"社会维度"对于研究人所具有的重要意义。这一点无疑是极其重要的，但是我们却只能以后再相机进行论述。

学知识社会学”学派所具有的相对主义，除了基本上继承了上述前三个特征并有所改进以外，还在两个方面有所发展：首先，正像我们上面已经提到过的，这个学派不仅强调知识在形式方面具有相对主义特征，而且进一步强调知识内容的相对主义特征，此举无疑是一种“发展”——至于我们如何评价这种“发展”，则完全是另一回事；其次，与这种“进一步强调”紧密相关的是，这个学派比以往更加强调“社会维度”在这里所发挥的决定性作用。在我看来，尽管这种“进一步强调”的后果是，在知识论领域几乎导致了极端的相对主义①，但是这种对社会维度的突出强调，却为我们真正从社会哲学角度出发，具体研究认识论和知识论方面的种种问题，提供了开拓眼界的机会和条件。②

我认为，“科学知识社会学”学派具有的这种突出强调社会维度的决定作用的相对主义倾向，会使包括其成员在内的所有进行这种研究的人都面临“山重水复疑无路”的境地——因为一旦研究者像爱丁堡学派成员这样，由于认为知识就是基于社会意象而形成的受具体社会情境决定的信念，因而认为包括自然科学知识在内的所有各种知识都是相对的、不具有任何客观性和确定性，他们就会因此从根本上彻底抹杀各种科学知识的客观内容和存在基础，而这样一来，随着人类总体性知识基础的彻底相对化，人类的一切知识所具有的客观性和普遍性也就全都“烟消云散”了；而这样做的最终结果如何是不必多说的。显然，对于一切追求知识和传播知识的人来说，因此而产生的结果不仅是“山重水复”，甚至还有些“灭顶之灾”的味道了。

然而我们知道，爱丁堡学派成员提出这些观点的目的，并不是要

① 即使只是非常粗略地浏览一下巴恩斯、布鲁尔、拉图尔、诺尔-塞蒂纳等人的著作，我们也可以发现，他们的相对主义确实带有某种“极端”的色彩。

② 毋庸讳言，包括西方哲学认识论和我们自己的认识论研究在内的认识论研究，迄今为止还基本上没有充分考虑人类认识过程及其结果的社会哲学维度——充其量仅仅涉及社会实践过程对认识结果的验证作用，和作为正确的认识结果而存在的真理所具有的实用价值，而没有全面考虑社会维度对于人类认识过程及其结果的各种各样的影响——当然，我们在这里也同样只能指出这一点，无法进行进一步的详细论述。

彻底抹杀一切知识的客观内容和客观基础，而是为了使人们对知识成因的说明更加完善，努力对包括数学在内的自然科学知识的成因进行社会学说明；而且，他们为此而采取的立场也是自然主义的经验主义立场。具体地说，布鲁尔在本书中对一些数学定理之成因的社会学说明，其实也没有根本抹杀这些定理所具有的客观内容，因而并没有根本抹杀它们的客观性和普遍有效性；相反，细心的读者将会注意到，布鲁尔本人反倒是一再对作为知识论基础而存在的唯物主义表示肯定[①]——尽管他所肯定的唯物主义在我们看来是“朴素的唯物主义”。这样，我们就在这里看到了两种截然不同但又紧密结合在一起的倾向——一方面，无论布鲁尔本人，还是“科学知识社会学”学派的其他成员，都坚持认为知识是由社会建构的信念，因而是相对的而不是绝对的；另一方面，由于这些人几乎都是受过系统且严格的自然科学训练的学者，他们都自觉不自觉地，或者公开或者暗中在一定程度上坚持朴素的唯物主义立场，亦即坚持他们所谓的“自然主义的经验主义立场”，因而在一定程度上说，他们并没有——仅仅从表面上看像我们所认为的那样——走到彻底否定知识的客观内容、彻底否定与此相关的知识的有效性的地步。那么，我们应当如何看待和评价这两种截然不同的倾向——或者更加具体地说，我们应当如何看待和评价布鲁尔和爱丁堡学派其他成员出于这两种倾向而对知识成因进行的研究呢？

（二）如何研究知识成因

就人类对知识的追求而言，似乎有一种倾向是显而易见的，这就是人们通常都集中关注“黄金”，而对“点金术”却有些注意不够——也就是说，人们通常主要关心的是“知识是什么”以及“知识有什么用”，而不怎么关心“知识是怎么来的”。当然，如果我们仅仅从知识的实际功用角度着眼，此举完全是无可厚非的；不过，假如我

---

① 参见英文原文第 33～37 页、第 41 页以及第 158 页（本书边码）各处。

们把目光放得更远一点，即不仅关注“知识是什么”，而且也关注“知识是怎么来的”以及“知识的效度如何”，我们就会对知识有更加全面的认识，因而对知识的运用也就会更加富有成效。

综观西方自然科学发展史，科学知识领域的每一次扩展其实都不单纯是“科学对神学的胜利”，因为其同时也是科学家对以往的科学研究结果和自己的立场、观点、方法进行反思的结果。在我看来，这种“反思”便包含对上述科学“点金术”的反思——尽管在很多情况下，这样的反思都以“马后炮”的形式出现，而且并不彻底[①]。我认为，只要研究者不是完全把自己封闭在“象牙塔”之中“闭门造车”，那么从长远来看，重视“点金术”就要比重视“黄金”重要得多。而从某种意义上说，科学哲学家、科学社会学家以及科学知识社会学家所进行的研究，都可以被看作是对这样的“点金术”的研究。那么，研究这种“点金术”是不是必然像科学知识社会学家们那样，只能强调科学知识的相对主义特征，甚至因此而可能彻底否定一切知识的客观性和普遍有效性呢?

这个问题无疑比较复杂。我认为，它至少涉及以下两个方面：(1）是不是人们在认识过程中都具有“相对性”，因而使其结果具有相对性?（2）如果任何一个认识过程及其结果都具有“相对性”，那么我们是否能够以及应当如何结合对社会维度的考察，对这种不可避免的特性的范围、地位和作用，加以明确的定位和反思，从而避免彻底否定知识的客观性和有效性?我认为，只要我们能够对这些问题进行清楚的认识和明确的回答，我们就可以着手解决这个问题了。

1. 任何一种人类的认识过程及其结果都具有“相对性”

其实，布鲁尔的“强纲领”所具有的相对主义倾向，由于仍然强调社会维度的决定作用，因而并没有达到“完全彻底的”地步——只

---

① 这里所说的“不彻底”，主要是指进行这种反思的科学家的主要关注点，往往是科学知识当前的突破性和进一步的实用性，而很少注意其他社会维度对科学知识的形成过程所产生的影响。

要我们把他在本书之中论述的基本观点与贝克莱所谓的“存在就是被感知”稍加比较，这一点就会一目了然了。因为在贝克莱那里，“存在”取决于“被感知”，亦即取决于作为认识主体的个体所进行的“感知”，而这种个体并不是布鲁尔和科学知识社会学家们所说的处于社会之中并且由社会维度决定的人，而毋宁说要么是理想化了的人（即我们在前面所说的像“相片一样”的人），要么是日常生活之中完全以个体的形式存在的（包括科学家在内的）“凡夫俗子”。显然，“存在”不可能取决于像“相片一样”的人所进行的感知（这样的人根本不可能进行什么“感知”），而就包括科学家在内的“凡夫俗子”所进行的感知而言，它们本身所具有的“相对性”是显而易见①的。从这种意义上说，“存在”只能取决于活生生的人，亦即取决于那些生活在具体的（包括历史文化传统和各种社会维度在内的）日常社会情境之中的社会个体。这样，认识过程和作为其结果而存在的知识，就必须被放在这种社会情境之中来看待，并且因此而显露了其本来固有的社会维度。

我认为，就任何一个处于某种具体的、不断变化的社会情境之中的认识者来说，其认识过程和结果都必定由于他本身的欲望、情感、意志、知识素养、社会地位、社会关系乃至他所达到的人生境界，出现这样那样的局限，因而这样的过程和结果必然具有相对性——只不过由于认识者所利用的立场、视角、方法的不同，他们的认识过程和认识结果所具有的相对性在程度上有所不同而已。因此，既然人终究是人而不是神，其认识过程及其结果的相对性就是不可避免的——从这种意义上说，无论贝克莱还是科学知识社会学家们，其论述都具有一定的合理成分。不过，“认识过程及其结果具有相对性”，与这种

① 必须强调指出的是，这里所说的“显而易见”是对于局外人来说的，而不是对于进行认识活动、追求和欣赏其认识结果的那些人本身来说的——就后者而言情况恰恰相反，他们无论如何都不希望自己的认识过程及其结果是“相对的”，反倒是希望这些成果都是“放之四海而皆准”的。在我看来，这种“希望”与注重“黄金”而忽视“点金术”的倾向一样，都是人类心理所固有的“惰性”使然。当然，在这里，我们同样不能对这个观点进行详细论述。

“相对性究竟如何产生”，以及与因此而可能出现的彻底否定知识客观性的极端相对主义倾向，并不是一回事。科学知识社会学家们所涉及的无疑是后一个问题，但是如果通过对这后一个问题的研究而得出了极端的相对主义的结论，就会使问题的性质发生根本变化；综观科学知识社会学家们所进行的研究，可以说这样的趋势并非不可能大行其道。

那么，无论对于“存在就是被感知”来说，还是就“知识是由社会建构的”而言，我们在承认它们具有合理之处的情况下，如何维护包括科学知识在内的一切知识的客观性呢？

2. 认识过程及其结果的“相对性”与对知识成因的社会定位

我认为，既然一切知识都具有一定的相对性，都是在一定的社会情境之中、在一定的“社会维度”影响之下产生的，那么我们首先就必须确定人们通常所谓的“知识的相对性”究竟是什么意思，同时，我们必须弄清楚特定的社会情境和“社会维度”所产生的影响究竟在何种程度上使人们的认识过程和结果具有相对性。显然，前者涉及的是如何看待相对性的问题，后者则是知识成因与相对性的关系问题。

在我看来，就包括自然科学知识在内的所有各种知识而言，“知识的相对性”所指的只不过是这些知识都具有一定的效度——也就是说，任何一种具体的、作为人们在一定条件下进行的认识过程的结果而存在的知识，都是在特定的社会情境之中形成的，都与范围有限和确定的认识对象领域相对应，都通过一定的具体形式表现出来；因此，它们都是由一定的社会个体（或者说由某些社会个体组成的特定的社会群体①）在一定的社会维度影响下，针对此时此地的客观认识对象而形成的。也正因为如此，无论它们所隐含的具体立场、具体方

① 实际上，随着人类社会的不断发展，社会分工越来越细，作为认识主体的社会个体也越来越需要与其他社会个体合作，组成各种各样的“学术共同体”一起进行学术研究，这是毋庸置疑的——不过，即使在这样的“学术共同体”中，个体差异也仍然存在，并且仍然会对他们各自的认识结果产生非常重大的影响。

法、具体结论如何，以及所采取的形式如何，它们都是由具有一定视角的社会个体，在特定的历史—社会文化背景之中形成的。所以，所有这些知识以及它们所包含的内容、方法、视角乃至具体结论及其所采取的形式，都有一定的限度，严格说来都不具有名副其实的“普遍有效性”①。

不过，必须强调指出的是，从这里所说的“所有知识都不具有名副其实的普遍有效性”出发，根本不能得出“所有知识都不具有有效性”的结论——因为显而易见，一种见解是不是真理，与这种见解是不是普遍真理根本不是一回事；无论从“这种见解是真理”推导出“这种见解就是普遍真理”，还是从“这种见解不具有普遍有效性”推导出“这种见解不具有任何有效性”，都是完全站不住脚的。在我看来，除了其他方面的问题以外，这样的推理从根本上说犯了人们常常由于“当局者迷”而意识不到的“非法还原”（illegitimate reduction）② 的错误。那么，这种错误与“知识成因与相对性的关系问题”有什么关系？或者说，意识到这种错误并且克服之，就可以解决“知识成因与相对性的关系问题”，因而实现我们在上面所说的“既承认‘知识是由社会建构的’观点的合理之处，又维护一切知识的客观性”了吗？

---

① 需要指出的是，人类对知识的“普遍有效性”的追求，实际上是以“认识动力”的形式表现出来的“终极关注”（ultimate concern）的一种存在形式；一般说来，这种追求是与人类对“至真”、“至善”、“至美”的追求紧密联系在一起的，因而在很大程度上是一种带有价值取向和浓厚的情感依赖色彩的追求，而不像人们通常所认为的那样，仅仅是“价值中立的”认识方面的追求。

② 所谓“非法还原”在这里是指，研究者在进行过相对完整的分析研究工作，初步得出了具体结论，并且使这样的结论得到了验证以后，便往往急于扩展这种结论的适用范围，使其涵盖范围逐渐扩大，甚至无限扩大（而这样就会使这种结论变得“大而无当”，甚至荒谬绝伦）；而为了使进行这样的扩展显得“理由”非常充分，研究者便对当初作为其研究依据的前提和材料，进行远远超出其抽象概括范围的抽象概括（即“还原”），以便得出最基本、最深刻的前提。由于这种“还原”远远地、毫无根据地超出了原来的前提和材料所具有的适用范围，所以我把这种做法称为“非法还原”。在我看来，无论把所有问题都一概归结为“物质决定意识”的做法，还是把所有各种社会文化现象的产生原因归结为“力比多”的做法，都在不知不觉之间犯了这样的错误。

3. 知识成因的社会定位与知识的客观性

我们认为，承认“知识是由社会建构的”，也就是承认“知识是由处于一定的社会情境之中的社会个体，在一定的社会维度影响之下形成的”——这种观点并不与布鲁尔等人的观点相矛盾；不过，这种承认同时也意味着，我们对知识成因的研究，必须与具体的社会个体、与这样的个体所处的具体社会情境和社会地位紧密结合起来考察——这就是我们所谓的“知识成因的社会定位”。从表面上看来，如此强调“知识成因的社会定位”似乎有些“小题大做”，其实并非如此。因为就以往绝大多数情况而言，人们在对待知识及其成因的过程中，都是以自然科学特别是以数学的模型为典范，力求使知识的前提、内容、结论以及形式“纯而又纯”，因而把包括社会因素在内的所有各种与这种做法相抵触的因素，都当作“不合理性的”东西而拒于千里之外。虽然这种具有极其浓厚的“本质主义”色彩的倾向和做法，由于以形式化为核心特征的、可以进行量化研究的各种学科而显得非常卓有成效，但是，无论就人们对这些可以量化的学科的实际运用而言，还是对于那些无法量化的学科来说，这种追求形式化的“本质主义”的缺陷都是显而易见的。如果我们不满足于仅仅从最抽象的认识论层次上“大而化之”地论述知识成因①，而是把传统的“本质主义”无力解答的所有这些情况都考虑在内，那么把知识成因与社会情境和社会维度结合起来进行具体考察，就有可能成为理所当然之举。②

那么，通过对知识成因进行社会定位，我们可以既肯定一切知识都具有相对性，同时又通过肯定知识的客观性而避免上面所说的极端的相对主义倾向吗？答案应当是肯定的。因为，一方面，知识的相对性来源于特定社会情境和社会地位对具体的认识主体的影响和限制，

---

① 其实，这样的抽象论述通常并不能使我们获得多少有关人类认识活动的有价值的具体知识，而是往往停留于徒劳无益而又喋喋不休的争论之上。

② 毋庸赘言，我们在这里不可能进行这样的具体考察，而只能指出一个我们认为非常有价值的研究方向而已。

来源于这种认识主体本身因此而具有的（包括其生物性在内的）各种局限性，而不是来源于作为其认识对象的客观对象①；因此，通过具体考察某个认识主体所处的（包括历史文化传统在内的）社会情境和社会地位，我们就可以对这个认识主体的立场、视角、研究过程、使用方法乃至得出的结论，进行更加全面的认识；而通过这种认识，我们就可以比较明确地把握作为其认识结果的知识所具有的相对性及其成因了。

另一方面，通过对知识成因进行社会定位，我们可以比较明确地确定知识的客观性和效度——也就是说，我们可以比较明确地确定，某种知识对于哪一个对象领域和对象层次而言是客观的和有效的，从而避免犯我们上面已经提到的“非法还原”的错误。因为归根结底，知识的客观性是由两个方面确定的——其中的一个方面是认识对象的客观性，另一个方面则是知识在一定的社会实践过程中所产生的特定的社会效益（包括思想解放方面的效益和物质成果方面的效益）的客观性，而知识的有效性及其限度既取决于它所具有的客观性，同时也是它的相对性的来源。② 这两个方面从来都是紧密联系在一起的。因此，只有通过进行这样的社会定位，我们才能比较明确地既认识到某种知识是否确实具有客观性，同时也认识到这种客观性是通过其一定的社会效益和相对性体现出来的。

综上所述，我们认为，本书所体现的布鲁尔和其他科学知识社会学家的上述基本问题和基本研究倾向，都是非常值得我们仔细研究和

① 从认识论的角度来看，认识对象的客观性应当是毋庸置疑的——无论这种对象是自然界之中的“物”，还是社会个体、社会制度、社会关系等，情况都是如此。当然，就社会世界而言，这里还涉及认识主体如何通过转变立场和视角，从具有利害关系的参与者转变为进行“客观”认识活动的认识者的问题；这个问题虽然极其重要，但是这里却无法加以论述。

② 这里所谓“知识的有效性及其限度是知识的相对性的来源”，并不是说除了我们上面所说的“知识的相对性的来源”以外，这种相对性还有其他的“来源”，而恰恰是指同一种“来源”——正是由于知识的有效性是有限度的，所以它本身才具有相对的一面，或者说才具有人们可能时而认识到、时而认识不到的相对性；而它的这种限度同样是由上述“知识的相对性的来源”决定的。

反思的。我在这里提出的上述观点，都是一些非常不成熟的见解，仅供阅读和研究本书的读者参考和批评。我衷心希望国内学术界有越来越多的学者关注和思考这些问题，从而进一步推进我们的社会哲学认识论研究。

三、关于本书的译事

本书的翻译既得到了许多友人的帮助，同时也遇到了一些麻烦。早在 1996 年，我便开始关注科学知识社会学方面的研究和问题，当时由于正在忙于有关符号互动论的研究和写作，主要翻译了本书的第一章，同时对“强纲领”产生了比较浓厚的兴趣。当时，我主要认为，科学知识社会学家们把“科学知识”这种似乎是“最客观、最确定、最难以相对主义化的”知识，看作是可以从相对主义角度来加以说明的东西，既是令人非常感兴趣的举措，又会对人类认识的过程及其结果造成很大的威胁。此后，我自己的这种研究兴趣与日俱增，逐渐把研究的主攻方向转移到知识社会学上来了。在翻译了本书三分之二的时候，我曾经在 1999 年，打算以“科学知识社会学研究”为题申请承担这方面的科研课题；如果此举获得成功，则不仅可以推动本书的翻译，同时也可以在此基础上，为国内读书界奉献更加成熟的研究成果。可惜的是，由于某个自封的“著名社会学家”作梗，这项申请彻底失败。我只好在生活条件和研究条件都非常艰苦的情况下，继续把这件事情做下去；好在“学术，天下之公器”，不是随便一个什么人可以倚仗权势，或者倚仗令俗人炫目的洋学位头衔而独霸的。于是便有了今天这个样子。

在翻译本书的过程中，对有关术语和人名的翻译，我基本上采用了各相关学科的固定译法，只是在认为某些译法不妥当的情况下进行了一些变通，读者可以参考本书的“索引”并提出批评。另外，由于作者在本书中涉及了许多学科及其代表人物，为了给读者阅读本书提供尽可能多的方便，我加了一些资料性注释，均以“译者注”标明，供读者参考。

需要指出的是，我在从事本书的翻译、进行这方面研究的过程中，首先得到了苏国勋先生的热情帮助——我们不仅交流有关的观点、看法，一起揣摩术语的译法，而且常常进行非常有意义的“激烈”争论；所有这一切，都使我在翻译和研究过程中获益匪浅。同时，在进行这些工作的过程中，《哲学译丛》副主编鲁旭东先生也提供了一些帮助；本书作者大卫·布鲁尔先生热情支持本书的译事，不仅耐心回答了我对原文印刷错误的质疑和理解方面的问题，还为我寄来了有关其生平和最新研究思路的材料，这些材料都包含在本书的译文之中了；我的夫人不辞劳苦，不仅为我哺育一双儿女，还承担了全部家务，使我能够在比较艰苦的情况下，安心把本书彻底译出来并进行这方面的研究。在本书即将付梓之际，谨此向上述所有人士表示最衷心的感谢！

最后，就像“译者前言”开始的时候已经说过的那样，无论本书的译文，还是“译者前言”所提出的观点，都根本说不上是成熟的；谨此预先向海内外学术界出于善意对它们提出批评意见的广大同道，致以衷心的感谢！

霍桂桓

2000 年 7 月 8 日于北京西郊陋室

中文版作者前言

得知《知识和社会意象》即将出中文版，我感到非常高兴。

我希望本书能够表明，对科学知识进行社会学分析的尝试既富有魅力，也有一定的困难。由于社会学只把科学所具有的一个维度当作某种复杂的文化现象来研究，所以社会学家永远无法说明与科学有关的任何东西。然而我相信，社会学可以取代以前由科学哲学家提供的许多真知灼见，并且可以进一步推进这些真知灼见。然而，社会学家与科学哲学家有两个重要的区别。首先，哲学家们往往使用“先验的”（a priori）方法对科学进行分析，而社会学家们则使用经验方法或者历史方法对科学进行分析。其次，哲学家们关注的是人们“应当”怎样进行科学研究，而社会学家们则研究人们“实际上如何”进行科学研究。当然，我的意思是说，社会学家们的专业性关注点就是如此。他们作为一般的老百姓和其他人一样，既有权利作出评价和建议，也有义务作出这样的评价和建议。

我希望本书能够表明，人们可以把科学知识社会学当作科学事业的组成部分来对它进行研究。它包含了可以运用于它自身的科学方法。当然，这样一种自我反思并不是静态的。它天生就必须从利用一种假说性的试探方式开始，并且随着越来越多的事实进入研究者的考虑范围而变化和发展。它将构成一种正在脱颖而出的、科学家的集体性自我意识的形式。

作为科学事业的组成部分，科学知识社会学也同样自然而然地坚持唯物主义或者“实在论”（按照这个术语所具有的某些意义来看）的各种一般的假定。也就是说，它认为，物质世界的实在理所当然是某种无论如何都不依赖于认识主体的知识或者信念而存在的东西。强调这一点是非常重要的，因为知识社会学的许多批评者都确信，知识社会学犯了某种形式的“唯心主义”（从哲学意义上说，“唯心主义”系指下列论题，即认识对象依赖于认识主体而存在——也就是说，这个世界之所以存在，完全是因为我认为它存在）的错误。再也没有什么论题比这个论题大谬不然的了。这样的世界并不是社会世界，它只不过是有关世界的知识而已。实在（一般说来）并不是某种社会构想，只有关于实在的知识才是从社会角度被人们创造出来的。

就这种联系而言，也许我应当对读者将会在本书中看到的、本书所描述的研究纲领的名称略加说明。我之所以称之为“强纲领”，是为了使它与（相对来说比较）弱的，仅仅对错误作出说明或者仅仅对那些有利于知识的一般条件作出说明的目标形成对照。有一些批评者认为，“强纲领”之所以被称为“强”，是因为它体现了下列主张，即知识“纯粹”是社会性的，或者说知识完完全全是社会性的（比如说，就像知识根本没有任何来自实在的、感性方面的输入物那样）。这完全是一种误解。隐含在“强”这个语词之中的“力量”所指涉的是下列观念，即所有知识都包含着某种社会维度，而且这种社会维度是永远无法消除或者超越的。

自从本书完成以来，它所提出的理论探讨已经在某些方面得到了发展和深化。请允许我就这个方面提一下下列两个主要论题。读者在本书中将会发现，它曾经提到过 J. S. 密尔的下列观念，即推理是从归纳角度出发，从一个案例到另一个案例地进行的——或者我们可以用他的表述来说，是从特殊到特殊地进行的。对于理解概念在科学之中的运用情况来说，这个论题具有非常重要的意义。它提醒我们，人们对概念的运用，并不是像一列火车沿着预先铺好的铁轨运行那样进行的（在这里，铁轨代表这个概念所具有的“意义”）。意义并不是预先形成的，它是被人们当作不断利用的用法而从社会角度构想出来的。这种情况可以使我们得到有关社会介入知识的程度的真知灼见。社会成员并不是先把各种惯例和意义设计出来，然后再后退一步，把它们交给这个世界以确定哪些惯例和意义是正确的，哪些是错误的。诸如此类的分工、分派任务或者事件系列根本不存在。每当一个概念被人们运用的时候，社会成员都会介入其中。人们总是需要作出各种决策或者假定，而他们所依赖的这些决策或者假定则很可能是各不相同的。从原则上说，每一种运用概念的活动都是可以协商的。我们可以把这个论题称为“有限论”。简单地说，它就是下列主张，即意义并不先于用法和人们实际运用概念的那些事例而存在。

包含着已经得到发展的各种观念的第二个理论论题，与有关常规和制度的观念联系在一起。我在本书中虽然使用了“常规”这个语词，但是我并没有对它进行定义。我本来是应当这样做的。我本来应当运用来源于大卫·休谟的《人性论》第三卷的定义——这部著作既是英国经验主义的经典著作之一，也是苏格兰启蒙运动的伟大著作之一。休谟曾经说过，如果——而且仅仅是如果——其他人也采取了某种常规，那么这种常规就是一个人乐于采取的行动过程。全部计算过程都是在认为安排（arrangement）有益无害这样一种知识之中完成的。对于诸如休谟界定的这些常规来说，“形成有关正在被讨论的行动的某种一致意见比形不成任何一致意见要好”的情况总是存在的。

显而易见，从休谟的意义上说，任何一种社会常规都包含着有条件的计算过程。一个人的决策取决于其他人决定做什么，而这些人当然也会把他们的决策建立在完全相同的基础之上。因此，任何一个人都会考虑其他每一个人正在考虑什么——而这样一来，这些决策就沿着一个巨大的圆圈旋转。为了提出某种关于社会本体论的一般理论——也就是说，某种关于社会“对象”的基本性质和构成的一般理论，我在爱丁堡的同事巴里·巴恩斯已经对这种观念进行过一般概括。我认为，他的研究工作在很大程度上是独立进行的，而且可能没有意识到他在推进某种——早在两百年以前的爱丁堡就已经首次出现的——纲领所达到的程度。他的论文《作为独立发展的归纳的社会生活》非常值得推荐给读者。在我的论文《唯心主义和知识社会学》中，也可以找到对于这个论断的简要论述。

最后，请允许我对译者表示感谢，他为翻译本书付出了时间和精力。我的确非常感谢他。我虽然竭力模仿由那些英国经验主义哲学家们开创的清新质朴的写作风格，但是我同样也意识到下列事实，即在一种语言中似乎清楚的思想，在另一种语言中则并不总是能够找到同样清楚的对应物。所以，我确信译者翻译本书要付出很多的心血和努力。

大卫·布鲁尔

2000 年 7 月 5 日

参考文献

B. Barnes (1983), "Social Life as Bootstrapped Induction." *Sociology*, vol. 17, no. 4, 524–545.

D. Bloor (1996), "Idealism and the Sociology of Knowledge." *Social Studies of Science*, vo1. 26, 834–855.

第二版（1991 年版）前言

《知识和社会意象》第二版具有两个部分：第一版的原文加上一个新的和具有实质内容的“后记”。我通过后者对各位批评者作出回答。我利用这个机会纠正了一些诸如拼写错误之类的小错误；不过，我一直克制自己，不去改动我当初对这个有关知识社会学的个案研究的论述。我还对本书的文体作了少数几处改动，因为这些地方的论述语言已经过时了。第一部分的其他地方未加改动。关于第二部分，评论家们的批评并没有使我确信我有必要在任何一个实质问题上作出让步。的确，他们的未曾得手，增强了我认为对知识的自然主义理解具有重要意义的信念。而社会学则在各种理解中发挥某种核心作用。我希望我在这篇“后记”中提出的各种论断，可以表明这是一种理由充分和论证详尽的回应。由于这些批评复杂多样，我无法对其中的每一种曲解都详细论述。所以，我只局限于讨论各个要点，并且避免重复我在其他地方已经作出的回答。不过，这篇“后记”所涵盖的论题，可以代表人们在这个领域所进行的辩论的主要方面。唯一的例外是我没有讨论下列常见的反对意见，即相对主义的知识社会学具有自我反驳性。这种意见在本书的主要部分已经得到了讨论，而且在我看来，赫西的著作（Hesse，1980 年版）已经令人信服地表达了有必要进一步提出的要点。

如果我今天再撰写这部著作，我就可以借助于历史知识社会学方面的、数量更多的和有实质内容的经验研究了。与知识社会学的可能性有关的主要证据是它具有现实性。沙宾（Shapin）那与文献有关的出色论文，即《科学史及其社会学重建》（1982 年版），对于这个主题的经验基础的形成来说，已经成为一种至关重要的资料来源和研究指南。自从这篇论文面世以来，这个领域的内容已经比以往更加丰富了。现在，我们看到了诸如德斯蒙德的《关于演化的政治学》（Desmond，1989 年版）、拉德维克的《德文郡人大辩论》（Rudwick，1985 年版）以及沙宾和谢弗（Schaffer）合著的《利维坦和气泵》（1985 年版）这样一些给人留下深刻印象的学术成果。除了这些成功以外，科学社会学家们本身还在经验研究方面作出了一些重要贡献，诸如科林斯论述重复重力波检测实验的著作（Collins，1985 年版），皮克林对基本粒子物理学的社会学分析（Pickering，1984 年版），以及品奇对太阳中微子流的说明（Pinch，1986 年版）。现在，就数学社会学这个颇具魅力的领域而言，我可以借助基切尔那富有说服力的历史学—哲学分析性著作《数学知识的本性》（Kitcher，1984 年版）、麦肯齐的《统计学在英国，1865—1930》（MacKenzie，1981 年版）以及理查兹的《数学的眼光》（Richards，1988 年版）了。

这些著作和其他许多相似的著作所产生的累积效应，一直在使这场辩论的各个方面发生变化。它一直在促使这场辩论朝着有利于强纲领的方向发展。尽管既存在相当多的必然会出现的观点差异，也有许多问题尚未得到解决，但是情况确实是这样。当然，人们仅靠历史材料和经验材料永远也不会取得胜利。必须既从经验方面又从理论方面进行系统全面的论述。上述作者都完全承认这一点，并且都以各种各样的方式把它贯彻在他们的研究工作之中。我请读者注意这个事实，是为了证明我在这里进行的研究论述是有充分根据的。我不能自命不凡地说自己提供了一些新的个案研究，而只能说自己是一个坚定地倡导某种重要理论的人。对于任何一个仔细考虑这篇“后记”所提出的各种哲学批评的人来说，做这种工作的必要性依然存在，这是显而易见的。

哲学对知识社会学的所有独立评估并不是都得出否定性的结论。只有在一些偶然的场合，相反的情况才会在不同程度上表现出来，比如说格拉特利的著作（Gellatly，1980年版）、赫西的著作（1980年版）、詹宁斯的著作（Jennings，1984年版）以及马尼卡斯和罗森堡的著作（Manicas and Rosenberg，1985年版）就是如此。我虽然意识到应当感谢所有那些进行过有助于使读者注意本书的攻击的评论者，但是我尤其要感谢我这些同盟者。我还要感谢芝加哥大学出版社的工作人员和审稿人，他们大力支持出版本书第二版的想法，并且在准备这第二版的过程中提供了帮助。

大卫·布鲁尔

爱丁堡大学科学研究部

鸣　谢

我希望向下列人士表达我的感激之情，他们在我准备本书的过程中友好地阅读过初稿和后来的各个部分：巴里・巴恩斯（Barry Barnes）、西莉娅・布鲁尔（Celia Bloor）、大卫・埃奇（David Edge）、唐纳德・麦肯齐（Donald MacKenzie）、马丁・拉德维克（Martin Rudwick）以及史蒂文・沙宾（Steven Shapin）。无论在什么情况下，我都从他们的评论和批评中获益匪浅。这些有帮助的评论者并不总是同意我所作的论述，所以我必须强调的是，他们无论如何都不对这里的最后结论负责。我若能明智地根据他们的评论作一些更加全面的改动，情况也许会更好一些。

我之所以从这些评论者中把我在科学研究部的一位同事，即巴里・巴恩斯，专门举出来，是有充分理由的。我这样做是为了表达他的思想和研究工作使我特别受益这个事实。这种益处无处不在——虽然难以用脚注把它表示出来，但却随时随地都可以使人深刻地感受到。同样，我希望这种总的致谢而不是反复提到他的《科学知识和社会学理论》（1974 年版），就足以表达我的心意。当然，任何一个对本书将要系统论述的观点感兴趣的人，都会发现它所包含的讨论具有头等重要的意义。不过，我们俩的这两部著作虽然具有一些相同的重要前提，但是它们系统论述的论题和它们的论断所针对的领域却截然不同。

感谢哈钦森出版有限公司，它惠允我使用一幅选自 Z. P. 迪恩斯的《数学的力量》（Dienes，1964 年版）第 13 页的图解。我在此还要感谢一些科学史学家，我曾经把他们的学术成果用于为自己提供例子和具体说明；而且，我不得不时常以他们不可能赞同的方式运用他们的著作。

目　　录

第一章　知识社会学中的强纲领

知识社会学能够研究和说明科学知识特有的内容和本性吗？许多 3
社会学家认为不能。他们说，由于知识本身与作为知识生产之周围环境的各种境况不同，所以知识超出了他们的理解范围。他们心甘情愿地限制自己的研究范围。我所要论证的是，这是他们对自己的学科立场的背叛。应当把所有知识——无论是经验科学方面的知识，还是数学方面的知识——都当作需要调查研究的材料来对待。对于社会学家来说，诸如此类的确存在的局限，表现在把研究材料移交给诸如心理学这样的相关科学来处理方面，或者表现在对其他学科的专家之研究的依赖方面。无论科学知识本身的绝对特征或者超验特征，还是合理性、有效性、真理，抑或客观性所特有的特征，都不具有任何局限。

人们也许可以期望，一门诸如知识社会学这样的学科所具有的自然倾向，就是扩展自身并且使自身一般化——从对原始人的宇宙观的研究一直发展到我们自己的文化。而这恰巧是社会学家们一直不情愿采取的步骤。另外，知识社会学完全可以强有力地深入到哲学家们——这些人一直容许自己承担界定知识本性的任务——现在所占据的领域之中。实际上，社会学家们从来都是急不可耐的，因此，他们不能把他们对科学的注意局限于对科学的制度性框架以及对与科学的增长率或者发展方向有关的外部因素的关注上。这种做法并未触及被如此创造出来的知识所具有的本性（参见 Ben-David，1971 年版①；DeGre，1967 年版；Merton，1964 年版；Stark，1958 年版）。

4 这种犹豫不决和悲观失望的存在依据是什么？是将会伴随这样一种纲领而出现的学术方面和实践方面的巨大困难吗？当然，绝不能低估这些困难。我们可以从人们为了实现更加有限的目标所一直付出的努力中，获得衡量这些困难的程度的尺度。但是，这些困难并不是人们实际上提出的理由。社会学家对其用来研究科学知识的各种理论和方法茫然不知所措吗？当然不是。他自己所受的训练使他能够对有关其他文化的知识进行有代表性的研究，而且他可以把这些文化当作提供灵感的模型和源泉来运用。迪尔凯姆的经典性研究——“宗教生活的基本形式”——表明了一位社会学家怎样才能洞察一种知识形式所具有的深度。更重要的是，迪尔凯姆还作出了一些暗示——怎样才能把他的发现与对科学知识的研究联系起来。这些暗示一直没有引起人们的注意。

人们之所以对从社会学角度彻底审查科学犹豫不决，是因为他们缺乏魄力和意志力。他们认为这是一项注定要失败的事业。当然，与这种纯粹心理学方面的特征描述所指出的根源相比，这种缺乏魄力还有更加深刻的根源，而我们到后面将会研究这些根源。无论造成这种疾病的原因是什么，它的各种症状都是以某种先天的（a priori）形式和哲学论证的形式出现的。社会学家们借助这些论断表明下列坚定信念，即科学是一种特殊的案例，而且，如果人们无视这一事实，他们就会面临各种矛盾和错误。哲学家们当然也急不可耐，不可能鼓励这种自我克制（self-abnegation）活动了（例如，参见 Lakatos，1971 年版；Popper，1966 年版）。

本书的目的在于与这些论断和克制进行论战。因此，下面的讨论

---

① 本译文中“××年版”系指该著作原文版出版时间，有关该著作的其他情况，可参见书末的“参考书目”；下同。——译者注

有时——尽管并不总是——不得不涉及方法论，而不涉及实质内容。但是，我希望就其效果而言，它们具有建设性。我进行这些讨论的目的是，把论战的武器交给那些从事建构性研究工作的人，以帮助他们攻击那些批评家、持怀疑态度者以及不可知论者。

我首先将详细说明什么是我所说的知识社会学中的强纲领（strong programme）。这样做可以为我以后考虑各种详细的反对意见提供所需要的框架。由于各种先天的论断从来都是镶嵌在各种作为其背景的假定和态度之中的，所以为了进行考察，也有必要把这些背景性假定和态度突出出来。这将是我的第二个主要论题——只是在这里，与我们的科学观念有关的各种具有实质内容的社会学假设才开始出现。第三个主要论题将要涉及的，也许是知识社会学的所有障碍之中最难以克服的障碍，也就是说，数学和逻辑学。我们将会看到，那些与我们所涉及的原理有关的问题，实际上都是地地道道的技术性问题。我将表明怎样才能从社会学角度来研究这个问题。

第一节　强纲领

社会学家所关注的是包括科学知识在内的、纯粹作为一种自然现 5
象而存在的知识。所以，从门外汉的观点出发还是从哲学家的观点对知识进行恰当的界定，将是大不相同的。与把知识界定为真实的信念——或许也可以把它界定为有根有据的真实信念——不同，对于社会学家来说，人们认为什么是知识，什么就是知识。它是由人们满怀信心地坚持，并且以之作为生活支柱的那些信念组成的。社会学家将特别关注那些被人类群体视为理所当然的、被人类群体制度化的，或者被人类群体赋予了权威的信念。当然，必须把知识与纯粹的信念区别开来。我们通过用“知识”这个语词来专门表示得到集体认可的信念，同时把个体的和具有个人特征的信念当作纯粹的信念来考虑，就可以做到这一点。

我们所具有的关于这个世界的运作的观念一直在发生重大变化。这一点不仅在科学内部看来是正确的，而且就其他的文化领域而言也是正确的。对于知识社会学来说，这种变化既构成了它的出发点，也构成了它的主要问题。这种变化的原因是什么？它是如何变迁的？它为什么发生变迁？知识社会学集中注意信念的分布状况，以及影响这种分布状况的各种各样因素。例如，知识是怎样传播的？知识的稳定性如何？人们创造和维持知识需要经历哪些过程？人们怎样把知识组织起来，并且分成各不相同的学科或者领域？

对于社会学家们来说，这些论题都是需要进行研究和说明的，而且他们都试图以和这种视角相一致的方式来描述知识的特征。因此，他们的观念也将与其他任何一位科学家的观念一样，具有因果关系的特征。他们所关注的将是那些似乎在他们的研究材料范围内发挥作用的规律性、一般原理或者过程的地位。他们的目标将是建立可以说明这些规律性的各种理论。如果他们想使这些理论满足最大限度的普遍性的要求，他们就必须既把这些理论运用于真实的信念，也把它们运用于虚假的信念，就必须尽可能在这两种情况下运用同一种类型的说明。生理学的目标是说明健康的有机体和病态的有机体；机械学的目标是人们理解正在运转的机器和出了毛病的机器、依然矗立的桥梁和已经倒塌的桥梁。同样，社会学家所寻求的是可以说明人们实际上已经确立的各种信念——无论研究者如何评价这些信念——的理论。

也许，某些典型问题——它们存在于这个领域之中并且已经使人们得出一些有趣的发现——有助于我们具体说明这种研究方法。首
6 先，人们一直在对各种群体的总体性社会结构和这些群体所赞同的宇宙观之一般形式的联系进行种种研究。人类学家们已经发现社会性相关物（correlates）以及可能存在的、我们拥有拟人性世界观和神秘的世界观的原因，与客观的和自然的相关物有所不同（Douglas，1966 年版，1970 年版）。其次，人们一直在对经济发展、技术发展以及工业发展与科学理论的内容的种种联系，进行追根溯源式的研究。例如，已经有人非常详细地研究过水蒸气技术的实际发展对热力学的

理论内容产生的剧烈影响。这种因果关系是毋庸置疑的（Kuhn，1959年版；Cardwell，1971年版）。第三，有许多证据表明，文化所具有的那些通常被人们视为非科学的特征，不仅对人们创造各种科学理论和发现的过程产生重大影响，而且也对人们评价这些理论和发现的过程产生重大影响。因此，有证据表明，弗朗西斯·高尔顿[①]在"优生学"方面所做的工作，构成了他创造统计学的相关系数概念的基础，并且可以说明他创造这一概念的过程。此外，遗传学家贝特森[②]所具有的政治、社会以及意识形态立场，也一直被用来说明他在人们就遗传基因理论所进行的争论中扮演的怀疑论者的角色（Colman，1970年版；Cowan，1972年版；MacKenzie，1981年版）。第四，人们正在越来越多地把训练过程和社会化过程在科学行为中所具有的重要性记录下来。看来，通过诉诸这些过程，连续性模式和非连续性模式、接受模式和拒斥模式就都可以得到说明。开尔文[③]勋爵对进化论的种种批评，提供了一个关于科学训练之各种要求的背景、影响人们评估一项研究工作的方式的有趣的例子。开尔文通过把太阳当作一个不断冷却的炽热物体来研究，并计算它的年龄。他发现，当进化过程尚未达到人们现在可以观察的进化状态时，太阳就已经把自身的能量耗尽了。世界历史的悠久并不足以使生物进化走完全部历程，所以进化论一定是错误的。有关地质一致性的假定，还有它那关于时间无限延伸的假设，都从生物学家的脚下被粗暴地抽掉了。开尔文的论断使人们悲观失望。这些论断的权威性巨大无比，而且在19世纪60年代没有人能够对它们提出辩驳观点；紧随着它们出现的是来自令人信服的物理学假设所具有的令人信服的精确严密。到19世纪的最后十年，地质学家们才鼓足勇气，告诉开尔文他很可能犯了一个错

---

① 高尔顿（Francis Galton，1822—1911）：英国科学家、人类学家，优生学的命名者，著有《遗传天赋》、《人类能力研究》等。——译者注

② 贝特森（William Bateson，1861—1926）：英国生物学家，遗传学的创始人和命名者，著有《孟德尔的遗传原理》、《遗传学问题》等。——译者注

③ 开尔文（William Thomson Kelvin，1824—1907）：英国物理学家，现代物理学的奠基人之一，著有《热力学原理》等。——译者注

误。人们并不是由于某种激动人心的新发现才鼓起这种勇气的——的确，当时在可资利用的证据方面一直没有出现任何真正的变化。发生在这个间歇期的事情是，人们以数量不断增加的对化石记录（the fossil record）的详细观察材料，全面巩固了作为一门学科的地质学。正是这种观察资料的增加，导致了对或然性和貌似合理性（plausibility）的评估的变化。开尔文必定是根本没有考虑某种至关重要的但
7 在当时还无法了解的因素。人们只有用对太阳的核能源的理解，才能指责他的物理学论断是错误的。地质学家和生物学家们对此并没有任何先见之明，他们只不过是未曾等待某种答案而已（Rudwick，1972 年版；Burchfield，1975 年版）。我们还可以通过这种观点提出另一种观点。它所研究的是那些处于科学内部的社会过程，所以人们把社会学的考虑局限于只涉及各种外部影响的发挥作用过程的做法，是没有什么问题的。

最后，我们还必须提到人们所进行的一项引人入胜而又颇有争议的对德国魏玛时期的物理学家的研究。福曼（Forman，1971 年版）运用这些物理学家的学术讲演表明，他们采纳了在他们的周围存在并且占据支配地位的、反科学的“生命哲学”（Lebensphilosophie）。他主张，“德国物理学界在 1918 年突然出现并且获得极度兴旺的抛弃因果关系的运动，主要是一项由德国物理学家作出的、使他们的科学内容适应他们的学术环境的价值观的努力”（第 7 页）。这种主张的勇敢无畏和趣味来源于非因果性（acausality）在现代量子论中所具有的核心地位。

我们刚刚概括叙述的这些研究方法表明，关于科学知识的社会学应当遵守以下四个信条（tenets）。通过这种方式，它就可以体现人们在其他科学学科中认为理所当然的同一种价值观。这四个信条是：

1. 它应当是表达因果关系的，也就是说，它应当涉及那些导致信念或者各种知识状态的条件。当然，除了社会原因以外，还会存在其他的将与社会原因共同导致信念的原因类型。

2. 它应当对真理和谬误、合理性或者不合理性、成功或者失败，

保持客观公正的态度。这些二分状态的两个方面都需要加以说明。

3. 就它的说明风格而言，它应当具有对称性。比如说，同一类原因类型应当既可以说明真实的信念，也可以说明虚假的信念。

4. 它应当具有反身性。从原则上说，它的各种说明模式必须能够运用于社会学本身。和有关对称性的要求一样，这种要求也是对人们寻求一般性说明的要求的回应。它显然是一种原则性的要求，因为如果不是这样，社会学就会成为一种长期存在的对它自己的各种理论的驳斥。

这四个与因果关系、客观公正、对称性以及反身性有关的信条，便界定了将被我们称为知识社会学中的强纲领的东西。这些信条绝不是新的，但是它们却表现了一种由我们可以在迪尔凯姆（1938 年版）、曼海姆（1936 年版）以及兹纳尼茨基（Znaniecki，1965 年版）那里找到的各种更富有乐观主义和科学主义色彩的格调组成的混合物。

我下面将针对人们的批评和误解，努力维护这些信条的切实可行 8
性。至关重要的问题是，我们是否能够以一种前后一致和貌似合理的方式实行这种强纲领。所以，让我们开始考虑人们对知识社会学提出的主要反对意见，从而引出这些信条所具有的全部重要意义，并且看一看这种强纲领怎样才能经得起人们的批评。

第二节　知识的自主性

人们对知识社会学提出的一组重要的反对意见来源于下列坚定信念，即某些信念并不需要任何说明或者说并不需要某种因果性说明。当他们认为知识社会学所讨论的信念是真实的、合乎理性的、科学的或者客观的信念时，他们的这种看法就显得特别有说服力。

当我们的行为合乎理性或者合乎逻辑时，人们就很容易指出，我们的行动是由通情达理（reasonableness）的各种要求，或者由逻辑的各种要求支配的。看来，也许对我们为什么要从一组假设中推导出我们所得出的结论的说明，就存在于逻辑推理的各种原则本身之中；看来，也许逻辑构成了存在于假设和结论之间的一组联系，而且我们的心灵能够找出这些联系的踪迹。只要一个人能够进行推理，那么看来这些联系本身就可以对这个推理者的种种信念提供最出色的说明。就像处在铁轨之上的火车头那样，铁轨本身便可以决定火车头将会开到哪里。似乎只有我们才能超越自然的因果性那毫无方向可言的往复运动（push and pull），才能驾驭它，或者使它服从另一些截然不同的原理的支配，并且让这些原理决定我们的思想。如果实际情况真是这样，那么能够为这种对信念的说明提供最重要内容的人，就不是社会学家或者心理学家，而是逻辑学家了。

当然，如果人们在推理过程中犯了错误，那么逻辑本身就不是说明了。也许差错或者偏差是由所有各种因素的相互抵触造成的。也许这个推理过程对于推理者的有限智力来说是过于困难了，也许他或者她对正在讨论的这个主题漠不关心，或者从情感角度过于投入了。正像人们可以找出火车头出轨的原因那样，人们当然也可以找出这种偶然差错的原因。但是，我们既没有义务探究各种偶然差错之所以不发生的原因，也没有必要承担这样的义务。

在当代分析哲学中，诸如此类的论断已经变成了老生常谈。因此，赖尔①在《心灵的概念》(1949 年版）一书中指出："让心理学家来告诉我们为什么受骗吧，但是，我们能够告诉自己——我们为什么没有受骗。"（第 308 页）也许下列主张可以概括这种研究方法，即只
9 有可以使人们犯错误或者导致人们犯错误的事物，而没有可以使人们正确地做事情的事物（Hamlyn，1969 年版；Peters，1958 年版）。

这些说明的一般性结构清楚地表现出来了。它们都把行为或者信念划分成两种类型：正确和错误，真实或者虚假，合理性或者不合理性。然后，它们便援引社会学或者心理学方面的理由，来说明这种划

① 赖尔（Gilbert Ryle，1900—1976）：英国分析哲学家，牛津日常语言学派的创始人，著有《困境》、《哲学辩论》、《一个理性动物》等。——译者注

分的消极方面。这些理由可以说明错误、局限性以及偏差。这种评价性划分的积极方面则截然不同。在这里，逻辑、合理性以及真理，似乎都可以对它们自身进行说明。在这里，人们没有必要援引心理—社会方面的理由。

人们一旦把这些观点运用于学术领域，它们就会造成下列结果，即使一种知识体系变成一个自主的王国。应当通过诉诸各种与活动本身有关的程序、结果、方法以及行为准则，来对行为加以说明。这种做法使成功的、合乎常规的学术活动，看上去似乎是自己说明自己、自己推动自己前进的活动。它变成了对它自己的说明。而人们不需要具有社会学或者心理学方面的专门知识，只要具有与这种学术活动本身有关的专门知识就可以了。

我们可以在拉卡托斯[①]那论述应当如何撰写科学史的理论（1971年版）中，找到这种观点在目前流行的变体。拉卡托斯显然也打算使这种理论包含与科学社会学有关的种种涵义（implications）。他指出，第一个先决条件是选择一种科学哲学或者科学方法论。这两者都是有关科学是什么以及科学中的哪些步骤合乎理性的说明。这种被选中的科学哲学就变成了随之而来的全部说明性工作所依据的框架。在这种哲学的指导下，人们就应当能把科学展示成具体体现这种哲学的各种原理，并根据它的教诲而发展的某种过程。只要人们可以做到这一点，那么他们就可以根据这种哲学表明科学是合理性的。拉卡托斯要么把这种表明科学体现某些方法论原理的任务称为“合理性的重建”，要么称为“内在的历史”（internal history）。例如，也许一种认为归纳法优越的方法论（inductivist methodology）会强调理论从观察材料的积累过程中突现出来。因此，它就会集中注意诸如开普勒在系统论述行星运动之诸法则的过程中使用第谷·布雷赫[②]的观测资

---

① 拉卡托斯（Imre Lakatos，1922—1974）：匈牙利裔科学哲学历史学派的重要代表人物。——译者注

② 布雷赫（Tycho Brahe，1546—1601）：丹麦天文学家，其观测资料为17世纪的天文学改革奠定了基础。——译者注

料这样的事件。

然而，运用这种方法永远也不可能把握实际的科学研究活动所具有的全部多样性。所以，拉卡托斯坚持认为，人们必须永远以“外在的”历史来补充内在的历史。这种观点预先为非理性的残余物留下了存在的余地。它是一个将由哲学史学家交给“外在史的历史学家”或者社会学家来研究的问题。这样，从归纳法优越论的观点出发，人们
10 就会认为必须对开普勒那关于太阳之帝王般的威严的神秘信念所发挥的作用，进行非理性的或者外在的说明。

需要我们注意的有关这种研究方法的要点首先是下列观点，即内在的历史是自足的、具有自主性的。展示一种科学发展所具有的合理性特征，本身就足以说明这些事件之所以发生的原因。其次，合理性的重建不仅具有自主性，它们相对于外在的历史或者社会学来说，还具有一种重要的优先地位。外在的历史或者社会学只不过弥合了存在于合理性和现实性之间的间隙。甚至直到内在的历史获得其发言权的时候，人们尚未对这种任务进行过界定。

> 因此，内在的历史是第一位的，外在的历史是第二位的，因为外在的历史之最重要的问题都是由内在的历史界定的。外在的历史要么对速度、位置、选择性（selectiveness）等，以及对人们根据内在的历史解释的各种历史事件，提出非理性的说明；要么在历史与人们对它的合理性重建有所不同时，提出对这种不同之发生原因的经验性说明。但是，科学增长的合理性方面是完全可以由人们的科学发现的逻辑来说明的。（1971 年版，第 9 页）

此后，拉卡托斯便回答了关于如何确定应当由哪一种哲学来决定外在的历史或者社会学之诸问题的问题。这种回答虽然对外在论者（externalist）表示惋惜，但是它却表现了对这些人的进一步的羞辱。根据拉卡托斯的观点，不仅他们所发挥的作用缺乏独创性，而且人们现在已经知道，最出色的科学哲学就是把这种作用减少到最低限度的

科学哲学。应当用实际的、可以被展示为合理性意义的历史所具有的全部意义，来衡量科学哲学的进步。发挥指导作用的方法论越出色，实际存在的科学也就越能够摆脱经验性说明的侮辱。社会学家可以由于下列事实而获得一丝安慰，即拉卡托斯非常乐于承认科学中总是存在某些非理性的、任何一种哲学都不能够或者不愿意加以说明的事件。在这里，他以斯大林主义者干预科学的各种令人厌恶的事件——诸如生物学方面的李森科①事件——为例作了说明。

然而，与这种观点的总体性结构相比，这些精心的改进就不那么重要了。人们怎样选择合理性的各种最主要原则，或者这些原则有可能发生什么变化，都是无关紧要的。这里的关键在于，一旦人们选择了科学的各种合理性方面，他们就会认为这些方面都可以自我运动和自我说明。经验性说明或者社会学说明都只限于涉及非理性的事件。

所谓任何东西都不能使人们做或者相信合理性的抑或正确的事情，究竟是什么意思呢？既然如此，为什么这种行为非得出现不可呢？如果从心理学方面和社会学方面寻找原因的做法，只有就非理性或者错误而言才被认为是适当的做法，那么推动一种学术活动之内在的和正确的发挥作用过程的东西是什么？那在暗中支撑这些观念的理 11
论必定是一种关于知识合理性的、具有明确目的或者出于目的论的做法。

假如说人们假定真理、合理性以及有效性都理所当然是我们追求的目标，是我们与生俱来的某些自然倾向的发展方向；我们都是有理性的动物，我们天生就能够正确地进行推理，并且能够在认识到真理的时候坚持真理；那么显而易见，我们没有必要对各种真实的信念作出特殊的注解。对于这些信念来说，它们的真理就是对人们所需要的、它们之所以被相信的原因的说明。另一方面，这种走向真理的自我推动的进步过程，也有可能受到阻碍或者偏离正确的方向——在这里，我们必须确定各种自然原因。这些自然原因将可以解释无知、犯

① 李森科（T. D. Lysenko，1898—1976）：苏联生物学家，曾攻击孟德尔的遗传学说。——译者注

错误、推理含糊不清以及阻碍科学进步的任何因素。

尽管初看起来，把这样一种理论的出现归咎于当代思想家是令人难以置信的，但是它在很大程度上却能够使人们理解存在于这个领域之中的各种著述的意义。这种理论似乎还进入了卡尔·曼海姆的思想之中。曼海姆虽然决心建立合乎因果关系和对称性的说明准则，但是当他的魄力开始面对诸如数学和自然科学这样的、显然具有自主性的主题时，他的努力便失败了。在下面这段选自《意识形态和乌托邦》的论述中，这种失败被表达了出来：

> 也许可以把有存在根据的对思想的规定，视为一个存在于那些思想王国之中的、已经经过举例证明的事实——在这些思想王国中，我们可以表明……认识过程从历史的角度来看，实际上并不是根据各种内在的法则而发展的，它并不仅仅是“纯粹的逻辑可能性”的结果，也不仅仅是“事物的本性”的结果，而且它也不是由某种“内在的辩证法”推动的。相反，实际的思想的出现和形成，在许多至关重要的关节点上都受到理论之外的、多种多样的因素的影响。(1936 年版，第 239 页)

在这里，曼海姆在社会原因和“理论之外的”因素之间划了等号。但是，这种做法把人们按照一种理论的内在逻辑进行的行为，或者说把由各种理论因素支配的行为置于何地呢？显然，由于它为人们确定那些确实需要说明的事物发挥基准线（baseline）的作用，所以它面临着被排斥在社会学说明之外的危险。似乎正是曼海姆本人陷入了分享由来自赖尔和拉卡托斯著作的引文所表达的意见的过程，他还对自己说，“如果我们正在做的事情合乎逻辑，并且不断取得正确的进展，那么我们就不必再多说什么了”。但是，他认为某些行为是不成问题的，也就是说它们是自然而然的。在这种情况下，自然而然的
12 东西也就是不断正确地取得进展的东西——也就是说，是通往或者走向真理的东西。所以，目的论的模型很可能也在这里发挥着作用。

怎样把这种知识模型与强纲领的各种信条联系起来呢？它显然在一些重要方面违反了这些信条。它放弃了彻底的因果关系取向。人们只能为了对付错误而确定原因。因此，知识社会学就只能是关于错误的社会学。此外，它还违反了客观公正和对称性的要求。人们只有首先对一种信念的真理或者合理性作出评价，才能决定是否应当把它当作不释自明的，或者是否需要诉诸一种因果关系理论。毋庸置疑，如果这种目的论模型是正确的，那么强纲领就是错误的。

因此，目的论模型和因果关系模型表现了完全互相排斥的纲领性选择。的确，它们是两种对立的形而上学立场。这一点也许可以表明，人们必须从一开始就确定哪一种模型是正确的。难道知识社会学并不依赖这种错误的目的论观点吗？难道人们竟敢在不必事先确定这一点的情况下就着手推行强纲领吗？答案是“不”。以相反的方式看问题要切合实际得多。人们不可能“先天地”引用任何决定性的、独立存在的理由作为证据，来证明这些主要的形而上学选择的正确或者错误。无论人们在哪里提出反对这两种理论之中的一种理论的意见和论断，他们都会发现，这两种理论是互相依赖的，它们都以对方为预设前提，所以在争论中他们是以未经证明的假定进行辩论的。我们所能够做的，只不过是先检查这些不同理论的内在的连贯性，然后看一看当我们根据它们进行实际研究并且从理论上作出说明时，会出现什么情况。即使我们在任何情况下都能够确定它们的真理，我们也只是在采纳和应用它们之后才能做到这一点，而不是在这样做之前就可以做到这一点。所以，知识社会学并不一定消除与它对立的立场。它只是必须脱离这种立场，拒斥它，并且设法确保它在逻辑秩序中拥有自己的位置。

因此，人们对强纲领提出的这些反对意见，其依据并不是知识内在固有的本性，而是从这种目的论模型的角度出发来看待的知识。我们拒斥了这种模型，也就同时拒斥了与它联系在一起的所有各种区分、评价以及不对称性。即使这种模型有一种独特的主张需要注意，这种主张也只不过是说它那些相应的说明模式对我们都具有约束力。

仅仅它的存在和某些思想家认为运用它是理所当然的这一事实，并不能使它具有可以用作证明的力量。

从这种目的论模型的观点来看，这种模型无疑完全是首尾一贯的，而且说任何人都应当偏爱因果关系的研究方法而不喜欢这种有明确目的的观点，也许毫无合乎逻辑的理由。然而，影响人们作出对强纲领有利的选择的各种方法论方面的考虑也许都是存在的。

13 如果人们承认说明取决于以前作出的评价，那么各种被认为在这个世界上发挥作用的因果过程，就会反映这些评价的模式。它们就会使各种因果过程描述已经觉察的错误模式，使真理和合理性的形态突出表现出来。自然界就会在道德方面呈现出某种重要意义（significance)，支持和体现真理和公正。这样，那些纵容自己的性情而提出不对称的说明的人，就总是有机会把他们认为理所当然的东西表现得理所当然。对于使人们的注意力离开自己的社会、价值观以及各种信念，只去注意出现的种种偏差来说，这确实是一个理想的诀窍。

必须注意不要夸大这一点，因为强纲领就某些方面而言与此毫无二致。例如，它也同样以价值观为依据——追求某种具体的普遍性，追求把自然界看作是在道德方面保持中立或者毫无意义的观念。所以，它也坚持就道德而言使自然界扮演某种角色。这意味着，它也同样把它认为理所当然的东西表现成理所当然的。

然而，我们也许可以说，强纲领具有某种道德方面的中立性，也就是说，它具有的道德中立性与我们已经学会将其与其他所有科学联系起来的道德中立性完全相同。它还把下列需要强加给自己，即追求与其他科学所追求的普遍性完全相同的普遍性。人们选择了接受目的论的观点，就会背叛这些价值、背叛经验科学的研究方法。显而易见，这些价值并不是能够迫使人们采纳这种因果关系观点的充分理由。对于某些人来说，也许这些价值恰好是使他们倾向于拒斥因果性、采纳不对称的目的论观念的理由。但是，这些观点确实阐明了这里的性质所可能具有的各种后果，暴露了那些即将昭示人们研究知识的方法的价值。因此，从这种对立模型出发，只要知识社会学作出了如此的选择，那么它就可以顺利地发展下去。

第三节　来自经验主义的论断

这种目的论模型的根本假设是，因果关系是与错误或者局限联系在一起的。这种假设表现了非对称性的某种极端形式，因而对于强纲领及其对对称性说明风格的强调来说，它是作为可供人们选择的最激进的替代物而存在的。然而，强纲领也有可能受到从不太激进的立场出发的人们的批评。从表面上来看，说某些原因导致了错误的信念而另一些原因则导致了正确的信念，难道不是有道理的吗？如果实际情况进一步表明某些原因类型分别系统地与真实的信念和虚假的信念联系在一起，那么在这里，人们就有另一种理由来拒斥强纲领的对称性观点了。

让我们考虑一下下列理论：各种社会影响会使我们的信念混乱， 14
而不受任何限制地运用我们的知觉能力和我们的感觉运动，则可以使我们形成真实的信念。我们可以认为这种把经验当作一种知识来源加以推崇的观点，是在鼓励个体依靠自己的生理和心理方面的资源去认识这个世界。它是一种关于相信我们作为动物所具有的认识能力的陈述。只要这些认识能力充分地发挥作用，那么人们自然而然地从因果关系的角度运用它们的过程，就可以在他们与这个世界的实际互动过程中产生出经过试验和检验的知识。如果人们背离了这条道路而去依赖他们的同伴，那么他们就会受到具有迷信色彩的传闻、神话以及推测的折磨。这些传闻充其量不过是间接的信念，而不是他们自己亲自得到的知识。在最糟糕的情况下，隐含在这些传闻背后的动机将是邪恶的，是暴君和说谎者的产物。

要想识别这种画面并不困难。它只不过是培根告诫人们要避免市场假象和剧院假象的观点的变体。标准的经验主义几乎都提出了关于这种获取知识之方法的某种精致微妙的陈述。虽然经验主义哲学家现在流行的做法是避免从心理学角度表述其理论，但是他们的基本观点与我们上面概括叙述的理论并没有多少不同。因此，我直截了当地把上述理论称为经验主义。

如果经验主义是正确的，那么知识社会学就确实又一次变成了关于错误、信念或者意见（opinion）的社会学，而它本身则不是知识。这种结论并不像人们从知识的目的论模型中推导出的结论那么极端。它相当于心理学家和社会学家之间存在的分工——在这里，前者研究真正的知识，而后者则研究错误或者某种比知识低级的东西。不过，经验主义的全部研究工作却是自然主义的和诉诸因果关系的。所以，正像对于目的论来说所出现的情况那样，人们在对科学视角和体现截然不同的价值观的立场进行选择时，不会遇到任何问题。在这里，人们不得不完全在科学本身的领域内进行这场论战。这种经验主义的知识观念已经把真理和错误正确地区分开来了吗？经验主义的两个缺点表明，它并没有作出这种正确的区分。

首先，认为我们只要自然而然地运用我们的动物性认识能力，我们就总是可以产生知识，这种假定是错误的。这些认识能力所产生的是由自然而然的知识和同样自然而然的错误组成的混合物，而且它们是通过运用同一种原因类型产生这种知识和错误的。例如，中等紧张程度时常比很低的紧张程度更能够提高人们学习完成且成功地完成一项任务的能力，但是如果紧张程度太高了，那么人们完成这项任务的能力就会重新下降。这一点作为一种实验现象是非常普遍的。正像老
15 鼠在实验室中不断学习穿过迷宫寻找食物那样，一定程度的饥饿可以促使动物保持它对环境的认识。也许程度非常高的饥饿确实可以使动物急切地、成功地了解食物在哪里，但是这种饥饿却会降低动物获得与其当前最关注的事情无关的线索的自然能力。这些例子表明，也许不同的因果条件确实可以与不同的真实信念模式和虚假信念模式联系起来。它们尤其表明，把心理方面的原因当作可以自然而然地导致真理的因素全部放在这种区分的一边，这种做法无疑是错误的。

这种缺点无疑是可以得到纠正的。也许相反的例子所表明的只不

过是，心理学所说的各种学习机制都具有某种最适宜于发挥作用的安排（arrangement），当认识主体不集中精力注意这些机制时，它们就会导致错误。人们也许会坚持认为，当我们的感觉器官在正常条件下运作并且确切地发挥其机能时，它就可以导致真实的信念。我们也许可以赞同对这种学说的这种修正，因为我们还应当考虑人们针对它而提出的一种更加重要的反对意见。

经验主义的至关重要的特征是它的个体主义特征。也许这种模型可以确切地说明知识所具有的那些——我们当中的每一个人都能够而且必须提供给自己的——方面。但是，人类的知识以及人类的科学在多大程度上是由仅仅依赖于这个世界与其动物性认识能力之互动过程的个体建立的呢？这种程度很可能是非常低的。重要的问题是，我们应当对这里的剩余物进行什么样的分析？下列说法表面看来是合理的，即心理学的研究方法没有对知识的社会成分进行说明。

难道个体的经验实际上不是在由人们共享的各种假定、标准、意图以及意义构成的框架之中发生的吗？社会使个体的心灵具备了这些东西，也向他提供了他可以用来维持和强化这些东西的条件。即使个体对它们的领会发生了动摇，社会也准备好了用来提醒他的各种能动力量；即使他的世界观开始出现偏差，社会也有鼓励他进行重新调整的各种机制。进行沟通的必要性有助于维护存在于个体心灵之中的、思想的集体模式。个体所具有的关于自然界的感觉经验也同样如此，所以这里也存在某种东西——它指向这种感觉经验之外的事物，为这种经验提供某种框架，并且赋予这种经验更加宽泛的意味。它使个体关于“实在”从总体上说是什么、关于他的经验是与什么有关的意识，变得更加充实了。

一个社会所具有的知识在很大程度上既不表示它的个体成员们的感觉经验，也不表示可以被称为他们的动物性知识之总和的知识。毋宁说，它就是他们对“实在”的集体看法（vision），或者说是他们所 16
具有的对“实在”的各种看法。因此，我们的文化所具有的知识——正像它在我们的科学中所表现出来的那样——并不是关于任何一个个体都可以为自己而经历或者学习的某种实在知识。无论这种知识从表面看来表示什么意思，它都是我们那些经过最充分的检验的理论，还有我们那些最渊博的思想向我们表明的东西，实际情况就是如此。它是一种由各种——我们认为是由我们的实验提供给我们的——迹象和模糊认识（glimpses）编织而成的故事。所以，我们应当使知识与“文化”等同起来，而不是使之与“经验”等同起来。

如果人们接受了对“知识”这个语词所作的这种规定，那么对真理和错误的区分就与对（最适宜的）个体经验和社会影响的区分有所不同了。毋宁说，对真理和错误的区分变成了一种存在于由各种经验和从社会角度得到传播的信念——这些经验和信念构成了一种文化的内容——组成的混合物内部的区分。它是对经验和信念之间互相对立的混合物的区别。在真实的信念和虚假的信念之中也出现了同样的两种成分，所以对于援引同一些原因类型的对称性说明来说，其出路已经被开辟出来了。

提出这种观点并且有助于人们承认和接受它的方式之一是说，我们认为是科学知识的东西，在很大程度上是一种关于这个世界的理论性看法——人们无论在什么时候都会说科学家们了解这种看法。当我们问科学家们，他们关于这个世界能够告诉我们些什么的时候，他们在很大程度上都不得不求助于他们的理论。但是，各种理论和理论知识在我们的经验中都不是既定的东西，它们都是通过讲述一个——关于构成经验的基础、把经验联系起来以及可以说明经验的东西是什么的——故事，而把意义赋予经验的东西。这并不意味着理论对经验不作出任何反应。理论确实对经验作出反应，但是它既不是与它所说明的经验一起被人们给定的，也不仅仅受到这种经验的支持。要想引导和支持这种知识成分，除自然界之外人们还需要另一种能动力量。知识的力量成分是一种社会性成分，它是真理所不可或缺的一种组成部分，而不仅仅是一种关于错误的指号（sign）。

我们现在已经讨论了人们之所以反对知识社会学的两种主要原因，并且对这两种原因都进行了拒斥。对于强纲领来说，目的论模型确实是一种可供选择的、彻底的替代物，但是我们却没有任何义务非接受它不可。作为一种关于我们实际上认为我们的知识是什么的描述，经验主义理论是令人难以置信的。它虽然提供了某些砖瓦，但是它对于我们用这些砖瓦来建造的不断变化的大厦的设计方案却无话可说。我们下一步将把这两种观点与一种或许是人们对知识社会学提出的最典型的反对意见联系起来。这种反对意见所主张的是，知识社会学是相对主义的一种自我驳斥形式。

第四节　来自自我驳斥的论断 17

如果某个人的信念全都是有原因的，而且在这些信念之中必然存在着由社会提供的某种成分，那么对于许多评论家来说，这些信念就似乎必定是虚假的或者毫无根据的。因此，似乎任何一种关于信念的、全面的社会学理论都会陷入困境。难道社会学家们不是必须承认他们自己的思想都是被决定的，甚至在一定程度上是被从社会角度决定的吗？难道他们因此不是必须承认他们自己的主张与这种决定的力量相比都是虚假的吗？这里的结果似乎是，任何一种社会学理论就其范围而言都不可能具有普遍性，否则它就可能自食其果而使自己陷入错误之中，并且破坏它自己的可靠性。因此，知识社会学本身没有资格研究信念，或者说，它必定会给科学的研究或者客观的研究造成种种意外情况，所以它只能使自己作为关于错误的社会学而存在。首尾一致的、诉诸因果关系并且具有普遍性的知识社会学——特别是关于科学知识的社会学——根本不可能存在。

我们不假思索就可以看到，这种论断所依据的不是我们上面讨论过的两种知识观念之中的一种观念，就是依赖其中的另一种观念——也就是说，它不是依赖目的论模型，就是依赖某种个体主义的经验主义形式。只要人们首先认可了这些理论，那么他们就会得出这种结论，而且他们也只能得出这种结论。这是因为，这种论断是以这些理论的下列核心观念为前提的，即因果关系隐含着错误、偏差或者局限。这种前提既可以以认为任何因果关系都会破坏可靠性的极端形式存在，也可以以认为只有社会性因果关系才会造成这种后果的不怎么极端的形式存在。对于这种论断来说，无论其中的哪一种形式都是至关重要的。

这些前提从来都是导致人们对知识社会学进行大量根据不足的和论证拙劣的攻击的原因。这些攻击在很大程度上都没有表明它们所依据的前提。如果它们做到了这一点，那么我们就更容易把它们的弱点暴露出来。它们表面上具有的说服力来源于下列事实，即它们真正的根据是含而不露的，或者说是不为人们所知的。下面是一个有关这种论断之比较出色的存在形式的例子，它确实相当清楚地表明了这种论断所依据的立场。

格林沃尔德（Grüenwald）——他是曼海姆早期的批评者之一——明确而详细地陈述了下列假定，即社会的决定必然会使一个思想家陷入错误之中。曼海姆在为其《知识社会学论集》（1952 年版）所写的导论中，引用了格林沃尔德的说法："如果在所有实际存在的决定过程之外不存在阿基米德所说的任何支点，那么要对实际存在的观念的决定过程作出任何有意义的陈述都是不可能的……"（第 29 页）格林沃尔德接下来得出了下列结论，即诸如曼海姆的理论这样的
18 认为全部思想都受社会决定过程支配的任何一种理论，都必然会驳斥它自身。因此，"毋庸置疑，我们再也不需要作出任何论断来表明，这种社会学主义的变体也是怀疑论的一种形式，因而必然自己驳斥自己。因为下列论题声称它自己是正确的，即全部思维过程都是被从实际存在的角度决定的，因而无法宣称自己是正确的"（第 29 页）。

对于任何一种确实断言实际存在的决定过程隐含着虚假的理论来说，这都是一种具有说服力的反对意见。但是，人们却可以就它的前提是什么而提出质疑：它的前提原来是一种毫无根据的假定和不切实际的要求。如果知识确实依赖存在于社会之外的某种有利地位，如果真理确实依赖不受由各种社会关系构成的因果关系网络影响的进程

(stepping)，那么我们就会把它们当作失败而放弃它们。

这种论断还有其他各种各样的形式。它的一种典型变体认为，人们把对信念的因果关系研究本身，当作正确的和客观的研究呈现给这个世界了。所以，只要这种论断成立，社会学家就会假定客观知识是可能的，因而任何一个人的信念都不可能从社会角度被决定。正像历史学家洛夫乔伊（Lovejoy，1940 年版）所指出的那样："因此，即使他们在维护他们所作出的一般性概括的活动中，也必然会预设这些一般性概括可能会存在种种局限或者意外情况。"（第 18 页）据说"社会学相对主义者们"之所以必然要预设这些局限，是为了给以事实为根据的真理的标准以及有效的推理的标准留下存在的余地。所以，这种反对意见也依赖下列前提，即各种被决定的——或者说至少是从社会角度被决定的——信念，会违反以事实为根据的真理和有效的推理。

因为人们已经完全把这些论断视为理所当然的了，所以对它们的系统表述也就变成了缩略语和老生常谈。现在，我们可以用由博托莫尔（Bottomore）提供的下列非常简练的说法来表示它们："因为如果所有命题都是从实际存在的角度被决定的，任何一种命题都不是绝对真实的，那么即使这个命题本身是真实的，这种真实也不是绝对的，而是从实际存在的角度被决定的。"（第 52 页）我们已经揭露和拒斥了所有这些论断依赖的、这种认为因果关系隐含着错误的前提。所以，我们也能够对付与这些论断一道出现的各种论断。我们应当把一种信念判断为真实的还是判断为虚假的，与这种信念是否出于某种原因毫不相干。

第五节　来自未来知识的论断

社会决定论和历史决定论是密切联系在一起的观念。那些相信支配各种社会和社会过程的法则存在的人，大概想知道支配它们的历史演进和历史发展的法则是否也存在。相信各种信念都是由具体的社会环境决定的，只不过是相信这些观念在某种意义上与行动者的历史地
19 位有关的一种形式。所以，知识社会学一直受到那些相信这种历史法则观念建立在错误和混乱之上的人的批评，也就不令人惊讶了。卡尔·波普尔就是一个这样的批评家（1960年版）。本节的目的就是驳斥这些批评——在人们可以把它们运用于知识社会学的范围内进行这种批评。

之所以有人认为这种寻找法则的做法是错误的，是因为如果这些法则被找到了，它们就会隐含着使人们进行预见的可能性。一种具备了各种法则的社会学可以使人们对未来的各种信念作出预见。从原则上说，正像人们有可能预测一个机械系统未来的运行状态那样，人们也有可能了解未来的物理学是什么样子。如果人们在认识这种机制的初始状态以及它的各个组成部分的效能和力量的同时，认识了它的各种运行法则，那么他们就可以预见它未来的所有状况。

波普尔对这种抱负提出的反对意见，有一部分是正式的，有一部分则是非正式的。他相当随便地指出，人的行为和社会根本不像自然界的某些有限的组成部分那样，能够呈现出同样的、各种事件循环往复的景象。所以，各种长期预测几乎都是不切合实际的。这种重要见解当然可以得到人们的赞同。

然而，这种论断的核心却是一种关于知识之本性的逻辑观点。波普尔指出，预见未来的知识是根本不可能的，因为任何一种这样的预测本身都相当于对那种知识的发现。我们如何行为取决于我们知道什么，所以未来的行为将取决于这种无法预见的知识，因而这种未来的知识也是无法预见的。这种论断似乎依据的是知识所特有的某种属性，并且似乎在自然科学和社会科学之间划出了一条鸿沟——只要这些科学胆敢涉及作为认识者的人，这条鸿沟就会存在。这种论断认为，强纲领的各种抱负以及它那寻找各种原则和法则的做法都是错误的，人们所需要的是某种更加谨慎的经验性研究。也许社会学又一次应当限制自己，使自己只涉及有助于科学发展或者阻碍科学发展的一

系列错误抑或一系列外部境遇了。

实际上，波普尔所提出的观点是正确的，尽管有些陈腐；如果我们确切地理解这种观点，那么我们只能用它来强调社会科学与自然科学的各种相似性，而不能用它来强调这两者的各种差异。让我们考虑一下下面这个论断——它所经历的推理步骤与波普尔的论断完全相同，但是只要它是正确的，它就可以证明自然界也是无法预测的。这种论断将会马上使我们的批判能力开始发挥作用。它所主张的是，在物理学中，要想作出利用或者指涉我们一无所知的物理过程的预见是根本不可能的。自然界的发展过程却在某种程度上依赖这些未知因素的运作过程，所以自然界也是无法预见的。

针对这种论断，人们将会自然而然地提出下列反对意见，即这种 20
论断所证明的只不过是我们的预见时常会出现错误，而不是自然界是无法预见的。只要我们的预见未能把我们尚不了解的那些相关事实考虑在内，这些预见就会被证伪。我们对这种反对历史法则的论断也可以作出完全相同的反驳。实际上波普尔提出的是一种以我们的无知和失败的记录为依据的归纳性判断。它所指出的只不过是，我们的历史性预见和社会学预见一般说来都是错误的。波普尔正确地指出了之所以如此的原因。这种原因就是，人们未来的行动时常是由他们将来才会认识的、我们现在还无法了解的事物决定的，所以当我们作出预见的时候，我们根本没有把这些事物考虑在内。对于社会科学来说，应当由此得出的正确结论是，除非我们完全了解了其他人对他们的情境的全部认识，否则我们就不可能在预见他们的行为和信念的过程中取得多少进展。在这种论断中，不存在任何必然阻碍知识社会学家根据经验性个案研究和历史性个案研究，系统论述各种推测性理论，并且以未来的研究检验这些理论的成分。有限的知识和极多出现错误的机会，可能会使人们确信这些预见在很大程度上是错误的。另一方面，社会生活依赖规律性和秩序这个事实，又使人们有理由希望某种进步是可能的。值得我们记住的是，波普尔本人就认为科学是由受到驳斥的推测构成的没有终点的系列。由于人们并不是为了威胁自然科学家们才提出这种见解的，所以尽管存在波普尔正是选择了从使它对社会科学构成威胁的角度来提出它这一事实，但当人们把它运用于社会科学的时候，他们也没有任何理由使它以这样的面目出现。

但是，我们还必须面对下列反对意见：难道社会世界不是只把各种趋势和动向呈现给我们，而不是把自然界那真正的、类似法则的规律性呈现给我们吗？当然，各种动向都只不过是偶然的和肤浅的走势（drifts）而已，而不是存在于现象内部的可靠的必然性。我们的回答是，这种对走势和必然性的区分是不合逻辑的。以沿轨道运行的行星为例，人们通常都认为它们是法则的象征而不是动向的象征。实际上，太阳系就是一种纯粹的自然趋势。它能够持续存在，是因为没有任何东西干扰它。时间在它存在之前就已经存在了，而且我们很容易想象怎样做可以使它瓦解：一个具有巨大引力的天体在它旁边擦身而过，或者太阳本身也可能爆炸。自然界的基本法则甚至也不要求行星沿着椭圆的轨道运行。它们只是由于各种与它们的起源和形成过程有关的条件而碰巧沿着以太阳为中心的轨道运行。它们虽然遵守同一种引力法则，但是它们的轨道却可能大不相同。不，自然界的经验性外表是由各种趋势支配的。这些趋势由于某种潜在的，由各种法则、条件以及偶然性参与的争斗（tussle）① 而交替兴衰。我们的科学理解
21 过程试图把那些——正像我们很容易说的那样——“处于”可以观察的事态“背后”的法则强行抽取出来。这种反对意见所依赖的存在于自然界和社会世界之间的对比，未能使可以互相比较的东西互相比较。它比较的是人们认为构成各种自然趋势之基础的法则和各种社会趋势具有的纯粹经验性外表。

有趣的是，“行星”这个术语最初的意思是“漫游者”。行星之所以引起人们的注意，恰恰是因为它们没有与人们在夜空中可以看到的那些一般的趋势保持一致。库恩（Kuhn）对天文学所作的历史性研究，即《哥白尼革命》（1957 年版），就是一项有关要想在这些趋势

① 原文是 tustle，疑是 tussle 的误拼；今据上下文按照后者译出。——译者注

的掩盖下找到规律性有多么困难的记录。潜在的社会法则是否存在，是一个需要进行经验研究的问题，而不是一个需要进行哲学辩论的问题。有谁知道哪些毫无目的的社会现象会转化成各种类似法则的规律性的象征呢？确实出现的法则完全可能并不支配大规模的历史趋势，因为这些趋势很可能都像自然界的其他部分那样，是复杂的混合物。社会世界所具有的那些类似法则的方面，将会处理各种联合起来造成可以进行经验性观察之结果的因素和过程。玛丽·道格拉斯（Mary Douglas）教授杰出的人类学研究著作《自然的象征》（1973 年版），表明了这些法则看上去可能是什么样子。和所有科学著作一样，她的资料并不完全，她的理论也仍然是暂时性的、还在不断发展，但是我们却可以看一看她提出的各种模式。

为了使这种对法则和预见的讨论落在实处，也许以一个例子作为结束是有益的。这个例子将会表明研究科学的社会学家实际上所寻找的那种法则。它还将有助于阐明与“法则”和“理论”有关的抽象术语，后者无论是在科学社会学的研究中还是在科学史的研究中，实际上都几乎尚未流行起来。

就科学社会学的研究程序而言，它寻找各种法则和理论的做法与其他任何科学的做法毫无二致。这意味着我们可以发现下列研究步骤。经验性调查研究将会确定各种典型的和重复出现的事件。这种调查研究本身可能是由某种预先存在的理论、由对某种心照不宣的期望的违反或者各种实际需要促成的。之后，人们必须发明一种理论来说明这种经验性的规律。这种理论将会系统表述某种一般原理或者形成某种模型，以说明这些事实。在这样做的过程中，这种理论将会提供一种语言，而后者将成为人们在谈论这些事实时所使用的工具，并且有可能使人们对这种规律性的适用范围的初步含糊表述作出说明，他们对它的认识因此就有可能变得更加清楚。例如，也许这种理论或者模型不仅可以说明这种经验性规律为什么出现，而且还可以说明它为什么有时并未出现。这种理论或者模型也许可以为人们考察这种规律性所依赖的条件，并且进而考察出现偏差和变化的原因，发挥指导作

22 用。所以，理论可以推动人们进行更加细致的经验研究，而后者又可以要求人们进一步加强理论研究工作：亦即拒斥以前的理论，或者拒斥人们对它的修正和仔细推敲。

我们在下列案例中可以看到所有这些研究步骤。人们经常可以注意到，有关科学发现优先权的争论是科学的一个一般特征。以前，在牛顿和莱布尼茨之间，曾经出现过关于发明微积分的优先权的著名争论；还出现过关于谁先发现能量守恒的令人不愉快的争论；卡文迪什①、瓦特以及拉瓦锡②，都曾经参与过关于谁先发现水的化学组成的争论；诸如巴斯德（Pasteur）这样的生物学家，诸如利斯特③这样的医生，诸如高斯（Gauss）这样的数学家，以及诸如法拉第（Faraday）和戴维④这样的物理学家，全都陷入过有关优先权的争论。因此，我们可以把这种接近真实的一般性概括表述如下：科学发现推动了人们对于优先权的争论。

人们完全有可能把这种经验性观察抛在一旁，并且宣称它与科学的真理本性无关。他们也许会说，科学本身是根据科学探索的内在逻辑发展的，这些争论都仅仅是一些失误、仅仅是心理学对合理性的研究程序的一些侵扰。然而，更具有自然主义色彩的研究方法却完全实事求是地对待这些事实，并且发明某种理论来说明它们。曾经有人提出过一种说明优先权争论的理论，这种理论认为科学是按照某种交换系统运作的。人们用“贡献”来交换“承认”和社会地位——因此，所有那些诸如“玻意耳定律”和“欧姆定律”这样的定律都是因此而得名的。因为承认是重要的，也是罕见的，所以人们才为了获得承认而斗争，才会出现关于优先权的争论（Merton，1957 年版；Storer，

---

① 卡文迪什（Henry Cavendish，1731—1810）：英国物理学家、化学家，最先提出并验证了水和空气的化学组成。——译者注

② 拉瓦锡（Antoine-Laurent Lavoisier，1743—1794）：法国化学家，现代化学之父。——译者注

③ 利斯特（Joseph Lister，1827—1912）：英国外科医生、医学家。——译者注

④ 戴维（Edward Davy，1806—1885）：英国医生、化学家、电磁转发器的发明者，著有《化学实验指南》等。——译者注

1966 年版)。这样便出现了关于人们为什么不明白哪一个人作出了某种贡献的问题：为什么这个问题竟完全有可能成为人们争论的问题之一呢？这个问题的部分答案是，由于科学在很大程度上依赖公开发表并且得到人们共享的知识，所以一些科学家时常可以取得相似的进展。这场在实力接近的对手之间展开的竞争，其结果是难以确定的。但是更加重要的却是下列事实，即各种科学发现所包含的不只是经验性发现，它们还包含着有关进行理论解释和再解释的问题。经验性结果所具有的不断变化的意义，使人们有很多进行错误理解和错误描述的机会。

氧气的发现可以具体说明这些复杂性（Toulmin，1957 年版）。人们通常都把氧气的发现归功于普里斯特利①，但是他本人却并不这样看待这个问题。在他看来，他所分离出来的这种新气体是除去了燃素的空气。正像人们根据燃素论所设想的那样，它是一种与燃烧过程紧密联系在一起的实体。科学家们只是在拒斥了这种理论，并且以拉瓦锡对燃烧过程的说明取而代之以后，才认为自己所研究的是一种被称为氧气的气体。正是科学的理论成分使科学家获得了他们在看待自 23
己的行动和其他人的行动时所依据的条件。所以，当重要发现出现的时候，那些被包含在把发现归功于某人的说法之中的、对行动的描述，恰恰变成了有问题的描述。

我们现在应当可以说明某些发现之所以比其他发现更不容易导致关于优先权的争论的原因了。人们可以对最初的经验性一般概括进行加工提炼。然而，这种提炼不应当是对这种一般概括的范围进行简单的或者随意的限制。毋宁说，它应当以对——由上述对交换理论的种种反思推动的——各不相同的发现类型进行鉴别的形式存在。这样便为一种经过改进的、关于经验性法则的陈述，留下了存在的余地：处于理论变迁时代的科学发现促使人们进行关于优先权的争论；而那些

① 普里斯特利（Joseph Priestley，1733—1804)：英国神学家、科学家、教育家，曾发现氧气等十种气体，著有《基督教的讹传教义史》、《电的历史和现状》、《论政府的首要原则以及政治、民事和宗教自由的性质》等。——译者注

处于理论稳定时代的发现则不会这样。

当然，问题的关键并不在这里。首先，我们必须检验这种经过加工的关于法则的描述，看一看它从经验角度来看是不是貌似合理。当然，这意味着检验对科学家们的信念和行为的预见。其次，我们为了理解这种新法则，还需要发展另一种理论。我们虽然可以强调已经有一种经过系统表述的理论正在完成这个任务，但是我们没有必要进行更加详细的说明。这种理论是由 T. S. 库恩在其论文《科学发现的历史结构》（1962 年版 a）和他的著作《科学革命的结构》（1962 年版）中提出的。我们将在下一章对这种科学观进行更多的论述。

现在，究竟是这种交换模型正确，还是库恩对科学的说明正确，都是无关紧要的。人们正在争论的是，经验性发现与理论模型的相互关系、相互影响以及它们发展的一般模式是什么。这里的关键之处在于，这些发现和模型在这里发挥作用的方式，与它们在其他任何一种科学之中发挥作用的方式毫无二致。

第二章　感觉经验，唯物主义和真理

这一章的目的是，通过更加详细地讨论知识之中经验成分和社会成分之间的关系，继续对强纲领进行考察。而上一章的目的则是，直截了当地指出那些支持对强纲领的反对意见的错误假定。我在这里将作出下列尝试，即通过提供一种更加确实的说明，使这些结论得到巩固。对经验主义的简要说明需要加以补充，而且对真理这个概念也必须进行某种论述。 24

我将从强调经验主义为知识社会学提供的那些至关重要的真知灼见开始论述。如果只看到经验主义的缺点，而看不到它的优点，我们就会面临巨大的危险。对于科学社会学家来说，这些危险都是以感性知觉的可靠性问题和对科学中那些有关误解（misperception）的案例进行正确的理论分析为中心的。误解之所以引起社会学家们的注意，是因为它为他们探讨社会因素在科学中发挥作用的过程，提供了一条具有诱惑力的途径。这种途径既是合法的，也是非常宝贵的。但是，如果社会学家们使误解变成了他们的分析所具有的一个核心特征，那么他们就无法与科学的经验基础所具有的可靠性、可重复性以及可信赖性达成一致。他们就无法考虑各种实验程序、实验控制以及实际实验活动在科学内部所发挥的作用。这些方面都预防了误解的出现，都对误解进行了界定、揭露和纠正。如果社会学家们过分迷恋对于误解的大胆而又直截了当的强调，那么他们很快就会为此而付出代价。他们的研究就会局限于关于错误的社会学而不是对一般的知识进行研究。他们就会既无法公正地对待科学，也无法公正地对待他们自己。
25 那么，对于知识社会学来说，感性的不可靠性所具有的一般的理论意义是什么呢？我先概括叙述对于误解的比较常见的社会学分析，然后再进行反击。

第一节　感觉经验的可靠性

心理学家、历史学家以及社会学家，都提供了有关各种与感知（或者说与感知和回忆）相互影响的社会过程的极其富有吸引力的例子。科学家们都以某些方式接受训练，因而他们的兴趣和期望都被赋予了某种结构。在这种情况下，他们就会对发生在他们面前的那些出乎意料的事件视而不见——或者说，即使他们看到了这些事件，这些事件也没有导致他们作出反应。他们没有赋予这些经验任何意义，而且这些经验也没有激发出任何行动。反过来说，在某些观察者没有看到任何东西，或者说没有在他们的经验中觉察到任何秩序和模式的地方，其他人却确实具有某些与他们的期望相一致的经验，或者说可以回忆他们曾经具有某些这样的经验。

例如，有一些地质学家曾经游历过苏格兰的大格伦山[①]那些平行的道路。这是一些在大格伦山山麓随处可见的、奇形怪状的、平坦的、多少有些像道路的现象。出于乘坐“比格尔号”[②] 进行考察所获

---

① 大格伦山（Glen Roy）：位于苏格兰北部，属于高原地带，山势平缓具有较多湖泊，著名的尼斯湖即在此处。——译者注

② “比格尔号”（Beagle）：也译“小猎兔狗号”，曾经是英国海军的一艘方帆双桅船；达尔文曾经以博物学家的身份参加此船于 1831 年—1836 年进行的勘探考察，并以其观察为基础创立了进化论。——译者注

得的有关南美洲地震和海岸上升的经验，达尔文坚持这些平坦的道路是由大海造成的理论。而阿加西斯①则出于他有关瑞士冰川的经验，提出了有关这些现象之成因的另一种见解。他认为，这些道路都是在冰川时期被冰雪围堵而成的那些湖泊的活动结果。不同的理论导致了与这些道路的范围和位置有关的各不相同的期望，而且不同的观察者都报告了完全不同的发现。阿加西斯——他的冰川理论后来取得了胜利——认为或者相信他看到了这些道路，而在此之前没有一个人能够把它们分辨出来（Rudwick，1974 年版）。

应当怎样理解这些事件呢？由于许多诸如此类的案例，都涉及那些看不到与他们的理论相矛盾的事物的科学家，因此，已经有一种研究方式把这些案例与“抵制科学发现”的现象等同起来了。巴伯（Barber）在讨论与科学家们违反消除偏见的理想有关的各种各样的案例的时候，就是这样研究论述它们的（1961 年版）。这些案例包括抵制各种新观念、新理论、新探讨的案例，包括抵制——诸如把数学运用于生物学这样——异乎寻常的技术的案例，也包括抵制各种有可能运用感觉经验的解释的案例。

巴伯和福克斯曾经通过一项个案研究（Barber and Fox，1958 年版），报告了一位生物学家是如何对下列偶然的和出人意料的发现进行彻底研究的，即给实验室里的兔子的静脉注射一种酶，就可以使它们的耳朵下垂。虽然当初进行这些注射完全是出于其他意图，但是这种令人惊讶的现象自然而然地促使这位研究者把这些耳朵切下来，并 26
放到显微镜下仔细查看，以便弄清楚导致这种结果的原因是什么。他根据与其他研究者共同坚持的下列背景性假定，即这些耳朵中的软骨部分是某种惰性的、没有什么意思的物质，所以他集中注意的是结缔组织和弹性组织。他虽然也检查过软骨部分，但是正像他所期待的那样，这个部分似乎并不怎么复杂，“这些细胞看上去都很健康，而且

① 阿加西斯（Louis Agassiz，1807—1873）：瑞士著名博物学家、地质学家，著有《鱼类优选的种和族》、《关于鱼化石的研究》、《软体动物化石批判研究》、《冰川研究》等。——译者注

存在着精致的细胞核。我断定软骨部分并没有受到任何伤害。而且事实就是这样”。这种耳朵所具有的整个健康外观令人困惑不解。造成这种非常具体的效果的酶所具有的机制是什么呢?

只是在一些年以后，当这种研究的其他方面没有给人留下什么印象，并且实验病理学研究班需要教学材料的时候，这个与兔子耳朵有关的问题才被人们重新提了出来。这一次，研究者为了进行具体说明，准备了两组兔子耳朵切片。考虑到教科书上所说的研究程序，这两组兔子耳朵切片之中的一组用酶来处理，而另一组则不进行任何处理。这样，检查一下就可以明显地看到，这两组显微镜切片有所不同。迄今为止没有受到怀疑的软骨组织在酶的作用下发生了变化，表现为细胞间的基质丧失、细胞的扩大，还有其他各种各样的效果。正像巴伯所指出的那样，以前认为软骨组织是惰性的假定意味着，科学家“曾经受到他那些科学成见的蒙蔽”。

巴伯所作出的总体性理论解释是什么东西令人感兴趣，而在这种情况下，这个解释则会使我们回到这种有关蒙蔽的指涉在何种程度上是恰当的问题上来。巴伯争论说，各种对“消除偏见”这样一种规范的违反，一直是科学所具有的特征。这些违反都具有某些可以识别的根源，诸如理论方面和方法论方面的各种承诺、高高在上的专业地位、专业化等。事实证明，科学所具有的一些就某些方面而言是宝贵的和可以发挥作用的特征，就其他方面而言则是不能发挥作用的。

如果把这一点运用于感知，那么它就意味着，有一定数量的误解是那些迅速完成的研究过程所直接产生的结果。这种认为误解从某种意义上说是正常现象的观念，是一种非常宝贵的观念。让我们坚定地坚持这种观念。

巴伯的分析中包含着某种不一致的成分。他指出，误解是一种病态现象。人们应当像理解一种疾病那样理解它，这样就可以治疗并且消除它了。虽然某种抵制无法避免，但是这种抵制的程度却是可以逐渐消除的。不过，误解有可能既是科学的一个发挥作用的、健康的方面所产生的这样一种自然而然的结果，同时又是被人们希望消除的方面吗？它当然不可能是这样，在这里，巴伯的论断应当像迪尔凯姆在其《社会学方法的规则》（1938 年版）中对罪恶的著名讨论那样，以同样讲究实际的逻辑加以推进。努力消除罪恶也就是扼杀那些有助于 27
多样性和个体性的力量。如果对消除我们现在所认为的罪恶和其他活动施加足够的压力，我们就会面临一系列对于社会秩序的威胁。这里的问题并不是罪恶是否存在，而是哪些罪恶存在的问题。罪恶是不可避免的，而且大致说来必然是持续存在的。我们也许会强烈地反对罪恶，但是希望把罪恶无限地减少，也就误解了社会的运作方式。关于误解也可以进行这样的论述。

这样一种观念是与论述所谓信号检测的心理学文献完全一致的。这是一个有关从某种噪音背景中检测一种信号——例如，从模糊不清的雷达屏幕上检测一个模糊的点——的问题。确定确实看到了某个信号的倾向，是通过某种符合自然规律的方式与这些决定所产生的结果联系在一起的。主体实际上是否觉察到了某个信号，取决于他们认为重要的是不错过任何一个信号，还是决不发出一个虚假警报。这些不断变化的参数导致了不同的感知模式和误解模式。这里的关键之处在于，减少虚假警报数量的尝试必然会导致对于信号的错过。而决不错过一个信号的尝试则必定会导致虚假警报数量的增加。各不相同的误解之间存在某种协调，而这是感知在其中发生的、由各种结果和意义组成的社会基质所具有的一种功能。

因此，误解确实是不可避免的，而且大致说来是持续存在的、不可能被无限减少的。它与科学活动的社会学—心理学组织过程紧密地联系在一起。它既提供了一种有关科学活动的非常宝贵的指标，也提供了一种有用的研究工具。我们可以用它来检测诸如承诺、兴趣的发展方向、理论探讨的各种差异等因素所产生的影响。

这种立场是很有价值的，但是如果人们很容易像巴伯所做的那样在它的某些涵义面前畏缩不前，那么人们同样也很容易以某种不假思考的、自我拆台的方式对它进行推断。为了使它处于一个适当的注意焦点之上，让我们考虑一下它的某些局限。

首先，我们上面提出的各种历史例子和个案研究所具有的意义，并不像从表面上看到的那样直截了当。它们真的是与误解有关的案例吗？或者说，它们难道不可能以同样的貌似合理性具体说明另一种截然不同的心理机能——也就是说，记忆——所具有的缺陷吗？要是阿加西斯和达尔文一起在大格伦山上散步，人们就难以相信他们无法对他们目前的事物达成一致意见了。即使他们对于某个斜坡的角度的意义，对于某些贝壳、卵石或者沙石的存在提出过不同的构想，他们也确实可以就他们正在加以不同解释的对象是什么达成一致意见。阿加
28 西斯的感知确实受到过他的理论，或者说确实受到过由对他曾经看到过的东西的回忆和回顾性解释组成的、既不断简化又不断扩展的过程的影响吗？

对于在显微镜下观看软骨部分的样本的研究者来说，这种观点也同样适用。当研究者所观察的是孤立的样本，而无法直接对经过处理的样本和没有经过处理的样本进行比较的时候，他看到了某种与众不同的东西吗？巴伯虽然在某一点上是根据那些受到其偏见蒙蔽的科学家进行论述的，但是在其他地方，他却是根据记忆的某种失误进行论述的。他指出，在第一种情况下，研究者只具有可以与他那单一的显微镜切片相比较的记忆意象。如果这种记忆意象很微弱或者受到了歪曲，那么这就可以说明使科学家忽视他目前的证据的那种判断错误。[在巴特利特①的经典著作《记忆》（1932 年版）中，记忆所具有的这种建构特征是从社会心理学立场出发来研究的。]

这些观点并不像它们从表面看来的那样迂腐。它们的重要意义在于，任何一种以诸如此类的例子为依据的对感性知觉的批评都是含糊不清的和过于简单的。它们很可能无法公平地对待感性知觉。我们虽然承认记忆所涉及的东西永远有可能表现出不可靠性，但是坚持认为感性知觉是可靠的与此并不矛盾。当人们可以利用现成的证据的时

---

① 巴特利特（Sir Frederic Charles Bartlett，1886—1969）：英国心理学家，以研究记忆著称于世，著有《记忆：实验研究和社会心理学》、《思维：实验和社会研究》等。——译者注

候，任何一种依赖不断淡化的记忆记录的实验程序都会变成一种令人怀疑的科学。

另外，人们还可能正确地坚持下列观点，即各种信号检测试验实际上并没有把握科学家通常在其中进行科学评论的那些环境。适当的实验方案的全部要点，对实验工具和对照组的运用，都是为了避免使观察者处于不得不作出难以作出的区分或者不得不作出即兴判断的地位。阿加西斯也许只不过是有些匆忙了，而那些优秀的观察者为了进行他们的观察、判断和比较，总是尽可能使自己处于有利的地位。他们一旦作出这些观察、判断和比较，就马上把它们记录下来，而不是通过回顾来记录它们；他们以一种不受记忆干扰的方式，使控制手段与样本相匹配，等等。如果标准化的观察条件和众所周知的预防措施都包含在与实验技术有关的全部知识之中了，那么人们可以依赖的这种对各种意思的表达就不会因人而异，而可以独立于各种理论和承诺而存在了。当一种实验程序没有产生一致的结果或者似乎对于不同的观察者产生了不同的结果的时候，人们就会认为这种实验方案是拙劣的，或者这个实验设想得不对头，因而是一个不可靠的实验。

要想理解这种常识经验主义所具有的力量，只要回忆一下与科学有关的最著名的例子之一——或者说最声名狼藉的例子之一，这样的 29
例子符合知觉的信号检测模型——就可以了。布隆德洛（Blondlot）——法国物理学家、法国科学院院士——在 1903 年对中子射线（N-rays）的发现就是这样一个例子。布隆德洛相信，他已经找到了一种新的、与最近一直是激动人心的研究的注意中心的 X 射线有点儿相似的射线形式。

他的实验装置由一条装在铁管内部的、炙热的铂线组成，铁管上有一个小窗。那些无法穿过铁管的中子射线从小窗发射出来。检测这些射线的手段是，让它们在一个黑暗的屋子里落在一个光线很暗的屏幕上。这个屏幕的光照强度的微弱增加就可以表明这些射线的存在。布隆德洛发现，这些中子射线具有各种各样的属性。各种对象可以储存它们，人们可以发射它们，而且噪音也可以干扰它们。他甚至还观察到了阴性的中子射线，这些射线在某些条件下可以减少屏幕的光照强度（Langmuir，1953 年版）。

当布隆德洛通过一个铝制棱柱研究这些中子射线的折射的时候，物理学家 R. W. 伍德①参观了这些法国的实验室。到这个时候，布隆德洛已经发现，这些中子射线并不是单色的，而是由一些具有不同的反射率的成分组成的。在这些实验之中的一个实验的进行过程中，伍德在布隆德洛没有看见的情况下处于黑暗的实验室之中，把这个棱柱从实验装置之中移走了。这个举动本来应当使这个实验停下来，但是，不幸的布隆德洛继续在这个屏幕上检测与他以前检测到的信号模式同样的信号模式（参见 Wood，1969 年版）。无论形成他的经验的原因是什么，这种原因都不可能是中子射线。这种结果大概和这里的其他现象一样，都是由于布隆德洛对中子射线的信念造成的。

这里的麻烦存在于布隆德洛的实验方案之中。他的检测过程处于感觉过程的开端。当信噪比像在这种情况下这样不利的时候，主体的经验就要任凭期待和希望摆布了。在这里，预期的各种社会后果，社会的“报偿基质”，都变成了至关重要的变量。

这种对于虚假的中子射线的发现所具有的重要意义是，英国、德国以及美国的科学家都非常迅速、毫无异议地意识到这些实验报告出了非常严重的问题（Watkins，1969 年版）。关于与布隆德洛的各种结果有关的、早期的生理学理论，参见拉默尔的著作（Lummer，1904 年版）。此外，对于伍德来说，要具体表明这种错误是非常容易的。他进行了一个简单的、有节制的实验：在使用这个棱柱和不使用这个棱柱的情况下分别把读数记录下来，因此，他记录下来的读数就分别是在存在所谓折射的中子射线和不存在所谓折射的中子射线的情况下的读数。这里的结果完全相同，所以这种原因与这些射线毫不相干。这种失误既是布隆德洛及其同事造成的个人能力方面的失误，也
30 是心理能力方面的失误。他们缺乏共同的和标准化的研究程序。它只是

---

① 伍德（Robert Williams Wood，1868—1955）：美国物理学家，对物理光学、超声学、生物物理学作出过重要贡献，著有《物理光学》等。——译者注

使某些法国人的可靠性受到了怀疑，而并没有使全部感知都受到怀疑。

社会学家们如果积累诸如布隆德洛这样的案例，并且使它们成为他们科学观点的中心，那么他们就会陷入某种困境。他们就会低估它的经验基础的可靠性和可重复性；他们就会只记住布隆德洛的故事的开端，而忘记它是怎么结束的以及它为什么这样结束。社会学家们就会使自己处于他们的批评者无疑希望他们所处的地位之上——潜伏在科学的后院的那些被丢弃的废物之中。

现在可以把这两种论证线索集中到一起了。如果从具有理论偏见的观察所组成的个案研究出发，人们就会得出下列结论，即某些误解是不可避免的。在这种情况下，有一部分经验主义常识就会提醒我们，科学本身具有与进行正确的实验有关的程序规范，而且与人们所说的感觉经验的不可靠性有关的许多案例，实际上都是由于在科学上走捷径、由于没有服从应当服从的那些预防措施造成的。因此，这些案例都是转瞬即逝的，都是可以检测和纠正的。幸运的是，这两种论证线索无论从哪一方面来看都不互相对立。

由不可避免的误解组成的稳定的溪流，总是会在科学关注的边缘出现。科学就其旨趣而言必定是有限的，它必定具有某种界线。沿着这种界线存在的各种事件和过程，必然只能得到人们很少的、飘忽不定的注意。在这里，我们确实可以运用信号检测的类比。那些只有通过事后认识才能被人们认为具有重要意义的事件，经常会受到忽视，或者被拒绝考虑。

处于人们注意中心的情境会发生变化。在这里，只有数量有限的一些经验过程，可以成为人们关注和辩论的中心。有关可重复性、可靠性、恰当的实验方案以及避免各种临界效应的要求，都可以得到严格的实施。各种错误都是可以避免的，而且实际上也得到了避免。一旦这些错误没有得到避免，人们就会运用各种奖惩措施——要么直接由其他人来进行奖惩，要么通过良心来进行奖惩，而良心则是经过内化的、有关责备的意象。巴伯对研究兔子的那位科学家——他最后通过运用经过适当控制的研究程序得出了他的发现——的论述表达了一种羞耻感，“我现在只要一想到它就仍然感到极其难堪”。布隆德洛的研究生涯受到了更加剧烈和更加悲惨的破坏。再也没有什么东西可以比羞耻和受排斥更加生动地表明社会规范的运作过程了。

这些个案研究实际上所表明的并不是感知有多么不可靠，或者感知是我们那些欲望的一种功能，而是科学所提出的、应当忠实地遵守它那些研究程序的要求有多么大的强制力。这些研究程序表明，只有
31 当经验是可以重复的、属于公众的而不是属于个人的时候，它才是值得采纳的。所谓有可能对具有这种特征的经验进行定位，是不容否认的。然而，所谓应当认为知识与我们的经验所具有的这个方面至关重要地联系在一起，却是一种社会规范。它是一种既符合常规又容易变化的强调。其他活动和知识的其他形式具有其他的规范，这些规范所强调的是经验的短暂性、内在性以及个体性。同样不容否认的是，我们的某些经验也具有这种特征，而且我们有必要记住的是，科学并不总是对这些经验方式持有敌意（French，1972 年版；Yates，1972 年版）。

现在，我将提出一种对于经验所发挥的作用之特征的、简明扼要的和具有事实根据的描述，这种描述可以表明，我们完全可以在不削弱强纲领的主张的情况下，公正地对待经验对信念的影响。这种做法将会说明我们刚刚提出的对于经验的可靠性的强调，和我们在前面作出的有关经验主义知识观念的不正确性的评论的关系。

第二节　经验和信念

经验主义提出的非常宝贵的真知灼见是它的下列主张，即我们的生理机能可以保证我们对物质环境的某些反应是共同的和持续不断的。可以把这些反应叫作我们的感知。可以貌似合理地认为，文化的变化是强加到一个从生物学的角度来看稳定的感觉能力层次之上的。运用认为感知能力是相对稳定的假定进行研究工作并不是放弃下列观

点，即这种能力的释放本身并不构成知识，而且也不可能构成知识。这是因为经验总是对以前的信念状态产生影响。它是一种可以导致这种信念状态发生某种改变的原因。因此而产生的状态总是通过这种新的影响与旧的事态达成妥协才出现的。这意味着，经验虽然可以导致变化，但是信念状态并不是完全由经验决定的。

牢记这种描述的方式之一是，把它与一个正在影响某个由各种力组成的系统的力所产生的效果进行类比。这个力可以产生影响，但是它却不能完全决定因此而形成的力。在这里，我们可以考虑一下力的平行四边形。图 1 可以具体表明这种类比。由于代表经验的部分发生了变化，因此而产生的信念也会发生变化。显然，如果不首先确定以前的信念状态，就不会有任何一种经验成分的价值与因此而产生的信念所特有的价值相对应。当我们考虑一种经验将会产生什么影响的时候，我们总是需要把这一点考虑在内。不断变化的经验所具有的任何一种模式本身或者所产生的任何一种影响本身，也都不能决定不断变化的信念所特有的模式。仅仅对这个世界进行观察，并不能使我们就应当对这个世界提出的真实说明是什么达成一致意见，这是毫不奇 32
怪的。

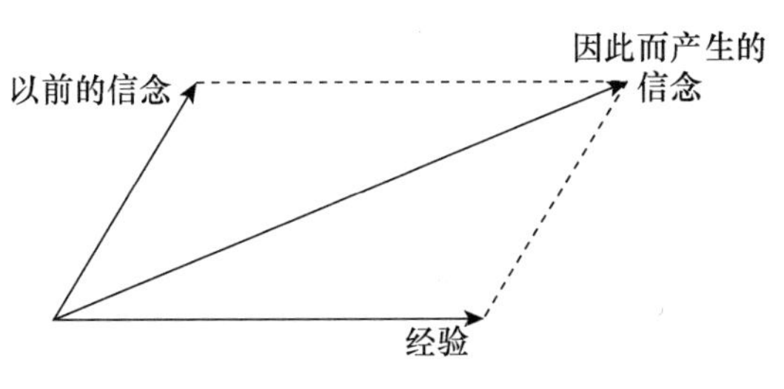

图 1

让我们考虑一下下列简单例子。一个原始部落的男人通过给一只小鸡投放一种草药向神谕请教。这只小鸡死了。这个部落的男人清楚地看到了这只小鸡的行为，我们也同样可以清楚地看到这一点。这个人说神谕对他的问题的回答是“不”。而我们则说这只小鸡被毒死了。对不同的信念系统产生影响的同一种经验，所导致的反应也有所不同。这一点既适用于我们可能从因果关系角度谈论的事件所具有的表面层次，也同样适用于我们认为它的意义应当是什么和我们因此应当怎样活动的更加深刻的层次。

我们可以轻而易举地在科学方面找到许多同样的例子。也许其中最明显的例子是，人们把他们在不同的时间里获得的不同的意义，都赋予了太阳的日常运动。与太阳运动有关的主观经验是这样一种经验——就这种经验而言，地平线作为某种稳定的框架发挥作用，太阳的运动似乎就是按照这种框架发生的。认为这一点对于所有观察者来说都是同样的假定，既是貌似合理的，也是可以检验的。然而，对于托勒密的追随者和哥白尼的追随者来说，他们所认为的太阳和地球的实际相对位置却是截然不同的。

包含在所有这些方面之中的社会成分是清晰可见的和无法减少的。要想说明以前的信念状态的移植过程和分配过程，就必须援引诸如教育和训练这样的过程。如果经验要产生明确的效果，这些过程都绝对是不可缺少的。对于理解因此而产生的各种信念怎样得到维护、对于说明那些把经验与某些信念而不是与其他信念联系起来的关联模式来说，这些过程也是不可缺少的。这种观点虽然包含了经验主义的某些真知灼见，但是它所得出的结论是，没有一种信念处于社会学家的视野之外。所有知识都包含着某种社会成分。

当前，经验主义在许多地区都不再受欢迎，因此，把这样一种极其明显的经验主义成分结合到知识社会学之中，难道不是欠考虑的做
33 法吗？社会学家难道不应当回避那些已经受到广泛的哲学批评的观点吗？如果这意味着社会学家们本身应当疏远流行的哲学观点，那么它就是一种健全的本能。但是，如果这意味着他们之所以应当回避各种观念，恰恰是因为这些观念都不受哲学家们欢迎，那么它就是懦夫的诀窍了。毋宁说，社会学家和心理学家都应当开发利用各种观念——无论这些观念是什么；并且赋予它们适合当前意图的构想——无论这些构想是什么。

我们在这里结合到知识社会学之中的经验主义变体，实际上是一种心理学理论。它指出，我们的感知能力和思维能力是两种各不相同

的事物，而且我们的各种感知影响我们的思维过程，而不是我们的思维过程影响我们的各种感知。这种经验主义形式虽然从生物学角度和进化论角度来看都是有意义的，但是它不仅受到了经验主义的现代批判者们的藐视，而且也同样受到了现代经验主义者们的藐视。当代哲学家们已经把这种关于两种能力的心理学论题转化成为关于两种不同语言的存在和本性的主张：这两种语言就是数据语言（data language）和理论语言。或者也可以说，他们谈论的是两种各不相同的信念所具有的地位：其中一种信念是那些直接由经验给定的，因而理所当然是真实的信念；另一种信念则是那些仅仅间接地与经验联系在一起，因而其真实性成问题的信念。这些主张都是受当前的哲学辩论影响的主张。所谓各种信念具有的绝对确定性——或者甚至可以说是高度的或然性——都直接来源于经验的观点已经受到了质疑，而且有关两种不同语言的整体性观点近来更是如此（Hesse，1974 年版）。

让哲学家们去随心所欲地协商这些有关正当理由、有关逻辑和语言的争端吧。对于对知识进行自然主义的研究来说，重要之处在于，经验主义具有一种对于感性经验的作用的、貌似合理和内容充实的论述。如果这种经验主义恰巧与某种老式的心理学经验主义具有同样的风格，那么这对于我们的哲学遗产来说就更好了。它表明，我们正在按照人们用于表达它的那种精神来理解它（Bloor，1975 年版）。

第三节　唯物主义和社会学说明

任何一种没有矛盾的社会学，都不可能把知识表达成一种与有关我们周围的物质世界的经验毫无联系的幻想。我们不可能生活在一个梦的世界之中。因为我们可以考虑一下，把这样一种幻想传播给社会的新成员必须做哪些工作。这种传播取决于教育、训练、灌输、社会影响以及社会压力。所有这些方面都以感知的可靠性，以检测、保持
已经觉察到的各种规律和区别的能力，以运用这些规律和区别的能 34

力，作为预设前提。人的身体和声音都是物质世界的组成部分，而人的社会学习过程则是其学习物质世界如何发挥作用的过程的组成部分。如果我们具有互相学习的天赋和习性，那么从原则上说，我们必定也具有学习这个非社会的世界所具有的各种规律的能力。就各种文化而言，人们为了生存恰恰就是这样做的。如果社会学习过程可以依赖各种感知器官，那么自然知识或者科学知识也同样可以如此。当研究者在实验室里或者在实地调查旅行过程中，而不是在社会互动或者集体行动过程中运用感性知觉的时候，对科学的任何一种社会学说明都不可能认为感性知觉的可靠性在前一种情况下比较小，在后一种情况下比较大。社会学的整个大厦都以下列假定为基础，即我们可以通过我们的经验，也就是说，可以通过我们从因果关系角度与这个世界的互动，系统地对这个世界作出反应。因此，知识社会学以唯物主义和感觉经验的可靠性为预设前提，任何放弃这些假定的做法都是不能允许的。

为了具体说明这些因素所发挥的作用，让我们考虑一下 J. B. 莫雷尔对 19 世纪早期的两个研究派别进行的非常有趣的比较（Morrell，1972 年版）。莫雷尔比较了位于格拉斯哥（Glasgow）的托马斯·汤姆森（Thomas Thomson）实验室和位于吉森（Giessen）的尤斯图斯·李比希[①]实验室。在 19 世纪 20 年代，这两者都是大学里实践化学学派的开拓者。李比希的研究工作兴旺发达，不久就变得驰名世界了；而汤姆森的研究工作则最终销声匿迹，几乎没有在与这个主题有关的历史上留下什么痕迹。莫雷尔给自己提出的问题是，比较和对照造成这两个学派之截然不同的命运——尽管它们在许许多多方面都具有相似性——的各种因素。

莫雷尔的分析显然具有对称性和因果性。他通过提出有关一个研究学派的、把与研究学派的组织和成功有关的所有各种事实和参数都

① 李比希（Justus von Liebig，1803—1873）：德国著名化学家，对有机化学、生物化学、化学教育等方面均有重要贡献，著有《有机化学在农业和生理学中的应用》等。——译者注

囊括在内的“理想类型”来进行分析。一旦这种模型建立起来，人们就可以清楚地看到格拉斯哥的情况和吉森的情况有多么不同了——尽管它们具有共同的结构。应当考虑的各种因素有：学派领导人的心理气质；他的财政资源，他在大学中所具有的地位和权力；他吸引学生的能力，他能够根据积极性和经历为学生提供的东西；这位领导者在科学共同体中所具有的声望；他对研究领域的选择，以及他为了进行进一步的研究对研究纲领和研究技术的完善。

汤姆森是一个具有支配欲、控制欲，并且比较尖刻的人，他往往把他那些学生的劳动成果看成似乎是他自己的财产。他虽然理所当然地承认他们的贡献，但是他们的论文却要放在汤姆森本人的名下发表。李比希虽然也可能是一个难以相处、积极进取的人，但是他却得到了他那些学生的敬重。他鼓励他们以自己的名字发表著作，并 35
且通过主持一个杂志为发表这些著作提供出路。他还为他那些学生提供博士学位，提供与他们的学术生涯和实业生涯有关的其他帮助。汤姆森的实验室根本不提供如此有益的、非常完整的教育过程。

起初这两位领导者都不得不以自己的财力资助其学派的正常运作。就这两者争取其他人为实验室、实验材料以及实验人员提供资助而言，李比希取得了更大的成功。他有能力把这副重担转嫁到国家头上，而这在奉行自由放任主义的英国是非常难以想象的。在克服了某些最初的困难之后，李比希在一座规模不大的大学里确立了他作为教授所具有的地位，不用再从他的主要研究工作上分心去顾及其他方面。在格拉斯哥，汤姆森是一位钦定讲座教授（Regius），而不是一位学院教授，因而他觉得自己是一个局外人。他承担着一个规模很大的医学院的教学任务，还要为大学的日常工作和政治而分心。

就其研究领域而言，这两位领导者所作出的选择截然不同。汤姆森非常敏锐地看到了道耳顿的原子论所具有的价值和重要意义，因而致力于实施一个有关发现原子的重量、发现各种盐和矿物的化学构成的纲领。他的主要关注点之一是普劳特①的下列假设：所有各种原子的重量都是氢原子的重量的整数倍。然后，汤姆森就进入了无机化学领域。这是一个已经经过充分研究的领域，而且当时的某些最出色的研究者，诸如贝采利乌斯②和盖-吕萨克③，已经完全确立了自己的地位。此外，这里所涉及的技术也需要运用极高的技巧，而且进行无机化学分析的任务也受到许多实践方面的问题和复杂情况的困扰。要想得出可靠的、可以重复的、有益的结果，是非常困难的。

李比希选择了有机化学的新领域。他发展了一种装置和一种分析技术，因而能够从日常工作的角度持续不断地产生可靠的、可以重复的发现。此外，任何一个具有平均水平的合格而勤奋的学生都可以运用这种装置。简而言之，他有能力建立某种类似工场的东西，而且他的实验室确实是一座生产这个领域中以前从未有人生产过的东西的工场。

汤姆森和他那些学生的发现常常遇到下列问题，即这些发现与其他人的发现有所不同，而且他们的研究工作受到了贝采利乌斯的批评。这个学派的各种研究结果有时互相矛盾，人们既不认为它们富有启发，也不认为它们有什么用处。汤姆森确信他那些发现具有精确性，但是在其他人看来，这些发现时常显得只不过是恰巧得到的，无法使人获得什么教益。相形之下，任何一个人都无法对李比希及其学生进行否定。

就目前的语境而言，至关重要的方法论出路是，确定诸如此类的例子对于——我们有关这个世界的——经验在对科学进行社会学说明

36 的过程中所发挥的作用有所启发。我将要论证的是，把物质世界发挥

① 普劳特（William Prout，1785—1850）：旧译“蒲劳脱”，英国化学家，曾经于1815年提出了关于“所有各种元素的原子量都是氢原子量的整数倍”的假说，对生理化学、测量空气密度也有重要贡献。——译者注

② 贝采利乌斯（Jöns Jacob Berzelius，1779—1848）：瑞典化学家，现代化学的奠基人之一，在测定原子量、发明化学符号、发明经典分析技术、发现和分离几种元素、研究同分异构现象和催化方面，都作出了重要贡献。——译者注

③ 参见英文原书第144页（本书边码）的注释。——译者注

作用的方式考虑在内，既不妨碍社会学说明所具有的对称性特征，也不妨碍社会学说明所具有的因果关系特征。

不容否认的是，李比希之所以获得了成功，部分原因在于当他运用他的装置对这个物质世界进行处理的时候，这个世界作出了有规律的反应。相形之下，如果某人以和汤姆森对待这个世界完全相同的方式对待这个世界，那么诸如此类的规律性就不会出现了。汤姆森的研究程序大概是使——在他所考察的物质内部发挥作用的——那些物理过程和化学过程互相抵触并且又把它们胡乱集中在一起，就这两种情况而言，无论人的行为模式还是随后出现的经验反馈模式，都各不相同。

不过，就这两种情况而言，有关这两个研究派别的说明所具有的总体风格却是相同的。这两种情况都必须通过参照来自这个世界的某种“输入”才能得到理解。这两种情况都是从科学家的行为遭遇其环境的某个经过选择的部分开始的。迄今为止，从这种意义上说，这两种说明相互之间具有对称性。然后，这种说明便继续——仍然非常对称地——涉及由各种信念、标准、价值观念以及期望组成的系统，而这些结果所影响的正是这个系统。显然，在这两种情况下发挥作用的原因有所不同，否则这里就不会存在不同的结果了。对称性存在于这些原因类型之中。

实验室发现方面的差异只不过是这个总体性的因果关系过程的一个组成部分，这种差异通过这两个学派的不同命运达到了顶点。它本身并不是一种对于这些事实的充分的解释。说这些化学方面的事实可以说明为什么一种研究纲领取得了成功而另一种研究纲领却遭到了失败，是不恰当的。如果仅仅给定同样的实验室行为和同样的实验结果，那么这两个学派的命运也许会完全相反。例如，假定任何一个人都不曾对有机化学非常感兴趣，李比希的能力就会受到挫折——就像生物学家孟德尔的能力受到挫折那样，他会被人们忽略。或者反过来说，假定无机化学在汤姆森建立其学派的时候尚未得到人们积极的研究，他所作出的贡献就会更加突出地表现出来。由于这种更高的地位所可能带来的各种机遇和鼓励，他的学派就会兴旺发达，继续作出截然不同的、持续时间更长的贡献。它也可能变成一个运用可靠的生产方法的成功工场。

这里有一种情境——人们在这种情境中也许可以说，化学本身就是造成某种差异的原因：无论这种差异是信念方面的、理论方面的、
37 判断方面的，还是像在这种情况下那样，是两个研究派别的命运方面的，情况都是如此。只有当所有各种社会因素、心理因素、经济因素、政治因素都完全相同，或者说只是在那些很小的抑或不相干的方面有所不同的时候，这种情境才会出现。实际上，即使这种情境也不构成对于强纲领的任何放弃。它并不会使这些社会学因素与这种具有总体性的说明毫不相干。它们虽然仍将发挥至关重要的作用，但是，它们暂时却处于无人问津的状态，因为它们都受到了相同的“控制”或者抵消。即使在这些情况下，这种说明的全部结构也恰恰具有因果性和对称性。

第四节　真理，符合和常规

真理虽然在我们的思维过程中是一个非常突出的概念，但是迄今为止，人们对它却几乎没有进行过什么论述。从为了进行说明而对真实的信念和虚假的信念一视同仁这种意义上说，强纲领要求社会学家们不要理会这个概念。从表面上看，我们在这最后一节中进行的讨论似乎违反了这种要求。直截了当地说，难道李比希的实验室之所以兴旺发达，不是因为它确实发现了有关这个世界的真理，而汤姆森的实验室之所以失败，不是因为他那些发现包含着错误吗？这些研究事业的命运确实依赖于有关真理和谬误的问题，所以这些概念似乎归根结底发挥着某种关键性的作用。我们必须阐明真理与强纲领之间的联系环节，对于强纲领那些强调这个世界在因果关系方面产生的推动作用——按照它们在实验结果和感觉经验中发挥作用的样子来强调——

的部分来说，情况尤其如此。

当我们谈论真理的时候，我们的意思几乎没有什么可疑之处。我们的意思是说，有某种信念、判断或者断言符合实在，而且，它把握并且表现了各种事物在这个世界中的存在状态。这种谈论很可能具有普遍性。拒斥某些人所说的东西、肯定其他人所说的东西的需要，对于人类的互动来说是至关重要的。因此，这种共同的真理观念应当处于非常模糊的状态，这似乎是不幸的。运用某种富有启发的方式，是难以描述决定这种观念的知识与实在之间的符合关系所具有的特征的。诸如“适合”、“匹配”、“图像”这些各种各样的术语都会浮现出来，但是其中任何一个术语几乎都不比其他术语合适。我们可以不再尽力更加清楚地界定真理这个概念，而是采用某种不同的研究方法。这种方法也就是提出下列问题，即人们用真理这个概念做什么，以及符合这个概念实际上是怎样发挥作用的。它可以向我们表明，真理这个概念所具有的模糊性既不值得大惊小怪，也没有什么艰难可言。

为了使这种争论点更加明确，让我们再考虑一下有关燃素论的例子。人们曾经用我们今天称之为氢的气体来试探性地识别燃素。18世纪的科学家们虽然知道怎样制备这种气体，但是他们有关它的各种属性和作用的观念却与我们的观念大不相同。例如，他们认为， 38
燃素可以被他们称为“铅丹”（minium）或者“铅矿灰”（lead calx）——或者我们称之为“氧化铅”——的物质加以吸收。此外，他们还认为，铅丹在吸收了燃素以后就会转化成铅（Conant，1966年版）。

约瑟夫·普里斯特利（Joseph Priestly）可以提供有关这种理论的令人信服的具体说明。他把一个装满燃素的气罐倒立着放在水中（参见图2）。其中漂在水面上的是一个盛有某些铅丹的坩埚。用通过凸透镜聚焦的太阳光给这里的铅丹加热。其结果恰恰就在他的意料之中。铅丹转化成了铅，而且气罐里的水面明显上升可以表明铝丹确实吸收了燃素。这里确实是一个对于这种理论符合实在的具体说明。

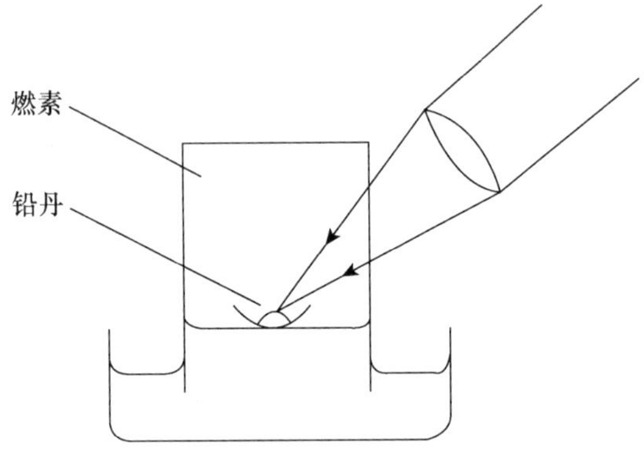

图 2　用铅丹提取燃素

经验主义者将会合乎情理地指出，我们虽然可以看到水面的上升，但是我们实际上并没有看到燃素被吸收到铅丹中去。这里不存在——像我们看到洗澡水流进下水道里去那样——看到这种气体进入铅丹表面上的那些毛孔或者裂缝之中的任何经验。所以，我们并没有看见这种理论所假定的实在与这种理论相一致。我们并没有接近物理世界这个领域，所以我们无法看到它与这种理论的符合。

我们实际上使用的真理指标是理论可以发挥作用。如果我们得到了某种关于这个世界的、可以顺利地发挥作用的理论观点，我们就会感到满足。而有关错误的指标则是，我们未能建立和保持成功的预见所具有的这种可以发挥作用的关系。也许提出这种观点的方式之一是说，这里存在我们确实在运用的某种符合。这种符合并不是理论与实
39 在的符合，而是理论与它自身的符合。得到这种理论解释的经验，都由于诸如人们认为重要的内在连贯性这样的东西而受到了监控。对一种理论进行判断的过程是一个内在的过程。从脱离实在的意义上说，它并不是内在的过程，因为显而易见的是，这种理论是通过我们给对象命名、给各种实体和事件贴标签并且识别它们的方式，而与实在联系在一起的。但是，一旦这些联系建立起来了，整个体系就必须保持某种程度的连贯性；一个部分就必须与另一个部分相一致。

实际上，我们上面描述的实验既对燃素论提出了一些问题，也提供了某种支持。普里斯特利最后注意到，在实验进行过程中，这个气

罐的内壁上形成了某些水滴。由于他曾经在水上进行过这个实验，因此这些水滴当初并没有被注意到。它们当然是出乎预料之外的，而且它们的存在表明这种理论是有问题的。这种理论根本没有说会有水滴形成，但是在水银上重复进行这个实验可以非常清楚地表明，水滴确实形成了。这样，符合的缺乏就出现了。

要想引起这种对不符合的觉察，根本不需要到这种场面之外去找原因。实在并不因为这种理论就它那些内在的运作过程而言缺乏某种符合，就认为它是虚假的。实际发生的情况是，在有关这种实验的既定理论观念内部，出现了一种反常的情境。普里斯特利所做的工作是，通过更加详细地发挥这种理论来消除这种反常现象。再说一遍，他在这里并不是以实在为指导方针，而是以理论本身为指导方针，它是一个内在的过程。他推论说，铅丹之中必定包含着任何一个人都没有意识到的某些水。当铅丹被加热的时候，这些水就会出现，并且附着在气罐壁上。他作出了一个有关水的作用的发现，而且现在符合又重新建立起来了。

把普里斯特利对这种实验的分析与我们的见解比较一下是非常有趣的，因为在我们看来，他的理论——甚至还包括这种理论的经过修改的形式——是根本不符合实在的。我们并不说燃素被吸收到铅丹之中去了，或者这些水来自铅丹。我们说这个气罐里的气体是氢气，而铅丹则是氧化铅。在加热的时候，氧气从氧化铅中逸出，于是便剩下了铅。然后，这种氧气与氢结合便形成了水。气体在这个形成过程中被用尽了，所以这个气罐里的水面或者水银面上升了。

我们所看到的与普里斯特利所看到的完全一致，但是在理论上设想这个对象的方式却截然不同。我们和普里斯特利一样，都可以接近实在所具有的那些含而不露的方面，所以我们的观点也完全可以成为一种理论。我们偏爱我们的理论是有充分理由的，因为就那些经过理论解释、范围非常广泛的实验和经验而言，我们可以坚持这种理论的内在连贯性。

我们现在有可能理解，理论与实在之间的联系为什么是含糊的 40

了。在任何一个阶段，我们都永远无法觉察、认识甚至从任何一个角度运用这种符合。即使我们想使实在完全与我们的理论相匹配，我们也永远不可能拥有必不可少的、独立地接近实在的机会。我们所拥有的、所需要的，只不过是我们关于这个世界的理论和经验，只不过是我们那些实验结果和我们与那些可以操纵的对象进行的感觉运动方面的互动而已。虽然指涉这种不可思议的关系的术语含糊不清并不足为奇，但是，某种被信以为真的、在我们的思维过程中不发挥任何实际作用的联系环节，倒是可以处于含糊不清的状态，因为这样不会造成任何损失。

与科学思想有关的各种思想过程，都可以而且必须根据那些内在的评估原则来进行。它们都是由对于——突然出现在我们那些理论、意图、兴趣、问题以及标准内部的——错误的感知推动的。假如普里斯特利不关注发展对于他在一个化学反应中检测到的所有各种事件的详细说明，那么他就不会再去考虑那少数几滴水了——即使他注意到了它们，情况也是如此。同样，如果我们不打算拥有越来越普遍的理论，我们就会满足于普里斯特利的见解而止步不前。就某些意图而言，这种见解是非常符合实在的。只是在面对我们的要求的时候，这种符合才出现了混乱。变化的动力是这些要求所内在固有的，也是我们的理论和经验所内在固有的。有多少种要求，就会有多少种符合形式。

这就提出了一个关于真理这个概念的问题：我们为什么不完全抛弃这个概念呢？把各种理论完全看作是符合常规的、被我们用来对付和适应我们的环境的工具，这应当是可能的。如果它们都受我们那不断变化的、对于精确性和实用性的要求的影响，那么它们的运用和发展就似乎是完全可以说明的。就所有这些方面而言，真理——或者对于真理的谈论——究竟发挥什么功能呢？要想理解由真理的不在场造成的损失，是非常困难的。然而，毋庸置疑的是，它是一个自然而然地出现的术语，而且人们认为它是非常适当的。

我们的真理观念可以发挥某些作用；如果我们只是表明这些作用

与强纲领，与在这种讨论中出现的、具有实用性和工具性的符合观念相一致，那么这些作用也许就毫无意义了。首先，这里存在可以被称为辨别功能的功能。我们都必须对我们的信念进行挑拣和排列。我们必须把那些发挥作用的信念与不发挥作用的信念区别开来。“真实”和“虚假”都是人们通常使用的标签，而且它们和其他标签一样有效，尽管某种明确的实用主义术语也完全可以发挥作用。

其次，这里也存在修辞功能。这些标签在论证、批评以及说服过程中，都可以发挥作用。如果我们的知识纯粹受来自物理世界的刺激 41
的控制，那么就不会存在有关我们应当相信什么的问题了。但是，由于我们的知识中包含着社会成分，所以我们并不是机械地适应这个世界。这种合乎常规的、具有理论性的装置，提出了一个持续存在的、有关保持的问题。真理的语言是与有关认识的秩序问题紧密联系在一起的。一方面，我们一般地谈论真理，所以我们可以推荐这样那样的具体主张。另一方面，我们又恰恰是把真理当作关于某种事物的、与我们接受的任何一种意见都可能不同的观念来援引。我们把它当作超越了纯粹信念的某种东西来考虑。它之所以具有这种形式，是因为它是我们针对我们希望加以怀疑、改变或者巩固的无论什么东西提出问题的方式。当然，当我们肯定真理或者发现并斥责错误的时候，我们根本没有必要拥有优先接近这些事物的机会，或者说根本没有必要拥有关于这些事物的终极性真知灼见。真理的语言从来都不需要这一点。正像普里斯特利及其燃素论过去可以合法地运用它那样，我们今天也可以合法地运用它。

现在，我们除了可以认为这些标签呈现出超越色彩和权威色彩以外，它们所具有的功能在其他所有方面都与辨别功能相似。我们可以直截了当地识别出权威的本性。就关于这个世界的任何一种特定的理论观点都具有权威而言，这种权威只能来源于人们所进行的行动、所坚持的观点。当迪尔凯姆批评实用主义哲学家们的时候，他正是把真理所具有的强制特征定位在这里（参见收录在下列著作之中的选文：Wolff，1960 年版；Giddens，1972 年版）。权威是一个社会范畴，而且只有我们能够行使权威。我们为了把它赋予我们那些已经确定的意见和假定而不遗余力。自然界虽然具有支配我们的力量，但是只有我们具有权威。与真理联系在一起的超越从某种程度上说也具有同样的社会根源，而且它还表明了真理这个观念所具有的第三种功能。

这种功能可以被称为唯物主义的功能。我们的全部思维都出于本能而提出下列假定，即我们存在于一个共同的外部环境之中，这个环境具有某种明确的结构。我们虽然不知道它的稳定性的确切程度，但是它的稳定程度对于许多实践意图来说是绰绰有余的。它的运作过程的具体细节虽然含糊不清，但是尽管如此，我们仍然认为它有很大一部分是理所当然的。虽然有关它对我们那些思想和行动的敏感性的意见不断变化，但是实际上，外部世界秩序的存在从来没有受到过怀疑。我们假定它就是我们经验的原因，也是我们的话语的共同参照系。我把所有这些方面都归结在“唯物主义”这个名称之下。当我们使用“真理”这个语词的时候，我们时常所指的只不过是：这个世界是如何存在的。我们运用这个语词，来表达和肯定我们的思维所依赖的这种终极图式。当然，这种图式可以以许多各不相同的方式来填
42 充。就一种文化而言，这个世界可能住满了各种看不见的精灵；而就另一种文化而言，这个世界则充满了坚硬的和不可分割的（而且同样是不可见的）原子。只要唯物主义这个标签强调的是各种人、对象以及自然过程所具有的在我们的生活中发挥这样一种突出作用的共同核心，那么它就是恰当的。这些与外部自然界有关的、共同的和引人注目的例子，提供了某些模型和范例，而根据这些模型和范例，我们就可以理解那些只有内行才能理解的文化理论了。它们为我们提供了有关外在性的持续时间最长、公共性程度最大、最生动的经验。

真理这个概念所具有的这第三种功能，可以用来克服可能有人针对我的分析提出的一种反对意见。我曾经说过，我们进行选择、质疑或者肯定，而且无论我们认为什么东西是真实的，这种东西都是这些过程的结果。这种说法似乎是在进行循环论证，因为假如不预先假设真理这个概念，我们还能够对这些过程进行描述吗？难道我们不是在

以真理的名义提出质疑、肯定我们认为真实的东西吗？的确，运用肯定概念来说明真理概念是错误的；毋宁说，要想理解肯定，就需要运用真理概念。这里的答案在于，理解肯定所需要的是一种出于本能但却完全抽象的观念，即这个世界以这样那样的方式存在，而且有一些事态是可以谈论的。我曾经称之为我们的思维过程具有的唯物主义预设前提的观念图式所提供的，正是这种东西。所有与实体有关的问题、所有与特定的内容有关的争论点，都必须从它们自己的各个方面出发，独立地加以解决。无论赢得这些争夺权力斗争的人是谁，他都会为自己戴上胜利者的花冠。因此，这些选择和肯定实际上确实具有优先地位。

[决不要把一般的真理观念，与人们在任何一个特定的脉络下用来判断是否应当把一个具体的主张当作正确的主张来接受的那些标准混为一谈。人们这样做也就是假定纯粹的真理概念可以发挥具有实体性的真理标准的作用。对于卢克斯那些反相对主义的主张（Lukes，1974 年版）来说，这种错误发挥了关键性作用。]

所谓我们应当对各种信念进行选择和挑拣，所谓我们应当肯定这些信念并且使共识具有权威性，所谓我们应当出于本能把各种信念与一个由原因组成的外部环境联系起来，都是非常容易接受的。而且，所有这些方面都是与强纲领相一致的。尤其是我们用来建立那些各不相同的适应过程的关于物质世界的假定，恰恰就是实用主义的符合概念和工具主义的符合概念当作前提来预设的世界图画。现在，我们马上就可以把这些已经出现的观点与李比希和汤姆森所提出的问题联系起来。

当我们运用真理和谬误来说明李比希和汤姆森的与众不同的成功
时，我们实际上是在用这些术语给这些人在其中发现自己的各种环境
贴标签。李比希能够做出具有可重复性的结果。他偶然发现了一种使
自然作出规律性反应的方法。汤姆森则没有发现这种方法。如果一个 43
人可以种出未被虫咬的苹果，而另一个人却做不到这一点，那么只要
市场的偏好已定，这种情况当然可以说明他们的经营运气为什么有所

不同。就科学研究工作而言，为了表示这样一种区分而运用有关真理和谬误的语言，是合乎习惯的，因而也是可以接受的。我们刚才加以说明的是由各种功能组成的一组混合物。它从因果关系角度突出强调了一些有关的境况以及这些境况与文化方面的各种偏好和意图的关系。如果强纲领与这种有关真理和谬误的语言用法不一致，那么这对于强纲领来说将是一个灾难。但是，它并不是与这种用法不一致。它所反对的语言用法与这种用法大不相同——也就是说，它所反对的是先对真理和谬误进行评价，然后根据这种评价，对真实信念和虚假信念采取不同风格的说明。例如，它运用因果关系说明来对待错误，但是却不这样对待真理。这是一个非常不同的问题。它把真理概念与某种目的论框架等同起来，而不是使它处于我们的日常思维过程所具有的因果关系之中。

认为各种科学理论、科学方法和可以接受的科学结论都是社会常规的观点，受到了一些典型论断的反对，我们现在必须考察这些论断。人们时常假定，如果一个东西是常规，那么它就具有“任意性”。据说，把各种科学理论和科学结论看作是常规，意味着它们都需要通过人们的决定才能变成真实的，而且任何决定都是有可能作出的。我们的回答是，各种常规都不具有任意性。并不是任何东西都可以成为常规。任何具有任意性的决定在社会生活中都几乎不发挥什么作用。社会的可信性和实践方面的效用，可以对有可能变成某种常规、规范或者制度的东西加以限制。各种理论都必须在人们从常规的角度出发所期望的范围内发挥作用，并且达到人们所期望的精确程度。这些常规都既不是不证自明的，也不是普遍的或者静态的。而且，各种科学理论和科学研究程序，都必须与在一个社会群体中流行的其他常规和意图相一致。和其他任何一种政策性建议一样，它们也都面临着与接受有关的“政治”问题。

也许可以强调下列问题：一个社会群体对某种理论的接受会使这种理论变成真实的吗？唯一能够提出的答案是，这并不能使这种理论变成真实的。真理这个概念中不存在可以允许信念把某种观念变成真实观念的任何成分。它与关于一个独立存在的世界的基本唯物主义论述的关系，已经预先排除了这种可能性。这种图式永远使认识者和被认识物之间的间隙处于开放状态。但是，假如这个问题被重新表述，变成了下面这个样子：接受一种理论是否会使它变成一个群体所具有的知识，或者这种接受是否会使它变成这个群体理解和适应这个世界的基础？那么，答案只能是肯定性的。

另一种针对认为知识依赖于某种社会共识形式的反对意见来源于 44
下列担忧，即具有批判性的思想会受到威胁。有人曾经说过，根据这些观点，进行激进的批评是不可能的（Lukes，1974 年版）。这种理论实际上所预见的是，只有在某些情境中，对一个社会群体所具有的知识进行激进的批评才是可能的。首先，在这些情境中，人们可以运用不止一组标准和常规，而且可以设想不止一种关于实在的界定；其次，某些与开发利用这些可供替换者的动机是存在的。在一个高度分化的社会中，这里的第一个条件总可以得到满足。然而，就科学而言，这第二个条件却总是无法得到满足。科学家们有时会算计一下，服从那些正常的研究程序和理论要比背离它们得到更多的收益。而进入这种算计过程的各种因素本身便构成了一个社会——心理学问题。

也许用一个简单的例子就可以表达下列一般观点，即各种常规都不会妨碍人们进行激进的批评。的确，如果没有这些常规，这样的批评也就不可能存在了。弗朗西斯·培根是科学的伟大宣传者之一。他和其他人一样，都尖锐地批评他们所认为的各个大学所具有的堕落颓废的经院哲学。他希望用与工匠和手艺人联系在一起的、有用的、注重实效的、积极的知识形式取而代之。因此，他把社会的一部分人所具有的标准、习惯、利益以及常规，当作衡量其他学习类型的尺度来运用。他没有寻找，而且也不可能找到任何超社会的标准。这里根本不存在阿基米德所说的支点。

如果反身性的条件得到了满足，我们就应当有可能在不以任何方式削弱知识社会学的情况下，把这里的全部说明运用于知识社会学本身。这当然是可能的。无论是一位社会学家还是任何一位其他科学家，都没有任何理由因为认为他的那些理论和方法来源于社会——也就是说，因为认为他的那些理论和方法是集体影响和集体资源的产物、是某种文化及其目前的各种境况所特有的东西——而感到羞愧。的确，如果社会学家们试图回避这种认识，那么他们就会贬低他们自己的科学所具有的主题。当然，任何与这样一种——导致认为科学应当对经验保持冷漠态度、应当对各种事实毫不关心的——承认有关的东西都不存在。归根结底，具体社会环境目前强加给任何一种科学的常规性要求是什么呢？它们就是我们认为理所当然的科学方法，因为人们在各种各样的学科中所实践的正是这种科学方法。

说科学的各种方法和结论都是常规，并不会使它们变成纯粹的“常规”。否则就会铸成与思维过程有关的难以形容的大错，即各种常
45 规都是一些可以随随便便满足的、从本质上说要求不高的东西。这种错误是无与伦比的。各种常规要求通常都会使我们的体力和脑力发挥到最大限度。一个极端的例子也许可以起到某种提示作用：考虑一下据说北美印第安人的男子为了完全被他们的部落当作斗士而接纳，所要完成的与忍耐力有关的英勇事迹吧。除了其他事情以外，所谓各种理论和科学观念都可以确切地适应人们对它们所提出的各种常规性要求意味着，它们都可以作出成功的预见。这是强加给我们的精神建构过程的一种苛刻的行为准则，但是它同样是一种常规。

下列感受无疑将会继续存在，即我们已经犯了某种无原则的错误。还有人会说，真理已经被化约成纯粹的社会常规了。这种感受是存在于上面两个部分已经考察过的、所有各种反对知识社会学的详细论断背后的动力。这些论断虽然已经得到正视和拒斥，但是也许这种感受依然存在。因此，让我们认为它是一种凭借自己的权利存在的现象，并且努力对它的存在加以说明。它的存在恰恰可以揭示某种与科学有关的、有趣的东西——因为存在于科学本性之中的某种东西，必定会激发出这种具有保护性和防卫性的反应。

第三章 人们抵制强纲领的根源

假定人们以往针对科学知识社会学提出的某些详细的反对意见是 46
难以克服的，那么这种假定意味着什么呢？它很可能意味着，恰恰在我们文化的核心部位，曾经存在过某种最引人注目的、具有讽刺意味的怪异之处。如果人们无法以某种彻底的方式把社会学运用于科学知识，那么这就意味着科学无法科学地认识自身。人们虽然能够通过科学掌握有关其他文化的知识、认识我们自己的文化所具有的各种非科学的成分，但是科学——关于所有各种事物的科学——却经不住人们以同样的方式对待它自身。这一点将使它成为一个特殊的案例，将使它成为一个就它自己那些研究程序的普遍性而言的长期存在的例外。

那些以自我驳斥来嘲弄知识社会学的人完全可以提出他们的论断，因为他们都准备接受科学自己强加给自己的某种限制。为什么任何一个人都应当准备这样做呢？当人们似乎极其显而易见地想望不受任何限制的普遍性的时候，我们怎么可能认为使科学成为它本身的一个例外的做法是既正确又恰当的呢？在对这些问题进行过调查研究之后，我认为，所有这些反对强纲领的详细论断的根源都是可以确定的。

为了理解在我们的文化态度中导致这种陌生特征的各种力量，我们有必要系统阐述一种有关我们对科学的各种感受的起源和本性的理论。为了做到这一点，我将求助于迪尔凯姆的《宗教生活的基本形式》（1915 年版）。我所要提出的理论将依赖于科学和宗教之间的某种类比。

47 第一节　对科学的迪尔凯姆式探讨

通过诉诸对神圣和世俗的区分，我们就可以具体说明人们抵制对科学进行科学的调查研究的理由。对于迪尔凯姆来说，这种区分处于各种宗教现象的核心部位。他指出：

> 但是，各种宗教现象所具有的真实特征是，它们始终假定从两个方面——已知的方面和可知的方面——把整个宇宙区分为两种类型，这两种类型包含了所有各种存在的事物，但是它们从根本上说却是互相排斥的。神圣的事物是那些得到各种禁令保护和孤立的事物；而世俗的事物则是这些禁令所针对的那些事物，是那些必须与神圣的事物保持一定距离的事物。各种宗教信念都是表象——这些表象既表现神圣的事物所具有的本性，也表现它们所保持的各种关系，而这些关系要么是它们相互之间的关系，要么是它们与世俗的事物的关系。（第 56 页）

如果把这种针对科学的令人困惑的态度当作某种神圣的事物来对待，并且因此而把它当作应当处于使人产生恭敬感的距离之上的某种事物来对待，那么这种态度就是可以说明的了。也许人们之所以坚持认为科学的各种属性超越了所有各种不是科学，而只不过是信念、偏见、习惯、错误或者混乱的东西，并且坚持认为这些属性使科学根本不可能与后面这些东西相比较，原因就在于此。这样，人们就假定科学的各种运作过程都是从某些原则出发的，而这些原则既不植根于那些在这个由政治和权力组成的世界中发挥作用的事物，也不能与这样的事物相比较。

难道用某种宗教隐喻来具体说明科学不令人感到不可思议吗？难道它们不都是一些对立的原则吗？看来，这种隐喻既不合适又具有攻击性。那些在科学中发现这种知识典型（epitome of knowledge）的人，都不可能承认宗教具有同样的有效性，因而我们可以料想他们会以厌恶的态度来看待这种比较。这种反应有可能忽视某种观点，后者的目的在于对社会生活的两个领域进行比较，并且指出同样的原则在这两个领域中都发挥作用。这种目的既不是贬低其中的一方或者另一方，也不是使这两个领域之中的实践者陷入困境。宗教行为是以对神圣领域和世俗领域的区分为中心确立下来的，而对这种区分的种种表现则与人们经常针对科学而采取的立场相似。这种接触点意味着，也许有关宗教的其他真知灼见也是可以运用的。

如果人们确实把科学当作似乎是神圣的事物那样来对待，那么这种做法可以说明它为什么不适用于它自身吗？难道神圣的事物不能够与它自身接触吗？那个要求社会学家们不再注意科学的渎神过程存在于何处？我们似乎可以把人们用来回答这个问题的方式叙述如下。许 48
多哲学家和科学家根本不认为知识社会学是科学的一个组成部分。因此，知识社会学属于世俗领域，因而使它与严格意义上的科学有关，也就是使世俗领域与神圣领域相接触。不过，这种回答回避了这个至关重要的问题的实质——首先，人们为什么认为知识社会学处于科学的范围之外呢？我们在前两章已经提出的主张是，与各种社会学方法有关的任何东西都不会把它从科学中排除出去。这种主张意味着，使人们把知识社会学从科学中排除出去的正是知识社会学的主题。这样，否认它具有科学所特有的特权地位也许就不是偶然的了，知识社会学并不完全是恰巧处于科学之外的，而这种情况便造成了某种危险。毋宁说，知识社会学之所以不得不处于科学之外，是因为它所选择的主题使它不断产生威胁：它的本性就会使它不断产生威胁。同样，有人也许会指出，人们之所以不把知识社会学看作是一门科学，是因为它非常幼稚、尚处于不成熟阶段。这种低水平状态使它无法进入科学的领域，所以它具有渎神性，并且会造成某种威胁。这种观点也同样回避了这个至关重要的问题的实质，它为什么处于如此不成熟的阶段呢？难道它的发展缓慢，不可能是因为它实际上厌恶以某种不偏不倚的科学的方式考察知识的本性吗？换句话说，知识社会学之所以没有造成某种威胁，是因为它处于不成熟阶段；而它之所以处于不成熟阶段，是因为它造成了某种威胁。

这些考虑使我们回到当初的争论点上去了：科学知识所具有的神圣特征为什么会受到社会学的详细考察的威胁呢？为了回答这个问题，我们需要进一步明确表达神圣这个观念。

宗教从本质上说是某种力量的源泉。当人们与他们那些神灵进行沟通的时候，他们就会得到勇气、变得崇高、得到保护。这种力量来源于宗教的各种对象和仪式——这种力量并不仅仅使人从事那些更加神圣的实践，而且也使人持续不断地进行世俗的日常实践活动。而且，我们都是被宗教设想成由两个部分组成的造物——其中一个部分是灵魂，另一个部分则是肉体。灵魂处于我们的内部、带有几分神圣的色彩，因而就其本性而言，它与我们的心灵和肉体的其他部分有所不同。其余这些具有世俗色彩的部分必须加以严格的控制，并且通过宗教仪式做好准备，从而能够与这种神圣的部分紧密联系在一起。

宗教所具有的这种基本的两重性，与人们时常赋予知识的两重性相似。科学并不是与宗教完全相似的。它要受由许多种区分——例如，对纯粹科学和应用科学的区分，对科学和技术的区分，对理论和实践的区分，对普及性科学和非普及性科学的区分，对常规科学和基础科学的区分——表现出来的自然的两重性的影响。一般说来，我们可以说，知识和人类的本性本身一样，既具有其神圣的方面，也具有
49 其世俗的方面。它那些神圣的方面所表现的是我们认为存在于它内部的最高级的东西。这些东西可能是它那些核心原则和方法，也可能是

它那些最伟大的成就，或者是它那些最纯粹的已经经过陈述的，从所有各种涉及起源、明证（evidence）或者以往的各种混乱的东西中抽取出来的观念内容。让我们注意一下大生理学家杜布瓦-雷蒙[①]如何运用有关纯理论研究和应用研究之间的界线或者阈限的观念，以及他如何激发学习过程的灵性（spirituality），以此作为一个具体说明。在一篇于1912年出版的讲稿中，他主张接受纯理论研究方面的训练具有重要意义，“甚至在普普通通的人的心灵中，这种意义也会通过自然积累产生积极影响——在他的生活之中，在他完全被实际研究那压倒一切的吸引力所陶醉之前，在他一直不得不跨越纯粹的学习过程的界线的情况下，这种意义至少会有一次产生这样的影响，使他感受到它的精神魅力；他至少会有一次看到他为了真理而追求、找到以及珍视的真理”（转引自 Turner，1971年版）。

正像来源于与神圣接触的力量必定会被人们进一步运用到这个世界上去那样，所以我们也可以把科学的神圣的方面当作启发或者引导科学的那些更加平凡、受灵感支配较少、具有生命力较少的部分的方面来考虑。后面这些方面也就是科学的那些例行的研究程序、那些纯粹的应用、那些已经确定的技巧和方法所具有的外在形式。不过，在世俗世界中发挥作用的宗教力量所具有的根源必定不会给信徒们足够的、使他们能够忘记存在于这两者之间的至关重要的区分的信心，这是理所当然的。他们必定永远都不会忘记他们对神圣的终极依赖。他们必定永远都不会相信他们都是自给自足的、他们的力量不需要恢复。依此类推，人们必定不会相信科学的例行研究程序具有某种自我满足的、无视他们那从一个不同的和更加强有力的自然界所具有的根源汲取力量之需要的性质。根据这种观点，就科学本身的估计而言，科学实践本身必定不会变得重要到把每一种事物都还原到同一个层次的地步。这里必定总是存在某种力量源泉——人们的精力从这种源泉

① 杜布瓦-雷蒙（Emil Heinrich Du Bois-Reymond，1818—1896）：德国生理学家、现代电生理学的奠基人，以研究神经和肌纤维的电活动闻名于世，著有《动物电的研究》（共两卷）等。——译者注

中奔涌而出，而且利用这种源泉，人们就能够而且必定更新这种接触。

知识社会学所造成的正是这种威胁：它似乎从反面抵消或者干涉由精力和灵感组成的奔涌而出的洪流，而这种洪流则来源于与科学和方法论所具有的基本真理和原则的接触。从本质上说，来源于这些原则的东西——也就是说，与它的根源相比，科学的实践具有的神圣性较少，具有的世俗性则较多。因此，把由这些原则启发的某种活动转用于这些原则本身，就是渎神性行为和玷污性行为。因此而产生的必定是破产。

这就是对下列令人费解的情况的回答，即最热心地倡导科学的人，恰恰是那些最不希望把科学运用于科学本身的人。科学是神圣的，因此必须使它单独存在。正像我在某些情况下将会说的那样，科
50 学“被物化了”或者说“被神秘化了”。这种做法可以使它不受某种污染，而后者则会破坏它作为一种知识源泉所具有的效能、权威以及力量。

到目前为止，我只提供了有可能运用于科学的热心倡导者们的一种说明。存在于我们的文化之中的人本主义传统和文学传统情况又如何呢？处于这种传统之中的思想家们都完全愿意承认科学在我们的知识体系中所具有的地位，但是他们关于这种地位的观念却与科学的热心倡导者们的相应观念有所不同。人文主义者们对科学的各种局限，对任何一种可能以科学的名义得到人们接受的、难以置信的托词都很敏感。有关其他知识形式的主张都受到了强有力的压制。例如，我们关于人们和各种事物的日常知识就是如此。有人说，这种知识具有远远超出了科学的理论化过程的稳定性，它在我们日常遭遇物质世界和社会世界的时候，可以绝妙地适应这些世界所具有的微妙变化。就对知识社会学的批评而言，常识（common sense）哲学家和人文主义哲学家时常完全同意科学哲学家们的观点。一项根据科学的神圣性作出的清楚的说明虽然不能运用于人文主义者们，但是人文主义者们的立场却仍然可以用与迪尔凯姆的术语同样的术语来分析。对于他们来

说，神圣的东西是某种非科学的东西，诸如常识或者一种文化的既定的形式。因此，如果科学本身试图涉及这些论题，那么它就会受到哲学论断的抵制。人文主义哲学家将会作出这种反应，无论这种进行僭越活动的大科学是物理学、生物学、经济学或者社会学，情况都是如此。从类型的角度来看，由这些思想家加以卫护的各种知识形式，都是由诗人、小说家、剧作家、画家或者音乐家创作的艺术作品。有人坚持认为，这些知识形式表达了真正具有重要意义的真理——我们在生活中的任务就是学习这种真理，而且我们借助这种真理就可以维持生存。[哲学中“语言学分析”的倡导者们，提供了有关这种人文主义探讨的许多例子。因此，我们可以把赖尔的《心灵的概念》（1949年版）当作对诸如简·奥斯汀[①]这样的小说家在心理学方面提出的真知灼见所具有的优先性和永恒性的一种辩护来解读。]

第二节　社会和知识

已经有人提出过下列假说，即从类型的角度来看，科学和知识都经得起像信徒们对待神圣那样的对待。到目前为止，人们对这种假说提出的唯一一种辩护理由是，如果这种假说得到认可，那么它就会使我们的理智价值观所具有的令人困惑的特征完全变成可以理解的东西。就这种假说的实际情况而言，它并不是一个无关紧要的收获，而且它试图说明的事实所具有的奇特之处，也许足以成为这种假说本身所具有的显而易见的奇特之处的辩护理由。但是，即使我们有可能通过压制来减少有关奇特之处的意识，我们也仍然需要把这种分析进行 51
下去。

我们必须提出下列问题：我们为什么总是应当把一种如此崇高

① 简·奥斯汀（Jane Austen，1775—1817）：英国女作家、第一个现实地描绘日常生活中平凡人物的小说家，著有《理智和情感》、《傲慢与偏见》、《曼斯菲尔德花园》、《爱玛》等。——译者注

的、像上述假说所假定的那样的地位赋予知识呢？在这里，我们必须系统论述一种对于知识在社会中所发挥的作用、对于我们可以用来思考它的各种资源，以及对于我们可以用来形成针对它的各种态度的资源的论述。我将运用迪尔凯姆提出的关于宗教经验之起源和本性的一般论题，也就是说，宗教从本质上说是一种被用来感知我们在其中生活的社会，并且使我们有关这个社会的经验变得可以理解的方式。迪尔凯姆指出："首先，（宗教）是一种观念体系——利用这种观念体系，诸个体就可以把他们作为其成员的社会、把他们与这个社会的各种既晦涩又密切的关系，向他们自己表现出来。"（第257页）存在于神圣和世俗之间的区分，把那些象征人们据以组织社会的各种原则的对象和实践区别开来了。它们体现了它的集体势力所具有的力量——这种势力既能够激励和维护它那些成员，也能够作为一种独特的和令人敬畏的效力（efficacy）所发挥的约束作用，对这些成员产生影响。

> 因此，由于社会压力是以各种精神方式发挥其作用的，所以这种压力必定会使人们得到这样的观念，即在他们之外存在着一种或者数种他们所依赖的力量，这样的力量既是道德方面的，同时又是行之有效的。他们必须把这些力量——至少部分地——当作存在于他们之外的东西来考虑，因为这些力量以命令的语气对待他们，有时甚至还强迫他们去破坏他们那些最自然的倾向。如果他们能够看到他们所感受到的这些影响都来源于社会，那么与各种解释有关的方法论体系就永远也不会出现，这无疑是正确的。但是，社会行动所采取的各种路线都极其迂回曲折和模糊不清，所运用的各种心理机制都极其错综复杂，因此，普通的观察者是无法看清它从哪里开始的。即使科学分析并没有向人们传授什么，人们也完全知道他们受到了影响，不过，他们并不知道他们受到了谁的影响。所以，他们必须自己发明有关这些力量的观念——他们运用这种观念就可以感觉到他们都联系在一起，而我

> 们从这种观念出发，就可以看一看导致他们用那些实际上与他们的本性无关的形式来表达他们的方式，就可以通过思想来美化他们。(第 239 页)

通过假定当我们思考知识的本性的时候，我们所做的就是直接对人们据以组织社会的那些原则进行反思，就可以使迪尔凯姆那非常具
有说服力的看法发挥作用。在我们看来，对我们的思想进行构造和指 52
引的都是一些观念，这些观念的真实特征也就是某一种社会模型所具有的特征。根据我的假说，正像宗教经验使我们的社会经验发生了转变那样，哲学、认识论或者其他任何一种一般的知识观念，都会使我们的社会经验发生转变。所以，我们对“人们为什么永远会认为知识是神圣的”这个问题的回答是，我们对知识的思考实际上就是对社会的思考，而且如果迪尔凯姆是正确的，那么人们就总是倾向于把社会当作神圣的事物来感知。

显然，为了看一看人们对知识的各种说明实际上是不是具有它们似乎具有的经过转化的各种社会观念所具有的特征，我们有必要考察几个具体的案例。我将在下一章进行这种考察，不过，为了做好准备，在这里有必要讨论一些要点。

首先，说我们通过操纵各种社会意象来思考知识，并不意味着这种思考是一个有意识的过程，或者这种思考在任何一项认识论调查研究抑或哲学调查研究中都必定是明明白白的。从一个很小的片段出发无法推测一种思路的发展方向，而且那些基本的社会模型也不可能在一些详细的或者孤立的论断中出现。只有在涉及范围广泛的研究工作中，这些社会模型才会出现。

其次，我假定理所当然的联系最初具有的貌似合理性是什么？人们在思考知识的过程中为什么会运用各种社会模型呢？我们可以部分通过强调这种思考需要某种模型、部分通过指出这些社会模型都特别合适——这两组观念之间存在着天然的亲密联系——来回答这些问题。

思考知识的本性，也就是使自己直接投身于一项既抽象又令人费解的事业。一般说来，提出哲学家们向他们自己提出的那些问题会使心灵失去活力。在这个领域中进行思考，极其需要诉诸某种熟悉的、能够提供一种可以使各种思想都能够依赖的框架的东西。即使人们以诸如历史学家们那样的非常具体的方式来对待知识，也仍然会出现同样的问题。如果想把材料整理成一个前后一贯的叙述，那么就有必要对各种原则进行组织。历史不仅把某种图画赋予了某种不言而喻的哲学，或者说赋予了由各种各样的哲学派别组成的传统——从类型的角度来看，历史学家们所诉诸的正是这种哲学或者传统，而且它也同样以某种科学的图画为预设前提。

即使人们承认某种模型是不可或缺的，下列问题也仍然需要回答：为什么某种社会图画会成为人们说明知识的适当模式呢？当心灵对知识的本性感到茫然不解的时候，它为什么会依靠它对社会的了解
53 呢？首先，这些问题的部分答案，存在于我们在其中对知识感到茫然不解的那些境况之中。从类型的角度来看，当诸如教会和俗人、学者和门外汉、专家和多面手、强者和弱者、当权者和持不同政见者这样一些不同的社会群体都提出互相竞争的、提供知识的主张的时候，这样的境况就会出现。此外，知识和社会之间还存在许多可以凭直觉感知的联系。人们必须对知识进行收集、组织、保持、传播以及分配。这些活动显然都是与那些已经建立起来的制度——诸如实验室、工场、大学、教会、学校——联系在一起的过程。这样，在某种层次上，心灵就会把存在于知识与权力和权威之间的某种关系记录下来。当那些同样的特征在社会中被充分地呈现出来的时候，知识领域中就似乎更容易出现严格而苛刻的权威和控制，而不是更容易出现——比如说——流动、轻而易举的选择以及对信念的各种开明的替代物。有关类比和比例的意识把我们的知识观念和社会观念联系起来了。的确，在我们那不进行任何反思的心灵中，这些观念很可能根本不是分别存在的事物。

作为一个好高骛远的爱国主义哲学家，费希特①曾经提供过一个关于人们如何用社会范畴和神学范畴把知识包揽无遗的具体说明。他曾经于 1811 年在柏林进行的一次对教区长的讲话中指出，大学“是有关我们这个种族之不朽性的明显的表象”，它是“人类所能够拥有的最神圣的事物”。正像我们在前面选自杜布瓦-雷蒙的具有更多缓和色彩的具体说明那样，从特纳对普鲁士的专业研究之发展的研究出发，也可以得出这样的说明。实际情况很可能是，这些情绪或者它们的强烈程度，都受人们在表达它们的时候所处的时间和地点的制约。不过，从我的主张来看，它们都被解释成了提示物（reminder）：我们很可能并不像我们所想的那样，不习惯于发布或者译解这种信息。

在这里，也许有人会提出一种反对意见。如果知识是一种过于抽象因而难以进行考虑的——正因为如此，进行这种考虑才需要各种社会模型——事物，那么社会为什么不是一种具有过多势不可当的力量因而无法直接加以思考的事物呢？我们为什么不同样需要一种关于社会的模型呢？这个问题指出了一种有价值的、对我们正在进行的说明的补充——因为这种建议确实是正确的。由于我们全身心地投入到社会之中，所以除非通过运用一幅经过简化的图画、通过运用一种意象、通过运用无论什么都可以被称为一种“意识形态”的东西，否则我们就无法在我们的反思意识中把它当作一个整体来把握。从迪尔凯姆的意义上说，宗教所表现的就是这种意识形态。这意味着，人们模模糊糊地觉察到的、存在于知识和社会之间的同一意识，实际上提供了某种途径——通过这种途径，我们那些经过简化的社会意识形态就可以与我们的各种知识理论联系起来。也许正是这些意识形态而不是我们的真实的社会经验所具有的总体性，可望控制和构造我们的各种知识理论。

我们刚才概括叙述的是一种关于人们如何思考的理论。我并不想 54

① 费希特（Johann Gottlieb Fichte，1762—1814）：德国先验唯心主义哲学运动的主要代表人物，著有《论学者的使命》、《论人的使命》、《全部知识学的基础》、《当前时代的基本特征》等。——译者注

断言这些假说都必然是真理。它们的实质特征意味着，我们无法证明它们是真的，而只能或多或少地用归纳的证据来支持它们。此外，我在这里提出的这种图画的应用范围也尚未确定下来。物化的倾向或者神秘化的倾向都取决于人们尚未充分认识的那些条件，尽管随着论述的继续进行，我们必须冒险用另一种假说来研究论述这个论题。

为了给本章系统论述的立场提供支持，我将分析有关知识本性的两种现代理论，表明它们是怎样依赖各种社会意象和社会隐喻的。这是下一章将要实现的目的。在下一章的结尾部分，我将讨论那些有可能使人们克服下列感受的条件，即科学知识太客观了，因而人们无法从社会学角度出发来调查研究它。

第四章　知识和社会意象：一项个案研究

在这一章，我将考察一个长期存在于两种相互竞争的科学观念之间的辩论。我的目的在于，说明各种社会意象和社会隐喻制约这些互相竞争的主张的方式，确定它们的风格、内容以及它们相互之间的关系。其中的一种立场是卡尔·波普尔爵士所坚持的立场——他在其经典性著作《科学发现的逻辑》（1959 年版）中陈述过这种立场，后来又在其他著作中进行过详细的论述。另一种立场则是由 T. S. 库恩在其论战性著作《科学革命的结构》（1962 年版）中系统论述的。在这里，我将涉及的是他们的立场所具有的总体性结构，而不涉及那些具体的问题（不过，读者若想进行详细的研究，可以参见 Lakatos and Musgrave，1970 年版）。 55

由于这场辩论已经进行了差不多十年，而且长期以来一直处于僵持状态，因此，我并不试图对这场辩论本身作出什么贡献。在目前这个阶段，这样一种探讨是不大可能取得成功的［而且，我已经在我的著作（1971 年版）中发表过看法］。与进行这样的尝试不同，我将把注意力集中在通过使这场辩论处于一个更加宽泛的视角之中来考察这场辩论，而不是像人们通常所做的那样，通过把它与那些长期存在于经济学、法学、政治理论以及伦理学方面的争论联系起来而考察这场辩论。我相信，如果不把这场认识论辩论看作是对存在于我们的文化之中的那些深层的意识形态关注（concerns）的表达，就无法充分理解这场辩论所具有的特征。

第一节　波普尔—库恩辩论

卡尔·波普尔爵士的科学观念是既清晰又令人信服的。科学的目标是把握关于这个世界的具有重要意义的真理，而要做到这一点，我们就必须系统表述各种具有说服力的理论。这些理论都是对于实在之本性的推测，它们可以解决由对我们的各种期望的违反造成的问题。
56 有一些期望可能是与生俱来的，但是绝大多数期望都来源于以前坚持的理论。因此，如果科学从各种不言而喻的假定出发，那么这些假定很快就会被人们意识到。在这种有意识的理论建构过程的某个阶段，我们可以随心所欲地运用我们所希望运用的任何一种材料：神话、偏见或者猜测。重要的问题在于，我们用我们的理论所做的事情，并不是这些理论的发源地。

一种理论一旦得到系统表述，就必定会受到人们运用逻辑方面的详细审查和经验方面的检验进行的严肃批判。逻辑方面的批判可以减少模糊不清之处，引出包含在一种理论之中的各种主张。经验方面的检验则要求人们把各种理论的一般性陈述与那些描述检验情境的陈述联系起来。假如一种理论足够精确，那么现在就有可能通过努力证明它那些预言没有根据，而把它所包含的弱点揭示出来。如果它经受住了这样的检验，它就得到了证实，人们目前就可以把它保留下来了。

检验理论的过程所具有的重要性存在于下列事实之中，即我们并不能轻而易举地获得知识。我们为了认识事物必须努力奋斗，因为不付出努力，我们就只能进行肤浅的和错误百出的猜想（speculations）。但是，我们为我们的理论所付出的努力必须是具有批判性的努力。使我们的理论不受外部世界影响的做法是教条主义的做法，而且会导致某种对于知识的虚幻意识。就科学而言，这个世界所具有的各种对象和过程都不具有任何固定不变的、可以一劳永逸地把握的本质。因此，科学不仅是一种具有批判性的斗争，而且是一种永不休止的斗争。如果科学不再发生变化，那么它就会丧失它的经验特征，就会变成形而上学。科学的目标的确是真理，但是真理与我们的距离却是无限的。

波普尔的哲学所具有的基调和风格是它那总体性信息的一个重要组成部分。这种基调有一部分是由它所使用的那些关键性的隐喻决定的。达尔文式的斗争意象在这里颇为引人注目。科学是一种与这种生存斗争有关的规划，但是对于我们来说，我们的各种理论在这种规划中都终结了。为了加速这种生存竞争、消除各种不具有说服力的理论，他吩咐我们都去进行理智方面的冒险。否定性过多的方面是，权威的各种各样的根源都受到了批判。科学本身既不受理性的权威支配，也不受经验的权威支配。就获得真理而言，理性的权威和经验的权威都是不可靠的指南。对于一代人的理性来说似乎是不证自明的东西，对于下一代人来说则可能是偶然发生的，甚至可能是错误的。我们的经验很可能使人产生误解，我们赋予一项实验结果的意义也有可能发生根本的变化。波普尔的研究工作所具有的另一个反对权威的方面，是有关人类统一的意象——就这里的情况而言，是有关“人类的理性统一”的意象。任何一个个体或者任何一类人的论述，都不比其他个体或者其他类型的人的论述更有权威。任何人都不具有成为真理的源泉的优先权；所有各种主张都必须一视同仁地接受批判和检验。

波普尔的思想风格包含在他所坚持的下列主张之中，即只要人们
付出足够的批判性努力，人们就可以取得进步、解决各种问题、澄清 57
和裁决各种争论点。波普尔自己的研究工作就是一个例子，因为他已经揭示了科学游戏的各种规则，描述了可能使人走向教条主义和蒙昧主义的各种错误。波普尔制定了某些重要的标准和界线，以之作为这种整理过程（codification）的一个组成部分。其中最重要的是有关可

检验性或者可证伪性的标准。这种标准把科学的论断与那些伪科学的主张或者形而上学的主张区分开来了。形而上学虽然不是毫无意义，但是它是不符合科学原理的。可以说，它属于个体的私人偏爱的领域。虽然从心理学的角度来看，它可能是灵感的一个重要源泉，但是我们绝不能把它与科学本身混为一谈。

其他那些存在于各种详细说明之间的界线和屏障，则受到了截然不同的对待。对于观念的自由交流来说，破坏详细说明的因素代表了某种人为的屏障。那些大胆的理论有可能跨越这些界线，并且不应当因此而受到阻碍。再说一遍，由各不相同的理论习语或者理论语言所强加的各种屏障，都是波普尔注定要蔑视的。与实质内容有关的任何东西都可以从一种语言转变成另一种语言。对于把握真理来说，各种语言都不包含那些在其他语言中是不可靠的、难以理解的资源。人类的理性统一体不会顾及任何理论语言或者理论习语。

这种严格的科学观念引起了广泛的共鸣，而且它也有资格引起这种共鸣。它显然抓住了任何一个信奉科学的人都自然会赞成的许多价值观念。

库恩教授的科学观念也和波普尔的科学观念一样具有下列性质：具有一个单纯而又令人信服的总体性结构——各种具体的争论点都是在这种结构内部以极其富有经验色彩的方式解决的。他的分析主要涉及他所谓的“范式”。范式是一个由科学研究工作组成的典范，它可以在某个专业化的科学活动领域内部创造一种研究传统。对范式的调查研究，可以为人们如何在某个领域进行科学研究提供行之有效的（working）模型，可以为人们提供有关实验方法、实验装备以及理论解释的指导。为了尽力从自然界中得出各种结果，人们可以发展范式的各种变体，并且进行仔细推敲。这种以范式为中心的增长过程，显然不是一个机械的复制过程。存在于各不相同的实验之间的、以堪称典范的贡献为榜样而形成的各种微妙的关系，易于理解但却难以陈述。它们的各种联系将会形成某种类比网络和“家族相似”。

对于某个有限的和不明确的研究领域来说，这种以一个范式为中心发展起来的传统，将构成一组相对自主的、库恩称之为“规范性科学”的活动。规范性科学以范式的成功和价值为基础，人们无论如何都不能对它表示异议。它与心灵的某种状态相对应，这种心灵状态认 58
为，对研究传统的推进可以导致各种谜（puzzles），而不会导致各种问题。称某种事物为一个谜的做法假定某种解答是存在的，而且在这种情况下，这个谜还包含着下列进一步的涵义，即与这种解答有关的术语，将与那些已经在这种范式调查研究过程本身之中被证明是成功的术语相似。但是，运用任何一组“规则”都不可能揭开规范性科学的这些谜。范式调查研究也不会隐含或导致这些解答。规范性科学从本质上说具有创造性，因为当它出于人们的需要、对它以之作为模型的当初那种调查研究进行各种发展的时候，它必须为了自己而进行制造（manufacture）。库恩把这种具有创造性同时也受到限制的活动，比喻成对一个判例法（case-law）方面的合法判例的运用。

库恩认为，规范性科学是一个由成功的解谜过程组成的系列。正是这种具有累积性的成功使研究者获得了信心和经验背景，从而使之能够把各项实验进一步推进到那些只有内行才能够理解的、研究主题的细节上去。正是研究传统所具有的各种理论方面的增长，使这些细节获得了它们的意义，使它们能够以一种有意义的方式连贯起来。

这样来源于以往的成功的信心和承诺，并不会因为研究者在一个到目前为止已经经过非常详细地推敲的范式范围内偶尔出现的、造成某种反常现象的失误而发生动摇。首先，可以把解谜的失败归咎于个体研究者的能力。研究者也许会把一个尚未解决的反常现象看作是一个特别复杂的、目前可以有理有据地放在一边的案例。不过，如果范式所具有的视角并没有提供有关这种尚未解决的反常现象为什么会造成如此巨大的麻烦，以及解决这个问题的时机似乎已经成熟，而这个问题却仍然抵制造诣最高的研究者所付出的努力的理由，那么随后就会出现某种信心方面的危机。这样一来，这种反常现象就会变成一个特别的关注点，研究者就会以加倍的努力来考察这种尚未经过研究的现象所具有的经验方面，而为了把握这种现象的重要意义，异乎寻常的理论说明过程也就越来越必不可少了。规范性科学的增长模式就会被打断，一种不同的氛围就会流行起来——库恩称这种氛围为“反常的科学”（extraordinary science）。

为了消除这种危机，人们有可能在这个令人忧虑的领域中形成一种进行科学研究的新的模型。只要一种新的范式能够处理这种至关重要的反常现象，专家共同体就会接受这种范式。如果这种情况出现了，那么它就是库恩所说的“革命”。当专家共同体确定的新的范式，能够比旧的范式为科学的进一步发展提供更有希望的发展前景的时
59 候，科学中就出现了一场革命。进行这样一种决策会涉及哪些方面呢？人们要想评估旧的研究程序所发生的危机的严重程度和新的研究程序所提供的前景，就必须对这个领域的各种细节进行深刻的理智把握。不过，这种决策的各种理智方面都必须与某种判断同时存在。研究者所赋予各种各样的、赞同或者反对科学研究战略的某种变化的理由的相对重要性，只有在某种程度上才能得到辩护。这种辩护必定只能进行到一定的程度，之后人们就要迈出不具有任何辩护理由的一步了，因为他们到这里尚不具有任何证据。科学家也无法依赖来自外部的对他的专长的帮助，因为专家共同体本身就是相关的知识和经验的存在场所。它是科学家所能够诉诸的最后的依靠。

正像就波普尔的著作而言所出现的情况那样，库恩对科学的说明也具有某种明确的特色，这种特色部分是由作者认为可以理所当然地加以运用的那些隐喻造成的。科学家们会形成一个实践“共同体”。这种共同体的论题由于其对社会团结的暗示，因而是一个具有渗透性的，有关一种就其本身的风格、习惯以及日常工作而言已经确定的生活方式的论题。这种论题只有通过它本身与有关周期性地使这种共同体处于极度困惑状态的“革命”的、具有论战性的意象形成对照，才能得到加强。在库恩那里不存在任何与权威概念相矛盾的成分，的确，他曾经在他的一次系统论述中大谈教条在科学中所发挥的有益作用。他把科学教育过程当作一个具有独裁色彩的过程来论述。这种过程的目的，并不是向学生们提供某种不偏不倚的、对那些与以前的各

种范式联系在一起的互相竞争的世界观的说明。毋宁说，它的目的在于使他们有能力在现存的范式内部进行研究工作。

库恩所进行的探讨并不意味着，与科学有关的任何一种事物都可以变成清晰和明确的。科学是一组具体的实践活动，而不是一种具有某种明确的方法论的活动。归根结底，科学是一种行为模式和判断模式——这种模式的基础并不存在于任何一种对那些普遍标准之抽象的和一丝不苟的陈述之中。科学所具有的诸如明确的理论说明过程这样一些在一丝不苟的明确陈述的层次上表现出来的特征，都表明人们运用了深深地植根于运用范式的各种实践活动之中的概念。所以，范式的变化并不会与语言方面和意义方面的变化同时出现。有关超越范式界线的翻译的问题，都是一些非常深刻的、可能无法完全克服的问题。

因此，这里存在着两种截然不同的对科学的说明。我们虽然无法否认它们的差异，不过，它们也具有非常广泛的共同基础。的确，关于科学实际是做什么的争论，数量是很少的。波普尔所注意的是那些引人注目的推测和非常严格的检验，比如说，有关爱因斯坦对光线在质量巨大的物体附近会发生弯曲的预言，情况就是如此。库恩并不否认这些事件的存在或者重要意义，不过，他所强调的却是使这些事件成为可能，并且赋予它们重要意义的背景。就波普尔这一方面而言，60
他并不否认“规范性科学”的存在，但是他却坚持认为这样的科学是平庸之作。我们还可以考虑一下他们对那些旷日持久的理论争论的态度——比如说，他们对那些有关物质理论的争论的态度。就波普尔的说明而言，这些争论对于物理科学和化学科学来说都是至关重要的。而对于库恩来说，这样一些论战表明了某种反常的科学状态的存在，因而应当是罕见的。库恩争论说，即使那些旷日持久的争论看起来确实会出现，它们所涉及的也都是形而上学问题，而不是存在于真正的科学内部的那些争论点。它们对人们实际上如何进行科学研究几乎不产生什么实际影响。当然，这种观点强化了库恩所具有的把科学看作是一组具体的、经过定位的（localised）实践活动的倾向，而波普尔对科学的解读则强调了科学所具有的批判特征。

实际情况看来也许是这样，即这两种图式之中的任何一组图式，都可以解释一大批事实，尽管它们将会从不同的角度来看待这些事实的重要意义。有关准确地界定存在于这两种探讨之间的差异的问题，是一个多少有些棘手的问题，而且当库恩说他与波普尔的不同在于格式塔转换（Gestalt switch）——他们都把同一些事实集中在一起，但是所构成的图案却各不相同——的时候，他已经非常清楚地陈述了这一点。

库恩和波普尔所一致同意的两个重要的解释要点涉及真理和事实的本性。这些要点都值得进行简明扼要的讨论，因为人们有可能在它们实际上根本没有构成这两种探讨的主要差异的时候，认为它们构成了这些主要差异。首先，经常有人这样说，库恩之所以正在削弱科学的客观性，是因为他并不相信那些纯粹事实的存在（Scheffler，1967年版）。对于库恩来说，人们在对理论进行判断时所诉诸的稳定和独立的依靠并不存在。被人们认为是某种事实的东西，实际上都是依赖范式的（paradigm-dependent）东西。各种经验和实验结果所具有的意义和重要性都是我们取向这个世界的结果，而且这种取向正是由我们对范式的信仰提供的。然而，波普尔在认识论的层次上也承认，对于我们来说，各种事实都不是在有关这个世界的毫无问题的直接经验中给定的单纯的事物。对于波普尔来说，对某种观察或者实验结果的任何一种报告，都与人们有可能用来检验的假说一样，具有完全相同的逻辑地位。各种理论都是用他所谓的“以观察为依据的假说”来检验的。那些构成科学之以观察为依据的基础的陈述，的确都是由经验来推动的。不过，对于波普尔来说，这只不过是一个与我们接受某种（以观察为依据的）假说的理由有关的事实。经验并不提供任何理由，更不用说为人们接受某种以观察为依据的假说提供决定性的理由了。任何一种陈述都会超越那推动它的经验，因此，都会作为某种以推测为基础的一般概括发挥作用。这种分析与波普尔在那些涉及大范围的
61 假说和人们目前把它们当作真实的东西来接受的理由之间划定的明确

界线，是完全一致的。对于那些低级的假说来说，经验是一种不合理性的原因，这就像——比如说——宗教经验对于宇宙学假说来说可能是一种不合理性的原因那样。因此，就各种“事实”而言，波普尔和库恩都持比常识更加严重的怀疑态度，他们都相信各种事实所具有的“理论”本性。

其次，库恩似乎剥夺了科学所扮演的为我们提供真理的角色，因为难道科学不是一个由各种范式——他并没有保证这些范式之中的一种范式比另一种范式具有更多的真理——组成的无限的进步过程吗？归根结底，除了人们有可能用来衡量这种范式进步的科学以外，任何一种接近这个世界的方式都是不存在的。但是，波普尔所处的立场与这种立场完全相同。真理是一种理想或者目标，不过，它与我们的距离却是无限的。他们当中的任何一方，都无法通过对保证迈向真理这个目标的进步过程的说明提供任何保证。他们所进行的说明，都是有关消除人们所觉察到的那些错误的方式。就科学把握那些具有稳定性和确定性的事物而言，他们都坦率地持怀疑态度。这种对事实和真理的处理并没有以任何影响深远的方式把这两种说明区别开来。

不过，存在于这两种说明之间的分歧是相当大的。我们可以通过下面这些要点来确定这种分歧。首先，他们赋予那些规定的（prescriptive）方面和非规定的（descriptive）方面的重要性各不相同。波普尔设定了一些方法论规定，这是无可否认的。与此同时，他所具体说明的正是科学所具有的那些研究程序，因此，他在其论述中必定会而且实际上也确实涉及了实际科学研究活动的现实。库恩的论述更接近于一种不涉及任何公开的、合法化的、非规定性的说明。然而，当库恩受到攻击的时候，他又明确指出，他的说明也是一种有关人们应当如何进行科学研究的说明。因此，这两种说明虽然既具有规定性又具有非规定性，但是后者的比例和特色却各不相同。

其次，波普尔强调的是辩论、不一致和批评，而库恩强调的则是人们认为理所当然的那些论断领域。换句话说，两者虽然都关注科学的社会特征，但是他们认为最重要的那些社会过程却各不相同——其中的一方认为公众辩论最重要，而另一方则认为得到共享的生活方式最重要。

第三，波普尔集中注意的是科学的那些具有普遍性和抽象性的方面，诸如它那些方法论准则和一般的学术价值。库恩所集中注意的则是科学那些具有局部性和具体性的方面，诸如那些为各种实际科学研究者群体提供范例的、特定的科学研究工作。

第四，波普尔的科学观把科学看作是一个直线性的、同质的过程。同一些方法和过程可以运用于科学的所有各个阶段。它通过内容和说服力而发展，对于它那走向无限遥远的目标的过程来说，它所走的每一步都是一种具有补充性的进步。相形之下，库恩则坚持一种循环观念。存在于他心目之中的不是活动的某种始终如一的忙乱（bus-
62 tle)，而是一种由性质不同的研究程序组成的循环，尽管他无疑是把强调重点放到规范性科学那既平静又具有灵活性的例行工作之上了。波普尔所说的科学家们都放眼未来，而库恩所说的科学家们一般则是根据先例进行研究工作的。他们都以过去为参照标准。

第二节　启蒙运动的意识形态对浪漫主义运动的意识形态

从结构的角度来看，我刚才概括叙述的这种存在于科学哲学之中的辩论，与那些存在于政治理论、社会理论、经济理论、伦理学理论以及法学理论之中的已经历差不多两百年之久的辩论，是完全相同的。的确，存在于波普尔和库恩之间的这种冲突，代表了一个与——我们也许可以称之为——启蒙运动的意识形态和浪漫主义运动的意识形态之间的对立有关的、几乎是纯粹的案例。[我是首先从曼海姆对保守主义思想的出色论述（Mannheim，1953 年版）出发，具体说明这些意识形态的。]

从类型的角度来看，我所谓的“启蒙运动的”社会思想似乎就是关于“社会契约”的观念。有人也许断言这种观念是社会的历史起源，或者断言它是一种描述那些落到社会成员头上的义务和权利之特征的方式。与社会契约的神话相对应而存在的，是有关社会出现以前的“自然状态”的神话。人们有时认为这种自然状态是一种多少带有一些野蛮色彩的状态，而人类正是被社会从这种状态中拯救出来的。还有人以更加复杂和老练的方式把它表现为，如果社会土崩瓦解，我们就会陷入其中的那种状态。与自然状态或者社会契约相联系的，是一组与生俱来的和不可剥夺的权利——生命权、自由权以及财产权。这些权利的具体细节和人们运用这种有关契约的隐喻的方式虽然有可能发生相当大的变化，但是对于18世纪的那些著作家来说，这种一般的论题却是一个具有典型性的论题。

比那些内容充实的自然法学说更重要且影响更深远的，是18世纪的思想所具有的方法论风格。这种风格具有以下四个特征。第一，它是一种个体主义的和原子论的方法论。这意味着，它把各种整体和集体都设想成与那些由个体单元组成的集（sets）完全相同的东西，并且认为这种做法是毫无问题的。把这些单元集中在一起并不会改变它们的本性。因此，各种社会都是一些由个体组成的集合，这些集合的基本本性和个性并不与社会密切联系在一起。例如，那些个人都是由他们的推理能力或者计算能力、他们的一组需要和欲望组成的，当然，还要加上他们所与生俱来的各种权利。人们认为，所有这些东西并不会由于社会的发展而变化，它们在不同的历史时期也都是完全相同的。第二，这种个体主义是与对思维过程的某种静态的探讨密切联系在一起的。历史的变化受人们对那具有超时间性和普遍性的东西的关注支配。理性和道德、我们所具有的趋乐避苦的习性，都是固定不变的，可以从那些具有偶然性和具体性的东西的混乱状态中抽象出来 63
的。这些要点都与启蒙运动的思想所具有的第三个特征密切联系在一起，我们也许可以把这种特征称为启蒙运动思想的抽象的演绎主义（deductivism）。从类型的角度来看，那些特定的社会现象或者有关个体行为的案例，都是通过与各种抽象的一般原理联系起来而得到说明的——无论这些原理是有关道德的、有关推理的，还是有关科学法则的，情况都是如此。启蒙运动的思想所具有的第四个，而且也是最后一个表现巨大而重要的意义的特征，涉及人们对我们刚才描述过的这些特征的运用。由于人们时常——尽管并不总是——把启蒙运动的思维与改革、教育以及变迁联系在一起，所以它往往带有某种强烈的规定色彩和道德说教色彩。人们虽然并不打算使它成为表达某种不偏不倚的描述工具，但是却打算使它成为一种方式——通过运用这种方式，人们就可以用不断发挥改革作用的“应当”对抗社会那难以对付的“现状”。与这种道德意图联系在一起的，是一种可以用来打破那些稳定的和固定不变的联系模式和联想模式、不断发挥割裂作用的分析倾向。启蒙运动的思想风格所具有的抽象的普遍主义，使它有能力提出一些清楚的一般原理，而这些原理与现实的距离则可以作为某种对现实的指责、作为某种行动目标而发挥作用。它到后来还会表明，人们也可以用它来实现其他意图。

相形之下，由自然权利、社会契约或者自然状态组成的一组事物，在我们可以称之为“浪漫主义运动的”思维中则找不到立锥之地。在这里，有关存在于社会之前的自然状态的概念，被有关我们的必不可少的社会本性的概念取代了。在这里，只有社会是自然而然的。社会契约所具有的那些与计算有关的暗示都被有关家族统一的意象取代了。根据这种观点，家族关系意味着权利、责任以及义务，而且人们是不应当千篇一律地分散权威的。应当根据世代、级别和角色来不均等地分配这些方面。而且，在家族中，公正也不是利用某种立法或者具有契约性的讨价还价过程而形成的。它更加自然地采取了一种既具有独裁性又具有灵活性和仁慈性的形式，而且可以逐渐适应它那些成员的不断变化的年龄、责任以及状况。

我们可以使浪漫主义运动的思想所具有的方法论风格，与启蒙运动的思想所具有的方法论风格详细地对照起来。首先，它既不是原子论的，也不是个体主义的。它并不是把各种社会整体当作纯粹由个体组成的集合来对待，而是认为它们具有某些特殊的特性——比如说，某些精神、传统、风格以及民族特征。这些特性既需要人们进行独立的研究，又为这些研究提供理由，因为人们也许很容易忽视它们的发展和繁荣所利用的方式。那些过于集中注意孤立的原子的人，将无法观察这些具有总体性的模式及其各种法则。只有把个体置于脉络之中，才能理解这些个体。其次，这种有关脉络的意识可以导致下列信念，即具有具体性和历史性的东西比具有普遍性和超时间性的东西更重要。有关理性之诸普遍原则的概念，被有关各种反应和适应过程之 64
受到局部制约的变化的概念，被对于创造性思想之所有各种产物都具有既受历史制约又不断发展的本性的信念取代了。第三，使各种特定的案例受那些抽象的一般法则支配的抽象的演绎推理程序，被对具体个性的强调取代了。它认为，只要人们通过特定的案例所具有的全部具体的个性来看待这种案例，那么这种案例就比那些抽象的原理更真实。启蒙运动的思想所具有的第四个特征是它那与道德说教倾向和规范倾向完全相同的倾向。后者所具有的基于分析和分解的明晰性，与对社会之诸特征的现实性的强调形成了对照，而这种现实性则往往会被坚持更加抽象的立场的人所忽视。它对各种社会实践所具有的整体性、错综复杂性以及相互联系都加以强调。浪漫主义运动的思想家们所经常采取的辩护和对抗姿态，发挥了把这种思想所具有规定性的成分和非规定性的成分紧密结合起来的作用。这种思想往往把各种价值观念都看作是内在的、与各种事实混合和结合在一起的。

必须把波普尔归类到启蒙运动思想家一边，把库恩归类到浪漫主义运动思想家一边，要想具体表明这一点是很容易的。波普尔是一位个体主义思想家和原子论思想家，因为他把科学当作一种由各种孤立的理论组成的集合来处理。他几乎没有对各种理论建构传统、对存在于各种传统内部的连续性、对不同的科学时代之间的不连续性加以注意。他的分析单位是个别的理论推测。这些单位所具有的逻辑特征、方法论特征，似乎在所有各种情况下、在科学研究的所有各个阶段都是完全相同的。而且，他所涉及的是恰当的科学思维所具有的普遍的和超越时间的属性。任何一种时间或者地点——无论是前苏格拉底哲学，还是现代物理学——都可以提供相关的例子。应当通过把个别案例与那些抽象的理性规则或者超越时间的区分标准联系起来，来对这样的案例进行评价。有人已经对波普尔的思想所具有的这些具有规定性的先入之见进行过评论。最后，我们可以在波普尔的科学观念中，找到某种与社会契约的神话的相似之处。这种相似之处出现在我们已经简明扼要地描述过的、他那关于科学之“以观察为依据的基础”的理论所包含的详细论述之中。波普尔通过下列说法来描述这种基础的特征，即科学共同体暂时可以通过作出某种“决定”，把某些基本陈述当作事实来接受。这里之所以包含某种“决定”，是因为和科学中的所有各种陈述一样，这些陈述都是一些假说。他把这个过程比喻成陪审团作出裁决的过程（1959 年版，第 108～109 页）。这当然只不过是一个类比，他并没有把它当作历史事实提出来。不过，如此慌乱地诉诸类比，尤其是诉诸这种类比，确实不是偶然的。正像人们为了建立社会而诉诸各种契约性的“决定”那样，这种做法揭示了心灵的
65 某种投射（cast），并且是与某种分析的风格和方向相对应的。它意味着，他显然正是在这一点上要诉诸各种自然过程、要诉诸提出心理学问题和社会学问题，这种调查研究是随心所欲地结束的。各种“契约”和“决定”都可以被理解成要点而不是过程、都可以被理解成没有结构或者历史的事物、都可以被理解成转瞬即逝的事件，这真是太容易了。以这种方式来看，它们都可以发挥使人们的探究终结的不连续性的作用。

库恩的说明所具有的浪漫主义运动思想方面也是非常明确的。在这里，各种个别的科学观念始终是研究传统那不断发挥包容作用的“整体”的组成部分。科学的各种与共同体有关的方面都突出地表现了出来，而教育过程的权威特征也因此突出地表现了出来。这种说明不含有任何对与证伪有关的逻辑过程和方法论过程的明确表示。对反常现象作出反应的过程，和确定这种现象是否对已经确立的那些探讨构成威胁的过程，始终包含着具有直觉性的判断。在理论发展的过程中，我们也找不到任何与研究程序有关的抽象原则。这是因为，各种

范式都不是可以陈述的（statable）理论。各种研究传统都不具有成文的法规。它认为，从一种详细说明到另一种详细说明的历史变化和文化变化，都是理所当然的。最后，库恩的说明——在这里，规定性的内容是潜在的而不是明确的——所具有的非规定性色彩，也与浪漫主义运动的思想风格相一致。

现在已经显而易见的是，在两种刻板的社会模式和政治模式与两种存在于科学哲学之中的对立立场之间，有某种结构性的统一性。我们现在必须表明，这两种刻板的社会意识形态是与真实的历史行动者所采取的立场相对应的。我们将在下一节着手论述这一点。它将为我们提供一个机会，使我们能够进一步说明一些与社会立场和认识论立场之间的联系有关的要点——这些联系都存在于内容和细节方面，而不是存在于结构方面。一旦我们作出了这种说明，这个至关重要的问题就会变成：在意识形态辩论传统和认识论辩论传统之间，为什么会存在某种同态现象呢？

第三节　各种意识形态的历史定位

把启蒙运动的刻板模式和浪漫主义运动的刻板模式，定位在那些历史行动者和历史群体所发表的意见、所采取的立场之中，是比较容易的。这是因为，这些模式时常与有关接受和拒斥的两种基本反应形成对应，而我们在与 18 世纪晚期、19 世纪以及 20 世纪那些主要的社会事件相妥协的过程中，是可以利用这两种基本反应的。人们时常
把这些刻板模式详尽阐述成对那些战争和革命的反应，阐述成对欧洲 66
刚刚过去的工业化过程和民族主义斗争过程的反应。这些事件显然都会引出分歧观点。它们之所以会自然而然地导致见解的两极分化过程，是因为有一些人在其中有所得，而其他人则在其中有所失。当我们涉及他们的命运和利益的时候，我们的心灵就会受到触动，因而进入自觉的反思和拥护状态。人们会对各种案例争论不休，会在寻求资

源的过程中把各种学术传统洗劫一空，会援引那些得到广泛运用的道德标准，并且把它们构造得适合当前的意图。有关上帝、人以及自然的概念，都会被用来说明我们正在体会的经验，都会被用来为我们认为自己所坚持的立场或者为我们倾向于采取的那些行动辩护。

当然，1789 年的法国大革命，是人们用来陈述我刚才概括叙述的这两种对立的意识形态的主要活动之一。法国大革命的个体主义理想和理性主义理想，在它所通过的许多法律中都是很明显的。例如，它的法律彻底清除了诸如行会和社团（corporations）这样一些在由个体组成的群体之间发挥调节作用的制度性安排。那些明确表现社会整体的结构都被打破，变得四分五裂了。尼斯比特（Nisbet）曾经引用过勒沙普利埃[①]在 1791 年说过的话，勒沙普利埃说："国内再也不会存在任何社团了；这里只会存在每一个个体的特殊利益和一般的利益……"（Nisbet，1967 年版，第 36 页）这场大革命的意识形态专家和立法专家们也同样把家庭这个至关重要的单位设想成共和国本身的一个缩影。他们规定，应当用适用于每一个人的平等原则和权利原则代替父亲所拥有的那些专制的、以前一直受到法律维护的权利。各种行政管理单位的简单化、法律和政府的理性化，就是当时的常规。

英国、法国以及德国的那些极端保守的思想家，正是针对这些以令人惊恐不安开始、以血腥屠杀告终的趋势，提出他们的言论和分析的。也许埃德蒙·伯克[②]及其卓越著作《对法国大革命的反思》（1790 年版），就是最突出的例子。伯克针对那些用自然法来为我们的各种权利和自由辩护的人提出，受统治、受限制以及在一个稳定的

① 勒沙普利埃（Jean Le Chapelier，1754—1794）：法国大革命的领袖之一，1789 年当选为第三等级出席三级会议的代表，之后出任国民议会议长；曾于 1791 年 6 月 14 日向国民议会提出勒沙普利埃法，该法宣布一切工人结社和雇员结社都是非法的；后在 1794 年的恐怖统治期间被处决。作者在这里讲勒沙普利埃的姓名时注的是 Loi Le Chapelier，而根据上下文的意思和有关的历史知识来看，这里提到的人物显然应当是 Jean Le Chapelier；故加以更正并特此说明。——译者注

② 伯克（Edmund Burke，1729—1797）：英国美学家、政治学家，著有《对于崇高概念和优美概念的起源的哲学探讨》、《对法国大革命的反思》等。——译者注

社会中生存，也同样是人所具有的自然权利。针对那些把理性的自然之光当作批判社会的基础来诉诸的人，伯克勇敢地宣布，社会必定是而且实际上也是以偏见而不是以理性为基础的。理性作为一种个别资源是不充分的。我们在做事情的时候所必定要依赖，而且实际上也确实在依赖的理性，是我们的社会所具有并且由这个社会体现出来的智慧——以现在的说法来说，可以把这种智慧叫作社会的“规范”。因此，

> 我们害怕使每一个人都只依赖他自己的理性储备而生活和进
> 行交易；因为我们猜想，每一个人的理性储备都是很少的，因而 67
> 个体都应当更加努力，以便利用各个时代和各个民族的总银行和
> 总资本。（第 168 页）①

与个体所具有的进行计算的理性相比，偏见具有难以估量的优越性，因为它可以与行动合拍，并且创造连续性。因此，

> 有理由的偏见愿意把这种理由付诸行动，并且具有使它成为永恒的钟爱之情。人们在紧急情况下可以轻而易举地运用偏见；它以前就使心灵处于由智慧和美德组成的稳定的过程之中，因而不会使人在作出决定的时候处于犹豫不决、狐疑不定、迷惑不解、优柔寡断的状态。偏见可以使人的美德习惯成自然，而不会使这些美德成为一系列毫无联系的活动。通过有充分根据的偏见，人的责任就会变成他的天性的一个组成部分。（第 168 页）

伯克认为，对任何事情都要进行批判、讨论以及论断的欲望，是他那个时代的不幸，而不——像他的反对者们所可能认为的那样——是他那个时代的光荣。伯克对由政治家和文人学者们组成的“整个开

---

① 这里的译文系根据此处的引文原文译出；下同。——译者注

明的集团（clan）”提出了下列指责，即他们都是“正在与所有各种当权派进行无法平息的战斗”，他断言：

> 对于他们来说，破坏一种古老的事物体制（scheme）有充分的理由，因为这种体制是古老的。而就新的体制而言，他们对于一座匆匆搭起的建筑的持续存在也毫不畏惧；因为对于那些在他们的时代到来之前不怎么动脑子或者没有做任何事情，以及把全部希望都寄托在发现之上的人来说，这样的持续存在并不构成任何障碍。（第 168 页）

伯克所提出的最令人感兴趣的论题之一，涉及简单性、复杂性以及它们与那些支配人类行为举止的规则的关系。人类的本性和各种境况都是错综复杂的。那些试图提出支配我们的事务的各种简单规则的人，要么显然是对他们的职业（trade）一无所知，要么是玩忽职守。例如，考虑一下我们拥有的那些自由和受到的那些限制吧。由于这些方面都“随着时间和境况的变化而变化，并且可以由人们进行无限的修改，所以为它们订立任何抽象的规则都是不可能的；而且，做任何事情都不会比按照这种规则来讨论它们更愚蠢”（第 123 页）。显然，伯克已经举例说明了浪漫主义思想所具有的许多方面。那些正在寻找批判波普尔的科学观念的方式的人，很容易借助于伯克的立场——借助于他那对发现的具有反动色彩的蔑视，借助于他对复杂性的强调和对简单性的拒斥，借助于他使偏见发挥的作用（这一点与库恩关于教条的学说极其相似），借助于他对具体的行动而不是对抽象的思想的
68 关注，借助于他为了反对制造分裂的和具有批判色彩的个体主义立场而提出的有关社会凝聚力的论题。

这种对法国大革命的价值观的拒斥并不仅仅出自英国思想家。许多德国思想家——诸如米勒（Müller）、哈勒尔（Haller）、默泽尔（Möser）——也提出了对于极端保守主义理论的详细论述。他们都是一些地方主义者、传统主义者、爱国主义者、君主主义者以及独裁主

义者。亚当·米勒曾经受到过伯克的影响，因而是一个特别令人感兴趣的案例。赖斯的著作（Reiss，1955年版）包含了从米勒的《政治的要素》（1808—1809年版）一书中选译的一些文章——这些文章提出了下列要点。启蒙运动思想家所具有的一个典型特征是进行分离和区别，因此，他们把价值与事实分离开来、把理性与社会分离开来、把权利与传统分离开来、把理性的东西与真实的东西分离开来、把真实与单纯地相信分离开来、把公与私分离开来。而浪漫主义运动的思想倾向则是同化启蒙运动思想家所分别坚持的那些观点。米勒只用了几页篇幅就把所有这些范畴系统地联合和统一成了一个整体，并且消除了作为启蒙运动的“阐明过程”的标志而存在的、进行分割和划界的全部工作。但是，这里所涉及的并不仅仅是一种单纯的、与进行统一的倾向相对立的进行区分的倾向。就思想而言，启蒙运动的习惯是进行区分，而浪漫主义运动的思想则是通过类比进行统一的。实际上，浪漫主义运动的思想家认为社会的结构性分工是理所当然的，而启蒙运动的思想家则把它们分解成为一种原子化的同质状态。

米勒对私与公的各种关系的研究论述，既提供了一个与此有关的例子，也提供了一个与那些典型的功利主义情绪的明显的对照。他指出：

> 国家是由人类事务组成的总体，这些事务统一成为一个有生命的整体。即使我们把人类的最不重要的组成部分永远从这种联合体中排除出去，即使我们只在一个点上把私人生活领域与公共生活领域分离开来，我们也就再也不能把国家当作一种生活现象，或者当作一种观念来觉察了……（第157页）

就目前的语境而言，这种观点所具有的重要性在于，它具体说明了浪漫主义思想所具有的下列观念，即一个系统的组成部分或者要素与整体处于紧密的统一状态之中。因此，各种科学推测都不是孤立的思想单位，而可以说是它们作为其组成部分之一的那个范式的缩影。

或者我们以另一种方式来作一个比较，存在于一个科学推测背后的观念或者灵感，并不是科学家的私人生活的组成部分。我们不应当认为这种观念或者灵感属于心理学领域，而不属于科学领域，也不应当使它只局限于某种“发现的脉络”，而不使它涉及“辩护的脉络”。毋宁说，科学创造过程是作为一个整体的科学事业所具有的不可分割的组
69 成部分，因而不应当根据某种抽象的区分原则把它与这种科学事业分离开来。

米勒接下来便把他那统一的研究方法运用于考察知识与社会的关系，或者用他自己的话来说，运用于考察科学与国家的关系。这两者应当像灵魂和肉体那样是一个整体。他坚持认为：

> 如果在对这个地球的理想性占有和实际占有之间划一条绝对不变的界线，如果只有其中的一半，即对这个地球的理想性占有被指定给我们，那么我们就无法理解科学和科学所内在固有的本性。如果这个伟大、单纯、具有整体性的世界被分裂成两个永远分离的世界——被分离成国家的实际世界和各种科学的想象的世界，那么我们就无法形成这种理解；因为在所有那些本身就是整体，并且处于同一个水平之上的人离去之后，我们依然是人类的成员，并且因此而需要一个具有整体性的、可以说只被切成一片的世界。(第 156 页)

这些例子提供了某种有关浪漫主义思想家们针对一般的社会争论点所采取的详细态度的观念。这两种彼此对立的意识形态进行论战所依据的另一种极其重要的背景，则是经济学理论。

就经济学而言，自由放任（laissez-faire）的经济政策的倡导者们，以及亚当·斯密学派和大卫·李嘉图学派的古典经济学家们，都非常突出地表现了启蒙运动的思想。也许杰里米·边沁[①]的著作，提

① 边沁（Jeremy Bentham，1748—1832）：英国功利主义哲学家、经济学家、法学家，著有《政府片论》、《为利息辩护》、《道德与立法原则概论》等。——译者注

供了对这些思想家的预设前提的最明确的陈述。正如边沁经济学理论的一位评论家所指出的那样，“边沁和李嘉图学派具有同一种意识形态”(Stark，1941 年版和 1946 年版)。下面的所有引自边沁的引文都来源于这些有益的论文。正像边沁本人所说的那样：他是詹姆斯·密尔①的精神之父，并且因此而是李嘉图的精神之祖父。除了在认为斯密回避他自己的立场所导致的那些合乎逻辑的结论的时候以外，边沁全心全意地与亚当·斯密的学说保持一致。

例如，斯密在其《国富论》(1776 年版）中，通过承认应当对借款所达到的最大利息率加以法律方面的限制，对他那一般性地倡导个体就市场问题进行自由的讨价还价的观点作了修正。斯密认为，如果这样一种限制不存在，那么借出的款项的最大的部分就会流入那些“挥霍浪费者和计划人”之手。实际上，边沁的回答是提出下列问题：那又怎么样呢？没有这“计划人”，任何进步也就不会存在了；经济活动和创造财富的过程的本质就存在于冒险过程之中。当然，这种观点（sentiment）与波普尔的下列观点是完全一致的，即科学活动和创造知识的过程所具有的本质就存在于理智的冒险之中。边沁坚持认为，人们必须为自己计算那些与任何一种行动过程都联系在一起的收
益、亏损以及风险。他声称，“除了少数几个例外情况——而且这些 70
例外情况都不是很重要——以外，通过使每一个个体都追求他自己的最大的享受，就可以最有效地保证（所有的人都）② 获得最大的享受”。这种个体主义自然而然地赞同认为社会整体只不过是它那些作为原子而存在的部分之总和的倾向。当边沁说出下面的话的时候，有关个体与社会之关系的具有计算意味的概念就清楚地表现出来了：

> 政治学与伦理学的全部区别在于：其中的一方指导政府的运

---

① 密尔（James Mill，1773—1836)：旧译“穆勒”，英国功利主义哲学家、经济学家、历史学家，著有《人类精神现象分析》、《政治经济学原理》、《不列颠印度史》等。——译者注

② 此处圆括号里的文字系译者为了补足文意所加。——译者注

> 作过程，另一方则指导个体的运作过程；幸福是它们的共同目标。从政治学角度来看是善的东西，从伦理学角度来看不可能是恶的；除非那些在绝大多数人看来是真实的计算规则被少数人认为是虚假的。

对于边沁来说，道德与那些市场过程是没有什么区别的。它是一种理性活动，理性是通过计算过程发挥作用的，而计算过程则可以操纵那些快乐和痛苦的数量。正是“自然界”使我们全都处于快乐和痛苦这“两位至高无上的主人”的支配之下。因此，我们“可以轻而易举地把那些与美德有关的最崇高的活动，还原为某种对善和恶的计算过程。这样做既不是为了贬低，也不是为了削弱这些活动，而是为了把它们表现成理性所产生的效果，是为了以一种既简单又可以理解的方式来说明它们”。这种对理性、计算过程、简单性以及可理解性的强调，都是我所谓的启蒙运动思想的核心论题。边沁承认这种理性主义图画是一种抽象，而且他坚持认为它是一种必不可少的抽象。

古典经济学的各种理论最终发展成为一种成熟的意识形态，人们通常把这种意识形态叫作“社会达尔文主义”。这种观点采用了有关个体竞争的基本经济学论述，并且把它与“天生的”进行斗争的需要、与个体的努力、与适者生存和消除弱者的重要意义联系起来。这种意识形态所面对的非常富有讽刺意味的情况在于，在这种关于自然秩序的达尔文主义观点中寻找正当理由的社会秩序，本身就是这种生物学理论所具有的一种灵感。无论达尔文还是华莱士①，都是通过解读马尔萨斯的理论，才得出“适者生存”这个核心概念的。这个概念当初是人们在政治经济学内部进行的辩论的一个组成部分，这些辩论所涉及的是解除贫困和应当从斯密学派的经济学中得出乐观主义结论还是悲观主义结论（Halévy，1928 年版；Young，1969 年版）。波普尔关于无情反驳的理论是科学领域之中的社会达尔文主义——他在他

① 华莱士（Alfred Russel Wallace，1823—1913）：英国博物学家，以提出生物进化的自然选择学说著称于世，著有《自然选择理论文稿》、《我的一生》等。——译者注

的后期著作中详细阐述了这种密切关系。

古典经济学的各种理论并不是没有受到任何挑战。在 19 世纪，德国的思想家非常敏锐地感受到了英国的经济学家所具有的优势地 71
位，认为后者正在逐渐成为他们的竞争者。德国思想家们很快便认为，亚当·斯密的经济学理论恰恰是从学术上对那些有利于英国——也就是说，有利于自由贸易——的社会状况的辩护。德国思想家对本国的认识使他们得出了相反的贸易保护政策。许多德国经济学家所得出的结论是，应当以一种对处于不同的时间和地点的不同经济状况予以适当注意的分析风格，来代替那些具有普遍性的、抽象的经济学理论。这样，由诸如罗雪尔[1]、希尔德布兰德[2]、克尼斯[3]和施穆勒[4]这样一些著名经济学家组成的经济学“历史学派”就诞生了。他们的历史原则与浪漫主义运动的刻板模式完全一致。经济学应当是历史学和社会学的一个分支，它应当把经济活动置于其社会脉络之中，而不应当以一种抽象的、具有普遍性的方式来对待经济活动（Haney，1911 年版；下面的引文就来源于这部著作）。威廉·罗雪尔曾经把历史学派的纲领概括如下：

1. 政治经济学是一门科学，我们只有把它与其他社会科学，尤其是与法学史、政治学史以及文明史极其密切地联系起来，才能对它加以说明。

2. 一个民族并不仅仅是由那些现存的个体组成的一伙人，所以

---

① 罗雪尔（Wilhelm Georg Friedrich Roscher，1817—1894）：德国著名经济学家，经济学历史学派的创始人之一，著有《历史方法的国民经济学讲义大纲》、《国民经济学体系》、《政治论，君主政治、贵族政治和民主政治的历史自然论》等。——译者注

② 希尔德布兰德（Bruno Hildebrand，1812—1878）：德国著名经济学家，经济学历史学派的创始人之一，著有《现在和将来的国民经济学》、《国民经济学当前的任务》等。——译者注

③ 克尼斯（Karl Gustav Adolf Knies，1821—1898）：德国著名经济学家，经济学历史学派的创始人之一，著有《历史方法观的国民经济学》等。——译者注

④ 施穆勒（Gustav von Schmoller，1838—1917）：德国著名经济学家，经济学历史学派的创始人之一，著有《政治学与社会学文献史》、《社会政策与国民经济学的根本问题》、《国民经济与国民经济学》、《国家科学和社会科学方法论》等。——译者注

我们不能把对它的经济的调查研究完全建立在对它目前的各种经济关系的观察之上。

3. 为了从大量现象中抽取出规律，必须对尽可能多的民族进行比较。

4. 这种历史方法不会轻易地赞扬或者谴责各种经济制度。

我们可以把这种纲领与黑尼（Haney）提供的一位当代英国经济学家的陈述对照一下，“政治经济学没有国界，它不属于任何一个国家；它建立在人类心灵所具有的各种属性之上，任何力量都不能改变它”（第 10 页）。

如果认为我们上面叙述的这种经济学思想的两极分化状态，完全与德国利益集团和英国利益集体的差异相对应，这种观点就过于简单了。德国也有斯密的追随者，尽管这些人只是少数，经济学历史学派在各个大学占据着主导地位。反过来说，英国也有经济学古典学派的批判者——例如，爱尔兰经济学家英格拉姆①和克利夫·莱斯利（Cliffe Leslie，1825—1882）就是如此。的确，英国长期以来就存在着反对产业主义及其自由放任的意识形态之发展和泛滥的意见。这种反对意见的早期表达者之一是诗人塞缪尔·泰勒·柯尔律治②。后来，托马斯·卡莱尔③那极富说服力的言辞，也激发了人们以个体主
72 义所具有的那些没有人性的机械色彩来反对它那制造社会分裂的意识形态（有关对卡莱尔和德国的柯尔律治追随者的论述，参见 Mander，1974 年版）。

法学领域和立法领域是另一些领域——在这些领域中，人们所感受到的同样是这种存在于启蒙运动思想风格和浪漫主义思想风格之间的意识形态两极分化。边沁在反对伯克对具体方面和特殊方面的强调

---

① 英格拉姆（John Kells Ingram，1824—1907）：爱尔兰历史经济学家、诗人，力图以孔德的方法建立统一的社会科学，著有《政治经济学的现状与展望》等。——译者注

② 柯尔律治（Samuel Taylor Coleridge，1772—1834）：英国著名诗人、思想家，著有《忽必烈汗》、《古舟子咏》、《法兰西颂》等。——译者注

③ 卡莱尔（Thomas Carlyle，1795—1881）：苏格兰散文作家、历史学家，著有《法国革命》、《论英雄、英雄崇拜和历史上的英雄事迹》、《过去和现在》等。——译者注

时可能会说："迄今为止一直是主要以由本能和偏见组成的沙滩为基础的立法，应当充分地建立在由经验和各种感受组成的坚实基础之上。"边沁所提出的口号是"编纂法律"（codification）。他的愿望是使法律建立在一种清楚、简明、合乎理性以及费力较少的基础之上。随着法国思想家的影响通过拿破仑的那些胜利的广泛传播，欧洲越来越多的地区受到了各种"法典"的支配性影响。这种影响导致了一种民族主义反应，后来，这种反应便随着拿破仑的失势而在人们对法律的"历史"探讨中——经济学家罗雪尔曾经把这种探讨当作经济学方法论的模型之一来加以指涉——表现了出来。法律必须以民族精神为来源；它必须具有民族性，而不是具有世界性；它必须是具体的案例法，而不是经过编纂的抽象法。因此，亚当·米勒重申："任何一个对法律进行思考的人所直接想到的，都是这种法律所适用的某种地区性、某种案例……任何一个了解以书面形式存在的实在法（positive law）的人都只不过具有法律这个概念，也就是说，这样的人只不过知道一个毫无生命力的语词而已。"卡尔·冯·萨维尼[①]也许是倡导法律是对"民族精神"（Volksgeist）的表现的最著名的人物之一。他曾经就这个问题与当时的海德堡法学家蒂鲍特（Thibaut）进行过一场辩论。这场辩论的焦点是，德国是否应当拥有一部德国的法典。萨维尼基于下列理由提出了对立的观念，即以前的普鲁士法典和奥地利法典都失效了。全部法律都应当来源于习惯法。它是由习惯法和流行的信念创造的，因此，我们只能把它理解成一种复杂的历史现象（Montmorency，1913 年版；Kantorowicz，1937 年版）。

就道德理论而言，我们也可以清楚地看到人们对启蒙运动思想风格和浪漫主义运动思想风格的反对。在 19 世纪晚期，诸如边沁、密

① 萨维尼（Friedrich Karl von Savigny，1779—1861）：德国著名法学家，现代德国民法体系和一般私法体系的创始人，著有《中世纪罗马法历史》、《论当代罗马法制度》、《论契约法》等。——译者注

尔父子以及西季威克①这样的“哲学激进分子”所倡导的功利主义道德，受到了——诸如布拉德雷②和鲍森葵③这样的——英国唯心主义者们的激烈反对。布拉德雷的著名著作《伦理学研究》（1876 年版）极尽嘲笑下列观念之能事，即我们可以把行动建立在计算之上，或者说把行动从一些抽象的功利主义原则中推导出来。这种观念只能导致伪善行为。而且，各种道德原理也都不具有普遍性：道德的本质就在于变化。同一种行为也不可能适用于所有各个民族、时代以及地方。它是一个有关不断进行社会变化的风俗习惯的问题，所以它植根于一个人的地位和职责之中。在《国家哲学理论》（1899 年版）这部著作
73 中，鲍森葵又一次攻击了边沁及其对政治义务的个体主义说明。为了反对认为意志是一种个体的享乐主义现象的观念，鲍森葵重新运用了卢梭有关一个社会的“真实意志”的概念。这种真实意志就是我们所听到的、作为良心的声音而存在的东西，就是我们那更加令人满意的自我。无论就鲍森葵的理论而言，还是就迪尔凯姆的理论而言，那些存在于个体的内心之中的、更加高级的、发挥约束作用的东西，实际上都来源于那比个体更强大并且存在于个体之外的东西。这两位思想家都使这种更加强大的东西定位在社会之中。然而对于鲍森葵来说，社会仍然充满着像迪尔凯姆理论所预见的那样的各种各样的空谈理论的（theological）气氛。

战时宣传为这两种意识形态的扬眉吐气提供了另一个机会。例如，德国在 1914 年进行的战时宣传就充满了下列刻板的对立：德国人的“文化”对英国人和法国人的“文明”；市井小贩（Händler，

① 西季威克（Henry Sidgwick，1838—1900）：英国哲学家、作家，以其以功利主义为基础的伦理学理论著称，著有《伦理学方法》、《政治经济学原理》、《经济科学的范围和方法》、《政治学原理》、《欧洲政体的发展》等。——译者注

② 布拉德雷（Francis Herbert Bradley，1846—1924）：英国著名新黑格尔主义哲学家，著有《伦理学研究》、《逻辑原理》、《现象与实在：形而上学论稿》等。——译者注

③ 鲍森葵（Bernard Bosanquet，1848—1923）：英国著名新黑格尔主义哲学家、美学家，著有《美学史》、《伦理学建议》、《国家哲学理论》、《社会理想与国际理想》、《精神三论》等。——译者注

Hawkers）的价值观念和英雄人物（Helden，Heroes）的价值观念，以及那些有关滕尼斯[①]对“共同体和社会”的区分的庸俗化了的说法（Staude，1967 年版）。另一方面，心理学家麦克杜格尔[②]在为其著作《群体精神》（1920 年版）所写的“前言”中，曾经以一种非常明显的方式把反德情绪与对个体主义的公开承认融合在一起了。麦克杜格尔对诸如鲍森葵这样的著作家的批判是非常严厉的，而这些思想家所具有的黑格尔主义价值观以及因此而具有的德国人的价值观，则受到了令人啼笑皆非的忽视。麦克杜格尔指出，在牛津，唯心主义所产生的影响“就像事实已经证明它对本国的政治道德产生了破坏性影响那样，对于公正和清晰的思维过程也一直在产生着有害的影响”（第 ix 页）。就那些希望看到已经被揭露出来的“它针对所有时代的所有人提出的主张的空虚和伪善”的人而言，麦克杜格尔请 1918 年的读者去参照霍布豪斯[③]教授的《国家的形而上学理论》（1918 年版）。当然，出于这种目的，当代的读者还可以去参照《开放社会及其敌人》（1966 年版）。这部著作是波普尔为了保卫个体主义价值观——并作为他本人为同盟国一方而战的部分努力——而构思和写作的。

这个简明扼要的概括叙述，已经表明了存在于两组价值观和两种思想风格之间的意识形态对立的、具有系统性和普遍性的特征。当然，这种对立并不是静态的。存在于各种不断竞争的意象之间的力量平衡，会随着时间和地点的变化而变化。在英国，经济学的自由主义在 19 世纪中叶曾经处于支配地位；而到了 19 世纪 70 年代和 80 年代，当贸易保护主义在欧洲开始普遍流行的时候，这种自由主义就开

① 滕尼斯（Ferdinand Töennies，1855—1936）：德国著名社会学家，著有《共同体与社会》、《社会生活的基本事实》、《社会学的本质》、《进步和社会发展》、《近代精神》等。——译者注

② 麦克杜格尔（William McDougall，1871—1938）：旧译“麦独孤”，英裔美籍著名社会心理学家，倡导用生物学方法完全取代传统的哲学方法，著有《生理心理学》、《社会心理学导论》等。——译者注

③ 霍布豪斯（Leonard Trelawny Hobhouse，1864—1929）：英国著名哲学家、社会学家，著有《认识论》、《发展和目的》、《社会学原理》、《国家的形而上学理论》等。——译者注

始走下坡路了。在这个国家，哲学唯心主义似乎是与贸易保护主义一起出现的，而在第一次世界大战之后开始走向衰落。存在于个体思想家和这两种刻板模式之间的联系，也不是一种简单的联系。人们虽然在争论过程中经常运用这些刻板模式，不过，争论者所找到的却是典型的案例或者纯粹的案例，这是理所当然的。因此，伯克在经济学上
74 是一个自由主义者，而在政治学上却是一个保守主义者。他虽然采用了功利主义，但是却从保守主义的角度来运用它。同样，边沁当初也是作为一个反对自然权利观念的政治保守主义者而出现的。人们并不拥有任何自然权利，而是只拥有通过那些像他这样的立法者所书写的宪法才获得的权利。另一方面，边沁从他自己所选择的那些前提出发论证其结论，而从本质上说，他这些结论与那些通过对自然权利的讨论而得出其结论的人所得出的结论毫无二致。各种个体都会沿着具有其独特风格的道路得出具有集体性的结论。

这些刻板模式所表现的是一些具有典型性的观念群集（groupings）；对于反对这些群集的人来说，它们当然是真实的——即使它们的倡导者更加胜任并且过分讲究，情况也仍然是如此。我们可以把那些个体思想家，看作是从作为文化资源而存在于他们周围的、他们可以通过他们的同时代人和他们的前辈所进行的著述和讨论出发加以利用的观念中，选择他们自己的个人样本。随着时间的推移，这些资源就会被人们详细地发展成为两种关于社会的、规模巨大而又独具特色的思想风格——我刚才概括叙述和举例证明的正是这样的思想风格。

为了补充我对一方面存在于波普尔和库恩之间，另一方面存在于启蒙运动意识形态和浪漫主义运动意识形态之间的结构性相似性的概括叙述，我将简要陈述一些内容方面的相似性，以便揭示那些隐含在题目之中的社会隐喻。（1）在这两种知识理论中，由个体主义的民主主义和集体主义的家长主义的独裁主义构成的对立面是显而易见的。波普尔的理论是反独裁主义的和原子论的；而库恩的理论则具有整体主义和独裁主义的色彩。（2）由世界主义和民族主义构成的对立面也

可以毫不费力地找到。波普尔关于人类的理性统一和观念的“自由贸易”的理论，与范式所特有的理智封闭状态、与范式那独特的语言所特有的丰富性形成了对照（关于这里存在的与费希特那封闭的商业状态的相似之处，参见 Reiss，1955 年版；关于这里存在的与赫尔德①对语言的说明的相似之处，参见 Pascal，1939 年版；两者都是浪漫主义运动意识形态的组成部分）。（3）存在于边沁主义者的追求“编纂法典”、追求明晰性的愿望，和伯克有关偏见之作用的主张之间的对立，是与波普尔为方法论立法、划出界线的做法和库恩对教条、传统以及判断的强调相对应的。

这个问题现在就变成了这种不断重复出现的意识形态冲突模式，为什么会在一个像科学哲学这样的只局限于小圈子的领域中出现呢？科学哲学为什么要重复这些论题呢？我们必须寻找某种说明：这种联系太突出、太富有联想性了，所以我们不能忽略它。

第四节 认识论辩论和意识形态辩论之间的联系环节 75

我们到目前为止已经表明，在两种重要的认识论立场和一系列相关的意识形态辩论之间，既存在结构方面的难解难分的相似之处，也存在内容方面的难解难分的相似之处。已经有人提出了用来预言和说明这种相似之处的假说，这种假说认为，各种知识理论实际上都是对那些社会意识形态的反映。有待于我们考察的，是与各种观念从一个领域向另一个领域转移有关的技术性细节。

要想使各种推测变得貌似合理并不困难。通过我们的文化，意识形态对立的传播是非常广泛的。它是一种引人注目而又反复出现的模式，因此，任何一个具有反思能力的人都会遇到它——无论是通过阅

① 赫尔德（Johann Gottfried von Herder，1744—1803）：德国哲学家、路德派神学家、语言学家，著有《论语言的起源》、《另一种关于人类发展的历史哲学》、《关于神学研究的通信》、《人类历史哲学大纲》等。——译者注

读历史书籍、小说、报纸杂志，还是通过对政治家们的雄辩作出反应的过程，情况都是如此。也许这种模式不会作为一种严格而又苛刻的、得到充分明确表述的对立而被人们遇到。它也许先通过对立双方之一方的经验表现出来，之后再通过另一方的经验表现出来；在这里潜在地存在着，在那里明确地表现出来；在这种脉络中只表现出一部分，在另一种脉络中则表现得更充分。通过社会经验的有规律的节奏，通过心灵寻找结构和模式的过程，这两种原型就会在我们每一个人的内心之中安顿下来，并且形成我们的思维过程所依赖的基础和资源。

要想了解这些意识形态的刻板模式，我们也许只需要充分地接触我们的语言。各种语词的意义都与一些联想和涵义极其紧密地联系在一起。这些形式性的模式把某些观念和经验集中在一起，同时也排斥另一些观念和经验，把它们分解开来。就这个方面而言，雷蒙德·威廉斯（Raymond Williams）的著作《文化与社会》（1958 年版）具有特别重要的意义。他在其中对“文化”这个语词的不断变化的意义进行了调查研究。人们过去曾经只用这个语词来指涉农作物的耕种或者生长，而且它目前仍然具有这些涵义。这种有关具有农耕色彩的有机物生长的隐喻，使“文化”适合于自——曾经对工业主义和个体主义的发展感到痛惜的——柯尔律治开始的那种思想传统的运用。如果我们反省一下“文化”这个语词现在对于我们来说所具有的意义，那么我们马上就可以清楚地看到，它具有与传统、统一以及某种形式的高尚性或者崇高圣洁性有关的涵义。文化这个概念已经包含了那些有可能发展成为浪漫主义运动的社会意象的观念的萌芽。当然，这并不是因为人们通过开发这个概念所具有的那些流传下来的涵义，才得出这种意识形态的。毋宁说，这个概念之所以现在具有这些涵义，是因为人们把它与这种意识形态联系起来了。概念的逻辑是概念所发挥的社会作用的某种剩余物（residue），反过来说却不是如此。与此相反，如果人们不把“文化”这个语词心照不宣地与它的对立面联系起来，那么他们就无法思考这个语词。这种对立面也许是某种打破传统、代

表变迁和活动的东西。它也许是某种不断削弱统一体，促使人们考虑 76
分裂、冲突、斗争以及破坏整体之过程的东西。我们必须把这种对立面与那崇高圣洁的东西、与那更加高尚的东西对立起来，因为它促使人考虑的是俗世状态、实用性、功利性以及金钱。如果这种对立面不是有关工业化、资本主义伦理以及自由贸易竞争的意象，那它又能是什么呢？简而言之，难道我们从我们的社会生活经验和语言出发，因而我们的心灵之中已经拥有的不正是那些——似乎对我们刚才考虑的各种知识理论产生影响的——社会原型吗？

存在于各种社会意识形态和知识理论之间的联系根本不具有任何神秘之处，而完全是我们的生活方式和思考方式所产生的一种自然而然和平平常常的结果。这些社会意识形态几乎无处不在，因此，它们都是某种显而易见的、对我们那些概念之所以具有其结构之原因的说明。的确，心照不宣地把这些意识形态当作隐喻来运用，看来几乎是不可避免的。我们对它们那些论题和风格的熟悉意味着，我们从它们那里获得的各种观念模式都会具有一种完全被我们认为理所当然的特征。它们将会不知不觉地体现在我们不得不思考的那些观念之中。实际上，哲学家认为是对这些概念的一种纯粹分析、是对它们的意义的一种纯粹诉诸，或者是对它们那合乎逻辑的流传物的一种纯粹引申的东西，都只不过是对有关我们这个时代的某些积累起来的经验的复述而已。

第五节　另一种变量，处于威胁之中的知识

迄今为止，我们对波普尔和库恩有关科学说明的讨论，完全是对称的。我们把这两者都表现成坚定地坚持他们各自的社会观念。但是，恰恰是这种对称性需要作出说明，因为正像我们迄今为止一直详细论述的那样，它与迪尔凯姆的理论有密切的关系。如果人们由于各种知识意象和社会意象的联系，便心照不宣地把某种神圣的特征赋予

知识，那么无论库恩的纲领还是波普尔的纲领，就都同样可以用来反对知识社会学了。事实在于，它们并不都同样可以用来反对知识社会学。的确，那些受到波普尔影响的人所提出的主要怨言之一是，库恩的说明从根本上说是一种社会学史方面的说明。恰恰是因为库恩的立场具有这种特征，所以人们对它提出了有关主观主义、非理性主义以及相对主义的反对意见。因此，我对人们反对知识社会学的各种根源的迪尔凯姆式的说明必定是不完全的。它所预言的是对称性，而实际
77 上存在的却是不对称性。这里还存在另一种重要的变量。这种变量就是人们认为知识社会受到威胁的程度。

在考察这种变量的运作过程之前，我想先请大家注意下列期望是多么具有貌似合理性，即这两种对知识的探讨都同样会反对对科学进行科学研究。就有关知识的两种思维风格所具有的使知识神化，从而使知识处于科学研究范围之外的潜能而言，这两种风格都具有对称性。当然，就其中的每一方而言，它们用来保证实现这种目的的策略，用来进行退却和辩护的那些自然而然的路线，都是截然不同的。库恩的说明所具有的那些使知识神秘化的策略都很明显，因为这种说明与伯克的立场有某些相似性。浪漫主义运动用来回避那些不受欢迎的社会调查研究——无论这些调查研究是否科学——的方式是，强调这些调查研究的复杂性，强调它们那些不合理性和不可计算的方面，强调它们所具有的心照不宣特征、隐而不显特征以及无法表达特征。波普尔的说明所具有的神秘化风格则是，把某种非社会的以及的确是超验的（transcendent）客观性赋予逻辑和理性。因此，波普尔在其最近的著作中曾经说，客观性凭借自身的权利而构成了一个“世界”，应当把这个世界与由物理过程和心理过程组成的世界区别开来。他的方法论界线已经变成了形而上学方面和本体论方面的区分（Popper，1972 年版）。有关的讨论、批评以及社会学方面的重新系统表述，参见布鲁尔的著作（1974 年版）。

另一方面，这两种思维方式都有能力与十足的自然主义探讨协调一致。库恩的著作所具有的社会学特征和以事实为依据的特征经常得

到人们的评论——尽管这种评论一般都是作为对它的批评的序曲而出现的。人们也许并不容易看到波普尔的著作所从属的理论家族具有的自然主义潜能。启蒙主义运动思想所具有的个体特征使人们联想到，它的自然发展将会使它变成心理学。比较波普尔的理论与古典经济学的相似之处，可以进一步证实这种联想。如果回到早期功利主义者那里就可以清楚地看到，他们那关于不断进行计算的理性的“经济人”的模型，与他们那有关我们可以称之为“享乐主义的人”的心理学描述关系非常密切，后者是根据联想主义心理学的规则来计算其快乐和痛苦的。此外，人们还经常评论“联想主义的人”和“行为主义的人”是多么紧密地联系在一起。在这里，作为一种机制的各种观念的结合，与行为主义理论所说的条件反射和刺激—反应环节是非常相似的。也许心理学家斯金纳①的著作就是这一系列历史联系环节的最终结果。斯金纳那冷静清醒的行为主义完全是自然主义的。全部行为——无论是实验室里那些鸽子的行为，还是一个正在进行逻辑推理的人的行为——都应当用同一些方法来调查研究，用同一些理论来加 78
以说明。虽然这种心理学理论形式就其出身和它的许多含蓄之意而言是个体主义的，但是这里并不存在它与关注社会过程不相容的必然性。正像斯金纳已经阐明的那样，社会是那些塑造行为的、至关重要的“强化程序”的源泉，所以从某种观点出发来看，它具有超越个体的优先地位（1945 年版）。虽然各种社会模式必须由心理学家从那些个别的成分出发来建立，但是那些从社会整体出发的人也同样有义务保证他们的理论涉及个体层次。它是一个有关人们的偏爱方向的问题。

有人也许会提出下列反对意见，即认为心理学是波普尔的理论所具有的一种自然主义形式，是非常令人难以置信的。他那众所周知的对“心理学主义”的敌意又是怎么回事呢？不过，我的观点并不涉及波普尔本人所偏爱的那些方面。实际上有所争议的是，当一种理论自

---

①　斯金纳（Burrhus Frederic Skinner，1904—1990）：美国著名行为主义心理学家，著有《生物的行为》、《科学与人类行为》、《言语行为》、《超越自由和尊严》等。——译者注

然发展的时候，它的根本形式所采取的发展方向究竟是什么。

我得出的结论是，无论启蒙运动的观念本身，还是浪漫主义运动的观念本身，都不能决定人们究竟是用它们来赞成抑或反对知识社会学。因为它们本身并不能决定人们究竟是对它们进行自然主义的解读，还是进行神秘化的解读。不过，决定人们运用它们的方向的因素仍然可以从它们那些潜在的社会模型中推导出来。它取决于这种潜在的社会意象究竟是有关一个受到威胁的社会意象，还是有关一个稳定的、充满自信的、持续存在的社会意象；取决于人们究竟认为社会——或者它的某个部分——是在下降还是在上升。

在这里发挥作用的法则似乎是：那些出于某种已经觉察到的威胁而保卫一个社会或者社会的一部分的人，往往会把这个社会那包括知识在内的价值观和标准神秘化。而那些要么满足于没有受到威胁的人，要么正处于上升阶段、不断攻击现存制度的人，则会出于截然不同的原因而感到高兴，并且把那些价值观念和标准当作更加容易运用的东西，当作此世的东西而不是超验的东西来对待。

我们可以用某些例子来说明这一点。伯克曾经为了对法国大革命作出反应，出于担心这场革命的传播会越过英吉利海峡而写作。因此，他就把一些东西神秘化了。波普尔在两次世界大战之间——在哈布斯堡王朝①崩溃之后，在左派和右派的集权主义意识形态的威胁之下——写出了他那《科学发现的逻辑》。正像人们所期待的那样，他倾向于使他那些价值观念和界线变成超验的和超时间的东西。另一方面，库恩没有流露出对科学的地位和力量的丝毫担忧。这是存在于这两位著作家的著述之间的一个明显的差异，任何一个读过他们的著作的人都不可能对这种差异没有印象。那些激烈地批判现存制度的“既得利益”的早期功利主义者，往往具有非常强烈的自然主义色彩。甚
79 至他们的理性主义也具有某种心理学特征。正像詹姆斯·密尔所指出的那样，他之所以撰写他的《人类精神现象分析》（1829 年版），是

① 哈布斯堡王朝（the Hapsburg Empire）：欧洲最古老的王室家族，其成员从 1273 年到 1918 年做过神圣罗马帝国、西班牙、奥地利、奥匈帝国的皇帝或者国王。——译者注

为了使“人类精神变得像从查灵克罗斯①到圣保罗大教堂的道路那样明明白白”（Halévy，1928 年版，第 451 页）。图 3 可以以一种理想化的方式，把我们提到的有关神秘化的法则表现出来。

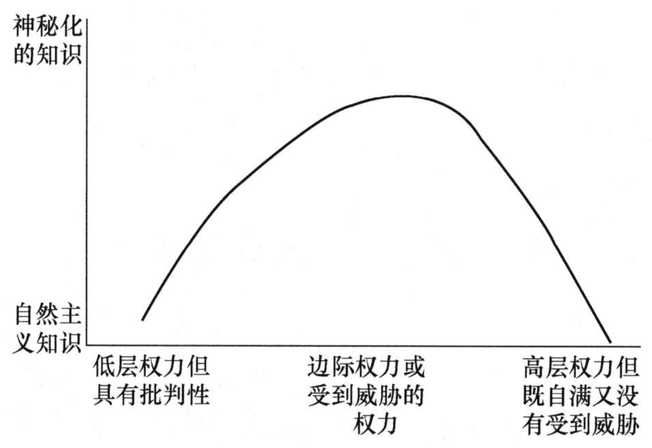

图 3 神秘化和威胁

从我们提出的这种法则中，可以自然而然地得出一个推论。这个推论涉及地位已经确立的群体的意识形态和持不同政见的群体的意识形态之间的关系。如果一个地位已经确立的群体所拥有的是浪漫主义运动的意识形态，而这个群体正在受到一个正在崛起的群体的威胁，那么这种情况自然就会使启蒙运动的那些概念成为可供选择的武器。在这里，启蒙运动的思想风格相对来说是自然的，而浪漫主义运动的思想风格则得到了具体化。反过来说，为了批判一个运用某种启蒙运动意识形态的权势集团，人们就可能自然而然地运用某种浪漫主义的变体。因此，不仅存在某些自然而然的浪漫主义运动的革命，而且也存在一些极端保守的启蒙运动的意识形态。这种情况说明，那些既从左派立场出发又从右派立场出发批判工业资本主义的人，为什么都能够使用一些与伯克这个影响深远的保守主义者的论断相似的论断。它

① 查灵克罗斯（Charing Cross）：大伦敦威斯敏斯特市的一处地方，常被人们视为首都的中心，并以之为起点来计算与英国其他地方的公路距离；查理一世曾于 1649 年在这里被处死。——译者注

还可以说明下列显而易见的奇怪现象的原因，即尽管库恩的科学观念具有影响深远的保守主义色彩，但是 20 世纪 60 年代的学生“激进分子”还是拥护这种观念（那些并没有错过利用这个事实的机会来批评库恩的人似乎认为，在各种观念和对它们的运用之间，存在的是一种内在固有的联系，而不是一种从历史的角度来看不断变化的联系）。

第六节　应当吸取的教训

这最后一节所得出的结论是，这种有关人们觉察到的、对那些潜
80 在的社会隐喻产生影响的威胁的变量，可以说明把知识当作神圣的和超越科学研究范围的东西来对待的独特的倾向。现在，我希望考察一下采用使知识神秘化的策略所造成的后果，并且考察一下那些可以用来避免这种后果的影响的方式。

我所要提出的主张是，除非我们对知识的本性进行某种科学的探讨，否则，我们对这种本性的把握就会与由我们那些意识形态关注组成的规划毫无二致。我们的各种知识理论就会随着与之相应的意识形态的兴衰而兴衰；就它们的独立发展而言，它们就会缺少任何自主性或者基础。

我们先考虑一下库恩对科学的说明——正像他的批判者所指出的那样，这种说明具有自然主义色彩和社会学色彩。那些倡导库恩的研究方法的人可能会说，突出强调作为这种说明之基础的社会隐喻的做法并不是对这种说明的批评。他们也许会通过从一部合乎常规的哲学著作中援引一段话来提出下列主张，即如果一种理论受事实和观察的支配，那么这种理论的起源就是无关紧要的。而库恩对科学的描述确实受到了这样的支配，因为它承诺对范围广泛的历史材料作出说明。历史学家们也许会争论这种说明究竟在何种程度上获得了成功，但是它作为一种科学说明的命运，却取决于它在面对未来的科学研究时所

具有的生存能力。所以，当人们估计它的真值时，它那些起源——无论这样的起源是什么——都不具有压倒一切的重要意义。这种结论当然是正确的。和其他任何一种经验学科一样，历史也具有它自己的动力。它也许永远都不会完全超越那些存在于它之外的源泉所产生的影响，但是它并不是一个纯粹的傀儡。

对于那些试图把知识与这个世界分裂开来、拒斥这种自然主义探讨的人所坚持的知识观念来说，情况则截然不同。一旦知识被以这种方式变成了特殊的东西，对我们从理论上说明它的本性的过程所进行的全部控制，就丧失殆尽了。对知识的各种说明就会全部受——它们必须由之出发的——那些社会隐喻的左右。一种神秘化的、与库恩那同样是在社会隐喻影响下开始的历史说明和自然主义说明不同的说明，就注定从一开始便由于详尽的束缚而寿终正寝。

对于所有各种所谓对知识的“哲学”说明来说，这种情况显然包含着某种寓意（moral）。正像人们通常所设想的那样，哲学并不具有经验研究和历史研究所具有的那样的动力，因为这里不存在对新材料的任何有所控制的输入。因此，这里不会存在对当初的社会隐喻所发挥的影响进行修正的任何东西。

如果这种主张是正确的，那么存在于哲学之中的批评和自我批评，就都是对某个社会群体所具有的那些价值观和视角的肯定了。在反思那些第一原理的时候，我们的理性很快就可以达到一个关节
点——在这里，它既不再进一步提出问题，也不再要求人们进行进一 81
步的辩护。在这里，心灵是在那对于它来说从直觉的角度来看不证自明的东西的层次上运作的——这意味着，它取决于某个社会群体的那些被认为理所当然的思想过程。伯克可能会把这些思想过程叫作偏见。当然，在一个与我们的社会相似的社会中，一些常见的价值观念分歧是存在的，因此，人们都会就某些哲学问题而言预期各种分歧观点的存在。此外，人们还会预期存在于这些不断争论的观点之间的立场应当是静态的——无论那些互相对立的见解发生什么变化，这种立场都会只反映那些支持有关的知识说明的社会意识形态之不断变

化的命运。而这种作用将是那在哲学之外运作的东西所发挥的一种功能。

如果这种情况的确是拒斥对知识进行自然主义探讨而产生的后果，那么显而易见的是，哲学若想避免认为它那些观念都取决于社会意识形态的指责，就既不能诉诸对起源和真理的区分，也不能诉诸对发现和证明的区分。一门具有能动性的科学是可以忽视它那些观念的起源的。不过，一门仅仅对其出发点进行详细阐述并使之处于牢固地位的学科，却必须对与起源有关的问题更加敏感。任何一种暗示癖好、可选择性、局限性以及片面性的东西，都必定会受到指责。这种东西暗示了某种将会不断增加而永远不会被消除的错误。

当然，这些论断都不是决定性的。它们在下面这个充满信心的信念面前都是无效的，即我们都可以接近非经验知识所具有的特殊的源泉。只有当某种对经验方法的同样有效而又互相抵消的承诺已经存在的时候，人们才会诉诸这些论断。对于那些已经作出过这样一种承诺的人来说，这些论断暗示了下列可想望性，即接受一种对科学知识之本性的自然主义的、经验的和科学的探讨，是令人想望的。

怎样才能克服这种对侵犯知识的神圣性的恐惧呢？或者说，我们在哪些条件下才能把这种恐惧降低到最低限度呢？从我们前面的论述出发，答案是显而易见的。只有那些对科学及其各种方法可谓信心十足的人，只有那些认为科学及其各种方法都是理所当然的人，只有那些认为对于科学的明确信念根本没有任何问题的人，才能克服这种恐惧。《科学革命的结构》这部著作所表达的正是这种观念。在这部著作中，库恩研究的是他似乎完全认为理所当然的东西，而且他认为他用来研究这种东西的方法也完全是理所当然的。对于历史学家们来说，拥有这样的自信是异乎寻常的。例如，他们时常用他们那些历史学技术研究过去那些历史学家们的著作。因此，历史学家古奇[①]不仅

① 古奇（George Peabody Gooch，1873—1968）：也译“果奇”；英国近代外交史学家，著有《十九世纪的历史和历史学家》、《德国与法国革命》、《十七世纪英国民主思想》、《法庭和内阁》等。——译者注

把俾斯麦[1]当作一个历史人物来研究，而且也研究了普鲁士历史学家
特赖奇克[2]，因为后者撰写过论述俾斯麦的著作。他们认为以往的历
史学家都是其时代之子，他们的知识和视角就像他们所共同关注的政 82
治家那样，都受历史条件的制约。当历史学家们认识到他们的学科可
能具有反身性的时候，他们并没有对历史学感到忧虑。

的确，这正是探讨知识社会学的人所应当具有的态度。也许可以把这种探讨所需要的立场称为自我意识的一种自然而然的、不自觉的形式——尽管人们也许会认为这种称呼是荒诞不经的。无论人们称之为什么，人们都只有通过运用那些试验证明效果良好的和成功的例行程序，通过运用那些已经确立的研究技巧，才能够达到这种立场。它就是这样一种学术性的类比，即把社会看作是极其稳定可靠的东西，因而任何一种东西——无论这样的东西如何深刻地触及它那些奥秘——都无法干扰它或者破坏它。

我们对“威胁”变量的讨论表明，有两种条件可能使知识失去其神圣的光环。除了我们刚刚讨论过的自信态度以外，这里还存在正在崛起的群体所具有的批判态度，亦即针对已经确立的权力资源所包含的知识的怀疑态度。这就是通常与知识社会学联系在一起的“揭发性”探讨。但是，对于像曼海姆这样更加老练的知识社会学家来说，下面这一点早就是明明白白的了，即这种探讨并不会坚持到底。怀疑主义总是认为知识社会学是有益的，反过来说也是如此。不过，这两种态度是有一些深刻差异的。怀疑论者试图利用对某种信念的说明来表明（establish）这种信念的虚伪性。之后，他们就会破坏针对知识的所有各种主张，因为这里不存在对这种因果性说明范围的任何自然的限制。他们所得出的结论将是一种自我拆台的虚无主义，或者是一种特殊的、前后矛盾的申诉（pleading）。只有某种认识论方面的满

① 俾斯麦（Otto Eduard von Bismarck，1815—1898）：德国政治家，曾于1862年—1890年和1871年—1890年任普鲁士王国首相和德意志帝国宰相，通过王朝战争打败法国和奥地利，统一了德意志，有“铁血宰相”之称。——译者注

② 特赖奇克（Heinrich von Treitschke，1834—1896）：德意志政论家、历史学家，以鼓吹强权政治著称于世，著有《十九世纪德意志史》等。——译者注

足才能使我们认识到，我们不进行任何破坏也可以作出说明，我们可以为知识社会学提供一个稳固的基础。

下面这种虽然难以表达，但是在许多人的心目中却显然是非常实际地存在着的畏惧，即如果我们探索精力和灵感的源泉所具有的那些核心奥秘、探索我们对我们的知识的确信和信仰所具有的那些核心奥秘，这些源泉、确信、信仰就会烟消云散，情况又如何呢？这种观点以迪尔凯姆在指出宗教信徒把握了某种重要的东西时所使用的方式，把握了某种重要的东西。但是，这种把握完全是片面的。更加充分的分析可以为这种模糊不清的焦虑提供某种答案。

下列确信的确包含着真理，即知识和科学都取决于某种存在于纯粹的信念之外的东西。但是，这种使知识和科学得以存在的东西并不具有任何超验性。知识所“分享”的东西确实存在，但是这种“分享”却不是柏拉图在说尘世上的事物都“分享”理念（Forms）的时候所说的那种意义上的“分享”。当然，存在于知识“之外”的东西，比知识更加伟大的东西，使知识得以存在的东西，就是社会本身。如果一个人对此感到畏惧，那么他理所当然也会对知识感到畏惧。但
83 是，只要一个人能够相信知识的持续存在和发展，那么在把知识当作一种意志来调查研究的时候，知识就总会存在，并且使那些被调查研究的信念、那些被使用的方法以及这种调查研究本身所得出的那些结论得以存在。这种东西确实是可以使我们合情合理地感到满足的东西。

伯克已经觉察到了这种至关重要的联系，尽管他只是感到焦虑不安，而不是感到满足。他曾经就学术及其资助源泉和保护源泉指出：“如果它们都持续不断地认识到它们那牢不可破的联合，认识到它们的确切位置，我们就会感到满足了！如果学术没有受到野心的败坏，而是一直满足于持续不断地使指导者而不是使野心勃勃的人成为大师，我们就会感到满足了！”（第154页）

这种对知识和社会的牢不可破的联合的觉察就是对下列畏惧的回答，即如果知识以自身为研究对象，它就会丧失其效力和权威。如果

知识是一种以自身为对象的法则，那么混乱状况就可能因此而出现——但是，科学运用于自身的反身性活动并不会销毁[1]那真正的、使知识得以持续存在的力量源泉。

现在，我已经展示了存在于有关知识社会学的各种辩论内部，并且对这些辩论产生影响的力量所组成的领域。富有讽刺意味的是，正是知识的社会本性本身妨碍着知识社会学的发展，不过，对这种联系环节的充分认识也可以为我们提供克服它所引起的各种畏惧的力量。因此，只要我们对它加以阐明，我们就可以更加容易地对展现在我们面前的所有那些见解作出反应，就可以更加容易地弄清楚人们在看待有争议的问题时所使用的那些可供替换的方式的存在——在目前的情况下，有争议的问题涉及合理性、客观性、逻辑必然性以及真理所具有的本性。

现在，我将考察知识社会学遇到的所有各种障碍中最难以克服的障碍——数学思维和逻辑学思维。它们所代表的是圣物之中的圣物。正是在这里而不是在其他任何地方，这样的圣物所具有的光环激发了人们避免从自然主义的角度来研究论述知识的具有迷信色彩的欲望。除非我能够就这些论题提出一种社会学分析，否则，无论我在前两章提出的那些具体论断，还是我在这后两章进行的一般分析，都不会具有任何说服力。

① 作者在这里用的英文原文是“dispoil”，但从上下文的语意来看，疑是对“disposal”的误拼，今按“disposal”译出。——译者注

第五章　对数学的自然主义探讨

84 我将在以下三章中提出下列主张，即从我们前面概括叙述的强纲领的意义上说，关于数学的社会学是完全可能存在的。任何一个人都会承认下列可能性，即一门研究专业人员招聘、研究各种经历模式和那些相似问题的比较适度的数学社会学，是可以存在的。我们也许可以确切地把这种社会学叫作关于数学家的社会学，而不是叫作关于数学的社会学。更有争议的问题是，社会学是否有能力触及数学知识的核心。它能够说明一个推理步骤的逻辑必然性，或者能够说明为什么一个证明实际上就是证明吗？提出有关这样的社会学分析的例子，就是对这些问题的最好回答，而我所试图做的正是提出这样的例子。必须承认的是，我们无法提供大量这样的“建构性证明”。之所以如此的原因在于，数学是一种典型的运用一些使进行这样的调查研究的可能性模糊不清的方式进行的思考。人们为了维护某种把社会学立场拒之门外的视角，已经做了大量的工作。我希望通过展示人们为了达到这个目的而采取的各种手段表达下列观念，即任何使人们把数学看作是一种永远会挫败社会科学家的审查的特殊案例的、显而易见的、自然而然的，或者具有强制力的因素，都根本不存在。的确，我将会表明，实际情况恰恰相反。认为数学围绕着一种具有保护作用的光环，这种观点代表了一种牵强附会、复杂艰涩、忧心忡忡的立场。此外，它还会使它那些倡导者采用与公认的科学探索精神相矛盾的立场。

第一节 数学的标准经验 85

下面是初等数学中的一个定理：

$$x(x+2)+1=(x+1)^2$$

任何一个对代数有所了解的人都不会怀疑这个事实，而且，只要把等式右边算出来并且对各项进行适当排列，就完全可以克服与肯定与这个事实有关的任何暂时的犹豫。一旦人们理解了这个等式所表达的真理，他们就会对怀疑它的做法感到不可思议。的确，任何一个人都不可能以某个人既有可能理解，但是又否认爱丁堡和莫斯科一样都在北方的主张这样的方式，既理解得到肯定的东西，又拒绝对这种东西表示赞同。因此，看来数学所体现的是一些具有极大说服力的真理。就这个方面而言，这些真理也许与那些有关存在于我们周围的、我们所熟悉的物质对象的常识真理相似。不过，这些真理还具有另一种特性，这种特性使它们得到了比那些对感知的表述更加高贵的地位。我们虽然可以想象——比如说——存在于我们面前的书橱也可以在其他地方存在，但是我们却无法想象上面这个公式是虚假的——至少在那些符号获得了我们所赋予它们的意义的情况下，我们无法这样想象。所以，数学的真理并不是仅仅具有说服力，它们也是独特的和不发生任何变化的。如果我们希望指出与它们类似的东西，那么这种东西也许就不是对事物的感知而是那些与道德直观有关的命令了，因为这些命令都是在与我们的时代不同的、具有更多的专制色彩和自信色彩的时代提出来的。人们时常认为，那些直接存在的、具有强制力的和永恒的东西，也就是正确和适当的东西。当人们经历各种斗争和困惑的时候，他们并不认为这些斗争和困惑是由缺少某种真正的行动过程造成的，而认为它们都是由识别或者跟踪这种行动过程的难度造成的。我们的意识认识到的数学推理步骤所具有的权威，至少类似于绝对的道德权威。

人们时常把数学所具有的这种标准的经验与某种——既从个体尺度着眼也从历史尺度着眼——说明数学发展的方式联系起来。个体所遇到的数学是一组必须掌握的真理。这里有显而易见的对与错，而且坚持不懈的努力可以证明下列观点，即一个人当初未曾觉察到的那些真理，实际上在他有能力掌握它们之前一直都在那里等着他。同样的事态在数学史上也出现了。各不相同的文化对我们目前的知识状况作出了不同的、不断变化的贡献。所有这些贡献似乎都是一组单一的、不断增长的定理的不同方面。各种文化差异——比如就宗教和社会结构而言——的存在虽然是显而易见的，但是所有各种文化开发的都是同一种数学，或者说所开发的都是一种自相一致的数学的某个受到偏爱的方面。我们也许可以对希腊人以牺牲代数为代价发展几何学，而
86 印度人所做的却刚好相反的原因作出说明，但是这种做法与下面异乎寻常的事实相比就不那么令人感兴趣了，即诸如某种“替代性的”数学这样的事物似乎并不存在。

严格说来，这种引人注目的使一组独立存在的真理，似乎通过永远在不断增加的详细程度和永远在不断扩大的范围才能得到理解的事态，必定是由某种实在（Reality）造成的。数学的真理所描述的、数学的陈述所指涉的，必定就是这种实在。人们也许还会进一步假定，这种实在所具有的本性还可以说明具体的数学证明那令人信服的特征，说明数学的真理所具有的独特和不变的形式。我们必须承认，这种实在所具有的精确本性在我们的日常思维中多少有些模糊不清，不过，哲学家们也许能够以更大的精确度来界定它。这样，各种各样令人困惑的概念所具有的真实特征，就有可能变清楚了。例如，数就是一个观念，这个观念在各种实际计算中是很容易运用的，但是它又是一种其真实本性难以描述的东西。数在某种程度上似乎是一些对象，因而提出诸如数“三”这样一种东西是否存在的问题是有诱惑力

的。不幸的是，这个问题会从常识中引出互相矛盾的答案。“三”这个数似乎既是一个单一的、可以由数学家来描述其各种属性的存在物，同时又似乎像人们对它的各种运用和它的各种出现场合所要求的那样，是某种既有多种变化，又可以再现的东西。它似乎既是一又是多。常识正是在这里束手无策了，把进行这种阐明的任务交给了系统的哲学思想。

我们刚才概括叙述的与数学有关的常识经验的重要意义在于，它表现了一组事实，而任何一种论述数学的本性的理论都必须说明这些事实。这也就是说：无论数学是什么，它都必须达到呈现（present）我们刚才描述的这种表象的程度。数学所具有的这种独特的和具有说服力的特征，是有关这个主题的现象学的组成部分。对数学的本性的说明虽然没有责任肯定这些表象就是真理，但是它却必须把它们当作表象来说明。某些数学哲学所具有的引人注目的特征在于，它们都不加任何批判地采用了这些现象学材料，并且把它们转化成了某种形而上学。一旦这种步骤得到了认可，人们确实就会得出下列结论，即从强纲领的意义上说，关于数学的社会学是不可能存在的。现在所需要的是一种具有更多的批判色彩和自然主义色彩的探讨。

对数学的本性进行自然主义探讨有希望取得成功的路线之一，是心理学家所采取的路线——他们研究的是人们如何学习数学。我们可
以把数学看作是诸个体必须学习的一组技巧、信念和思想过程。偶尔 87
会出现下列情况，即一个人可能得到了很高的技巧和自主性，因此，人们相信他已经对那些得到承认的结论作出了创造性贡献——接下来，这些贡献就会传达给其他人。我们可以把这样一种探讨、与它那些对各种数学观念的有联系的分析一道，称为“心理学主义”。

对于心理学主义的早期系统表述，是由 J. S. 密尔①表达出来的。他有关数学的观念通过他的《逻辑体系》（1843 年版）表现了出来。

① 密尔（John Stuart Mill，1806—1873）：旧译“穆勒”，詹姆斯·密尔的长子，英国哲学家、经济学家、逻辑学家，著有《逻辑体系》、《政治经济学原理》、《代议制研究》、《功利主义》等。——译者注

我打算比人们通常的做法更加充分和系统地研究一下密尔的探讨，并以现代心理学的某些研究工作来具体说明他所做的说明。

对心理学主义的最著名的攻击也许来自数学家弗雷格[①]，他在其《算术基础》（1884 年版）中进行了这种攻击。弗雷格的批评作为对密尔的探讨的致命攻击，得到了人们的广泛接受——比如说，得到了巴克（Barker，1964 年版）、卡西尔（Cassirer，1950 年版）、博斯托克（Bostock，1974 年版）的接受。我将表明，这些批评并不是对密尔的致命攻击。不过，考察这种争论仍然具有重要意义，因为弗雷格的批评确实表明了密尔的心理学探讨和经验主义探讨所具有的局限性。我将提出下列主张，即我们可以以扩展密尔的自然主义探讨，而不是仅仅以宣布反对这种探讨的方式，来系统表述数学所具有的那些给弗雷格留下深刻印象的特征。一旦我们做到了这一点，我们就可以为我们在以后的各章中表明下列观点开辟道路，即与心理学同时存在的社会学，可以为人们探讨数学知识和逻辑思想的本性提供一种适当的方法。

第二节　J. S. 密尔的数学理论

对于经验主义者来说，知识来源于经验；所以对于坚定的经验主义者来说，如果数学是知识，那么它也必定来源于经验。针对那些把与经验地位完全不同的地位赋予数学的人以及那些发明用于直观数学真理的各种能力的人，密尔指出："如果我们通过假定我们对这些真理的认识与我们的其他知识具有完全相同的起源，就完全可以说明这种认识的存在，那么，假定我们对这些真理的认识具有与我们的其他知识的起源完全不同的起源的必要性在哪里呢?"（第二编，第四章，第四节）

---

① 弗雷格（Gottlob Frege，1848—1925）：德国数学家、逻辑学家、哲学家，著有《算术基础》、《算术的基本规律》、《论意义和意谓》、《论概念和对象》等。——译者注

密尔在其《逻辑体系》中曾经公开承认，他的目的就在于表明诸如几何学和代数学这样的演绎性科学，实际上都只不过是诸如物理学和化学这样的归纳性科学的种而已。因此，“各种演绎性科学或者论证性科学，都无一例外地是归纳性科学……它们的明证就是经验的明证”（第二编，第六章，第一节）。密尔指出，当然，这个论题绝不是一目了然的；对于有关算术、代数以及微积分的科学来说，我们必须
对它加以证明。实际上，密尔并没有进行任何诸如此类的系统的证 88
明。他充其量只不过提供了对这种纲领的某些暗示，但是这些暗示都是很宝贵的。

密尔的基本思想是，我们在学习数学的过程中会涉及一组有关物质对象之诸属性和行为的经验。我们的某些经验渐渐形成了一些范畴，而这些范畴后来则构成了各种各样的经验科学。例如，热水散发蒸汽这个事实就属于物理学。除了这些有关范围非常有限的对象的事实以外，我们还知道那些可以不偏不倚地运用于范围非常广泛的事物的事实。例如，我们可以对所有各种对象的范围进行分类和整理，可以按照各种图式和队列（arrays）安排它们，可以把它们聚集在一起，也可以把它们分离开来，可以使它们互相结合起来，可以交换它们的位置，等等。

密尔认为，正是这些适用范围广泛的、有关对对象进行安排和使之形成模式的真理，构成了数学的基础。物理事物的各种图式和群集，为我们那些思想过程提供了模型。当我们从数学角度进行思考的时候，我们就是在不言而喻地诉诸这种知识。数学的那些推理过程，都只不过是对各种物理对象的运作过程的苍白无力的反映而已。各种推理步骤及其结论所具有的令人信服的特征，都存在于它们以之作为典范的、各种物理运作那为人们所熟悉的物理必然性之中。算术推理的广泛适用性是由下列事实造成的，即即使多少有些困难，我们还是能够用这些模型来同化许多各不相同的情境。

密尔的观点在下面这段话中清楚地表现了出来。在这里，他所批评的是那些把数字和算术符号都当作写在纸上的、根据一些抽象的规

则进行变换的标记来处理的人。他指出：

> 然而，从我们的全部推理过程都是通过就各种事物而言断定它们的属性而进行的这个事实出发来看，我们所意识到的显然并不仅仅是各种指号，而是通过这些事物的特征意识到了这些事物。在解一道算术题的过程中，我们是根据哪些规则解题的呢？是通过把等式加等式其和也相等、等式减等式其差也相等，以及以这两个命题为基础的其他命题，在进行每一步推理时都运用于a、b以及x，来解这道题的。这些命题都不是语言所具有的属性，或者说都不是指号本身所具有的属性，而是那些量值所具有的属性，而这也就相当于说，是所有事物所具有的属性。（第二编，第六章，第二节）

密尔承认，时常有人认为我们仅仅是在纸上变换各种符号的。他宣称，人们时常意识不到应当回过头去参照全部思维过程所依赖的有关事物的经验。当人们计算（$x+1$）的平方这道乘法题的时候，童年时期形成的那些印象场面（visions）并没有在心灵中呈现出来。密尔指出，出现这种情况的原因在于，习惯已经使这种过程变成自然而
89 然的了，因此，人们就觉察不到它了。但是，他坚持认为："当我们回过头去考察这种过程所具有的证明力量来源于何处的时候，我们就会发现，除非我们假定我们正在思考和谈论的都是事物，而不是纯粹的符号，否则，我们的证据在每一个步骤上都会失效。"（第二编，第六章，第二节）

密尔的思想产生了三个重要的结果。首先，他由于这种思想便觉察到了各种信念的内在结构和发展，而从其他观点出发的人则时常把这些信念表现成简单的、不费吹灰之力就可以理解的东西。例如，对于密尔来说，一块卵石加上两块卵石等于三块卵石这个陈述，就表现了经验知识的一个成就。这种成就表现在，人们意识到"通过改变位置和排列形式，就可以使"那些以截然不同的方式刺激感官的物理情

境“要么导致这一组感觉，要么导致另一组感觉”。在皮亚杰（Piaget，1952年版）对儿童那不断发展的、对对象的不同排列方式之等价性的意识所作的说明中，现代的读者也可以非常明确地看到这个论题。

其次，密尔的探讨显然是与一些教育观念联系在一起的。为了有利于使学生获得相关的、可以作为基础发挥作用的经验，应当抛弃与训练书写符号有关的正规训练方法。这些经验完全可以把意义赋予符号性的练习（manoeuvres），并且使因此而得出的结论得到某种直觉性的重要意义。当密尔谈到算术的基本真理，说它们都是：

> 可以通过向我们的眼睛和手指表明，一定数量的任何对象——比如说，十个球——虽然可能由于分离和重新排列，向我们的感官展示所有各不相同的数目组，但是其总和仍然等于十，而得到证明的。所有各种经过改进的教儿童学算术的方法，都是以有关这个事实的知识为基础而发挥作用的。因此，所有那些希望儿童一心一意地跟随他们学习算术的人，所有那些希望教授算术，而不希望教授一些纯粹的暗号的人，都应当运用我们所描述的方式，通过感官的明证来进行教授。（第二编，第六章，第二节）

第三个结果是由这些教育思想产生的。如果数学和经验之间存在某种紧密的联系，那么考察开明的教育实践，并且发现有利于密尔的分析的证据，就应当是可能的。实际上，把数学知识看作是人们从经验出发创造出来的，是完全可能的。展示那些据说为各种数学思想过程发挥典范作用的经验事实，也应当是可能的。为了做到这一点，我打算利用选自数学家、心理学家和教育家Z. P. 迪恩斯（Dienes）的著作的某些例子。迪恩斯从发表其著作《组建数学》（1960年版）以
来，就一直在非常独立地证明一种对于——密尔这个乐观主义者在 90
1843年就已经提到的——那些“经过改进的方法”的论述。

为了理解数学运算怎样才能从各种物理情境中产生出来，我们可以考虑一下迪恩斯所描述的下列“游戏”（1964 年版）。为了为密尔的思想辩护，我将把这个游戏表现成一个可以用卵石来玩的游戏。假设我们在地面上摆好了十组卵石，其中每组有八块，之后再加上另一块单独的卵石。现在，设想我们把这其中的八组卵石比较密地排在一起，而把另外两组分出来，使它们自己形成一对（参见图 4）。现在，我们可以在这两组孤立出来的卵石中选出一组卵石，并且用这一组卵石来为那集中在一起的八组卵石中的每一组另提供一块卵石。通过这种方式，我们就可以为这八组卵石中的每一组卵石都补充一个额外的数。这样一来，分离出来的这两组卵石中的剩下的一组卵石，就可以用我们在开始的时候提到的那一块额外的卵石来补充了。这种有关对这些卵石中的一组卵石进行配置的惯例，具有下列简洁的、可以重复的特征，即这个过程是以一些卵石组的形成为结束的，所有这些卵石组都具有数量相同的卵石，而且有多少卵石组，每一组卵石中就有多少块卵石。

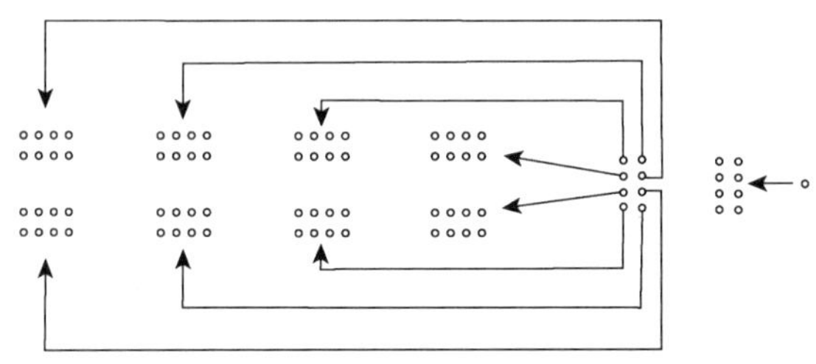

图 4　密尔的卵石算术

转引自 Dienes，1964 年版，第 13 页

在这里，排列、挑选和分配过程组成了一个具体的系列。就这个系列而言，令人感兴趣的是，它所表现的正是与许多相似的案例有关的一个例子，而这些案例所展示的恰恰是同一种行为模式。这里的关键之处并不是我们不用卵石也可以玩同一个游戏，而是我们可以用处于这些组之中的数目不同的对象和数目不同的组来玩这个游戏。因为我们可以考虑一下：如果我们有一些每组包含 x 块卵石的组，并且

假如我们除了每一组卵石之外还拥有另外两组卵石，也就是说还拥有
$(x+2)$ 组卵石，那么我们就可以按照同一种模式来进行划分和重新
排列了——同样，在这里我们也不要忘记，我们还需要那块孤立存在
的卵石。通过把它们分离开来，把其中的一组卵石在其他的卵石组中
进行分配，以及用额外的那块卵石来顾及剩下的那组卵石，同样的重 91
建过程就会出现了，我们也就可以玩同样的游戏了。当然，如果卵石
的数目出现错误，那么我们就不可能以像图中所画的形态那样简洁的
方式，来排列和挑选它们了。

我们刚才描述的是物质对象所具有的一种具体属性，亦即这样一种属性——我们可以用这些对象来展现这种小小的惯例。如果我们打算寻找一种简略的、用来表现这种由各种具体关系组成的模式的方式，那么这种方式会是什么样子呢？答案在于，这种方式就是我们在这一章一开始就当作有关下面这个简单的数学定理的例子提出的、由这个等式所表现出来的、以有关这种游戏的经验为典范形成的符号性表达：

$$(x+2)x+1=(x+1)^2$$

迪恩斯通过分析这个等式所表明的，恰恰是我们刚才概括叙述的这些安排过程和挑选过程所组成的具体运作如何证实了这个等式。

迪恩斯的分析如下：首先，我们有由 x 块卵石组成的 $(x+2)$ 组卵石，另外加上一块卵石，可以用 $(x+2)x+1$ 来表示这一点。可以用我们所描述的方式，通过把其中的两组卵石分出来，使这些群集发生变化。数目较大的卵石组由 x 块卵石组成，而孤立出来的一对两组卵石则由 $2x$ 块卵石组成，在这种情况下，这里就还存在一块卵石。这种具体的重新排列过程构成了下列符号等式的基础：

$$(x+2)x+1=x^2+2x+1$$

就这个挑选过程的惯例而言，下一步是从这两组孤立的卵石组中挑出一组，并把它与另一组卵石分开，可以用下列等式来表示这一点：

$$x^2+2x+1=x^2+x+x+1$$

这样，已经被挑选出来的、由 x 块卵石组成的这组卵石，就被分配在由各组卵石组成的较大的集合之中了。这种分配证实了下列符号变换：

$$x^2+x+x+1=x(x+1)+x+1$$

这样，单独存在的那块卵石就可以加到剩下的那组孤立存在的卵石中去了。可以通过运用圆括号来表示这一步骤，亦即：

$$x(x+1)+x+1=x(x+1)+(x+1)$$

正像迪恩斯所指出的那样，现在，这一系列步骤已经导致了一些组，而所有这些组都具有数目相同的对象，也就是说具有（$x+1$）个对象。这些组的数目都可以计算出来，我们将发现它就是 $x+1$。因此，我们完全有理由把它写成：

92 $$x(x+1)+(x+1)=(x+1)(x+1)=(x+1)^2$$

事实已经证明，从这个最初的等式的左侧出发，我们可以通过一系列具体运算——其中的每一步运算都可以用符号表现出来——得出右侧的结果。这样，至少与数学操作的一小部分有关的潜在的具体模型就被揭示出来了。我们虽然在每一个逻辑推理步骤上所考虑和谈论的都是事物，但是这些逻辑推理步骤的结果已经产生出来了。

迪恩斯非常巧妙地提出了其他许多相似的例子。他为各种简单的常规提供了在各不相同的基础上进行算术计算的基本材料——有关进行各种分解因子的平方形式的基本材料，有关解各种等式的基本材料，有关对各种对数、幂、向量、群进行具体的举例说明的基本材料，甚至还有有关非常微妙地指导数学思想的对称和优雅的物质方面和感知方面的类似情况。而他的不成功之处在于，他以一种训练有素的方式，不厌其烦地使各种具体过程与那些进行符号运算的过程相比较。对于我们目前的论述来说，迪恩斯的论述所具有的关键之处在于，这些论述提出了一种有关实际潜在于人们认为理所当然的符号运算程序之中的知识究竟是什么的说明。只有通过打破这种技艺精湛和顺利进行的计算过程，找到了构成这种运算过程的经验成分，我们才会发现这种说明。

密尔的探讨无疑是一种充满希望的探讨。对于各种各样的基本数学运算来说，各种具体对象、具体情境、具体操作过程显然都可以发挥典范的作用。我们可以貌似合理地把有关这些运作过程的经验，当作数学思想的经验基础来系统阐述。在无视或者贬低密尔的经验主义心理学探讨所具有的潜能的情况下寻求对数学知识的自然主义理解，将是愚蠢的做法。不过，它并不是一种适当的探讨，我们只有对它进行了具有实质性的开发和扩展，才有可能使它公平地对待数学知识。除了考察弗雷格针对这种探讨所提出的具有威胁性的研究论述以外，再也没有揭示这种探讨之诸局限性的更好的方式了。

第三节　弗雷格对密尔的批评

密尔把数学当作一组有关这个物理世界的信念来研究论述，这组信念就产生于这个物理世界。因此，这种说明所包含的两种核心成分便是：其一，把各种信念和思想过程都当作心理事件来设想；其二，这些信念所涉及的各种物理情境。因此，弗雷格的批评也就相应地具有了两个攻击目标。他既批评了认为数都是主观事物或者都是心理事物的观点，也批评了认为数要么涉及各种物理对象、要么是各种物理 93
对象的属性的观点。在对这些批评进行考察之前，我们应当先对贯穿于它们之中的价值观念进行评论。

密尔在论述数学的时候，使用的是一种温文尔雅的、没有什么专业性的、实实在在的风格。对于他来说，数学的基础也就是它那些心理学开端。它们都是一些使知识得以产生和传播的基本过程。他所思考的那些方面与其说适合于水平更高的专业问题，还不如说适合于教授初等数学的教师的问题。

弗雷格则与他完全不同。从《逻辑体系》到《算术基础》，也就是经历了一种风格完全不同的变化。后一部著作中包含着某种紧迫感，包含着某种对专业声誉的敏锐的觉察。它告诉读者，为算术的基本概念寻找令人满意的定义是绝对必要的。一门伟大的科学却不具有可靠的基础，这是一个奇耻大辱——倘若这一点使思想家们受到心理学的过分影响，使他们对数学进行了错误的表述，情况就更糟糕了。当弗雷格发现他自己把数学的定义当作一种“具有聚合性的机械思想”来面对的时候，他认为它是“一种典型的粗陋思想”；他断言：“我认为，数学家们应当为了他们自己的利益与任何诸如此类的观点作斗争，因为有人打算用它来贬低他们的主要研究对象，从而贬低与这种对象联系在一起的他们的科学本身。”（第 iv 页）

弗雷格特别关心坚持存在于作为一个方面的数学和作为另一个方面的心理学——甚至还包括自然科学——之间的界线。他曾经谈到那些与论断有关的心理学方法，认为它们“甚至已经渗透到逻辑学领域之中去了”。他告诉读者，这种渗透的后果在于，当实际上应当由结构和规律性来发挥支配作用的时候，一切都变得模糊不清、含糊不定了。他断言，也许与其他任何一门科学相比，数学的概念都具有结构的优雅性和更多的纯洁性。关于提供一个更加牢固的基础的任务，弗雷格愤怒地提出了下列问题：

> 那么，对于那些不是继续推进这项尚未完成的工作，而是藐视它，并且使自己回到托儿所，或者使自己置身于可以设想的人类进化的最遥远的时期，以便在那里像约翰·斯图尔特·密尔发现某种姜饼算术或者卵石算术那样发现一种算术的人，我们应当说什么呢。（第 vii 页）

今天，人们通常认为《算术基础》在逻辑学领域中是一部经典著作。它确实是这样；但是，它同时也是一部具有强烈的论战色彩的著作，而且人们往往几乎是在对它的这个方面不加任何评论的情况下，对它加以传播和接受的。这部著作充满了有关纯洁性和危险的雄辩，充满了有关侵犯、渗透、贬低、轻蔑以及毁灭的危险的意象。通过与那些纯洁的、优雅的、有条不紊的、有规律的、有创造性的东西相对 94
照，它强调了模糊不清、含糊不定、混乱不堪的东西和所有处于流动之中的东西的区别。它是一种对处于威胁之中的知识的地地道道的描述。以此为基础，上述这部著作在第三章和第四章所提出的理论就会使人们得出下列预见，即弗雷格将会使数这个概念和数学的基本原理神化、具体化。这种预期也就是说，他将会把它们转化成具有神秘色彩的，但是又被断言成具有举足轻重的影响的对象。实际情况恰恰是如此。

在《自然的符号》（1973 年版）这部著作中，玛丽·道格拉斯（Mary Douglas）已经把人们的注意力引向了她所谓的“纯洁性规则”。她指出，所有各种文化都具有某种自然而然的、把很高的社会地位和通过严格的身体控制进行的社会控制符号化的倾向。各种物理现象的发生和过程都是被人们从话语出发构想出来的（framed）。人们都试图把各种互动描绘成在脱离现实的精神之间进行的过程。风格和行为都倾向于使存在于某种活动和它的生理学起源之间的距离扩展到最大。在我看来，援引这种纯洁性规则的做法是人们对威胁作出的自然而然的反应。弗雷格的风格就是有关这种正在发挥作用的纯洁性规则的一个出色的例子。的确，他曾经亲自明确系统表述过这种风格（第 vii 页）。同样，他也通过把密尔的理论定位在托儿所之中，通过毫无根据地把这种理论与摄取过程联系起来，通过对进化论的某种参照来驳倒它，表现了他对这种理论的蔑视。它的错误在于与那些生理学起源联系起来了。

我们为什么注意弗雷格的思想风格呢？这样做的关键之处在于，这种风格可以预先向我们提供下列告诫，即我们应当根据某种与我们正在这里推荐的自然主义探讨截然不同的对于数学的看法，来系统阐述他那些真知灼见。我们必须对把弗雷格的真知灼见与它们所服从的那种立场分离开来的做法，保持足够的警惕。即使这种立场曾经启发过这些真知灼见，后者也不是前者所特有的财产。当我们考察弗雷格的论断的时候，我们始终有必要提出下列问题：我们可以在使这些真知灼见服从另一种对数学的看法的情况下，对它们重新进行系统阐述，并且使它们发挥作用吗？让我们带着这些预备性的观点，开始考察这些具有批判性的论断本身。

首先，让我们考虑一下弗雷格对下列观念的拒斥，即数就其本性而言是某种主观的东西心理的东西或者心理学方面的东西。他的论断在于，指出诸如经验和各种观念这样的心理存在物的属性和各种数学概念的属性之间的区别。我们的意识状态都是含糊不定和不断起伏涨落的，而这些意识状态的内容——它们所包含的数学知识——则是明确的、固定不变的。再说一遍，不同的人虽然具有不同的主观状态，但是我们所要指出的是，数学的观念对于所有的人来说都是相同的。

此外，坚持把数当作观念来处理的做法，也产生了一些非常奇怪
95 的存在于人们的心灵之中的后果。从心理学的观点出发来看，人们并不分享各种观念。它们都是一些属于个体心灵的状态，所以一个观念必定不是属于你的心灵，就是属于我的心灵。因此，心理学家不应当说“二”这个数是一个观念，而是应当谈论我关于“二”的观念和你关于“二”的观念。即使这种谈论也暗示了某种独立的作为这两种心理状态的共同关注点的“东西”——似乎二“这个”数根本不是心理方面的东西，而是这些心理状态所具有的毫无心理色彩的内容。前后一致的心理学探讨必定坚持下列主张，即我们虽然通常都谈论“二”这个数，但是实际存在的却只不过是一大批个体的观念，其中的任何一个观念都同样有理由声称自己就是“二”这个数。简而言之，有多少关于“二”的观念，就有多少作为“二”而存在的数——这显然是一个与人们通常看问题的方式相抵触的结论。

弗雷格以极富讽刺意味的方式提醒我们，这些“二”的增加过程并没有结束。我们难道不是必须进一步承担由所有那些尚未意识到的“二”组成的负担，而这些“二”会在一代又一代新人出生的时候出

现吗？所以，在这种威胁之下，我们不得不赶快承认弗雷格的下列观点是正确的，即各种数都不是存在于人们心灵之中的心理存在物，而是以某种方式独立存在的知识对象。

到这里为止，密尔的立场并没有受到过于沉重的压力。他的理论也可以说具有某种客观的成分，因为算术是关于各种对象——诸如那些受到弗雷格鄙视的卵石——的一般属性的理论。当弗雷格提出下列问题的时候，密尔便受到了更加直接的批评：数是外部事物所具有的某种属性吗？在这里，争论的核心在于，数不可能是事物所具有的某种属性，因为我们数各种事物的方式取决于我们如何看待这些事物。诸如——比如说，属于一副纸牌的——“这个数”这样的东西并不存在。一副纸牌是存在的，还有四套衣服也是存在的，如此等等。弗雷格指出：“一个可以被我出于同样的理由认为导致了各不相同的数的对象，实际上并不是拥有那个数的对象。”（第 29 页）弗雷格坚持认为，这一点便使数与我们通常所认为的那些事物的属性有所不同。我们看待事物的方式所具有的重要意义表明，一个思想过程已经在这个外部对象和把一个数赋予这个对象的过程之间，发挥中介作用了。对于弗雷格来说，这种情况可以导致对象与数的实际定位过程或者注意中心的分裂。他指出，这意味着“我们根本不能把这个数当作谓项而赋予它（对象）”（第 29 页）。当我们看到一个绘制三角形的过程，并且认识到这个三角形有三个顶点的时候，这三个顶点并不是这个绘制过程所内在固有的。所以，“我们并没有直接看到存在于它那里的‘三’；毋宁说，我们所看到的是某种东西，这种东西使我们能够集中注意我们那导致了‘三’在其中出现的判断的理智活动”（第 32 页）。

由于我们可以改变我们的观点，并且因此而改变与一个对象联系
在一起的数，所以“蓝”具有的属性与——比如说——“三”这个数 96
似乎是有某种差异的。人们可以对弗雷格得出这种结论的方式表示反对——他也许把诸如“蓝”这样一些属性过于简单化了，不过，这个结论确实是一个貌似合理的结论。数并不是某种毫无争议地存在于这个世界之中的事物。某种有关数的概念之本性的东西不仅存在，而且

使它们与我们通常用来考虑物质对象及其属性的方式有所不同。我们迄今为止所看到的弗雷格的结论，都会被人们毫无保留地接受。数既不是心理学方面的东西，也不是仅仅由密尔的卵石就可以给定的东西。

弗雷格针对密尔的立场还提出了其他各种各样的论断，我很快就会回到这些论断上来。弗雷格现在的立场是，不仅把数从物理世界中驱逐出去，而且也把它从心理世界中驱逐出去。如果这两个领域已经把所有的可能性都囊括殆尽了，那么弗雷格的论断就会使数完全变成某种非存在物。当然，这并不是弗雷格看待这个问题的方式。这里还存在第三种可能性。弗雷格认为，除了物理对象和心理对象以外，还有他所谓的理性的对象，或者叫作概念。这些对象具有被他称为"客观性"的各种最重要的属性。人们应当非常仔细地注意这些理性的对象所具有的特征，非常仔细地注意具有客观性的事物。弗雷格解释说，他所理解的"客观性"是独立于我们的各种感觉、独立于由这些感觉构成的各种心理图像的东西，而不是独立于我们的理性而存在的东西。下列引文表达了他的否定性定义的剩余部分，同时也表达了某种富有魅力的、对更富有建设性的特征描述的模糊认识。弗雷格在这里指出：

> 我把我所说的客观性与可操纵性、空间性或者现实性区别开来。地球的轴线是客观的，所以太阳系的物质中心也是客观的，不过，我并不想以地球本身具有现实性的方式那样的方式说它们具有现实性。我们时常把地球赤道当作一条想象出来的线来谈论；但是……它并不是思想的创造物，并不是某种心理过程的产物，而只不过是人们通过思想来认识或者来理解的东西。如果进行认识就是进行创造，那么对于比人们所宣称的创造它的日期更早的任何一个时期，我们便不可能就它而言说出任何有事实根据的东西了。(第 35 页)

我们应当怎样对待这种客观性定义，怎样对待这种超越了心理学方面的选择和物质对象方面的选择，并且由上面提出的例子来描述其特征的选择呢？我所要承认的是，就弗雷格主张数学是客观的以及他对客观性的具有肯定性和否定性的定义而言，他完全是对的。不过，他忽略了对客观性实际上究竟是什么作出说明。我们虽然看到了这个定义，但是能够满足这个定义的事物的本性又是什么呢？

第四节　弗雷格的得到公认的客观性定义，但是什么理论能够满足这个定义呢？ 97

弗雷格所提供的那些例子和具体说明，都只有通过某种说明才能获得实质性内容。而那既不是物理方面的又不是心理方面的，是真实的但不是现实的，并且可以由一个诸如地球赤道这样的观念具体表明的东西，究竟是什么呢？

要想回答这个问题并且保证忠实于弗雷格的定义，我们就有必要仔细审视他那些例子。让我们从地球赤道开始，这个例子具有什么地位呢？地球赤道非常像某种领土界线。诸如此类的界线也可以被称为想象出来的线。我们可以用下面的话来具体说明它们：想象一条在南部与河流平行，之后又沿着森林的边缘向东延伸的线，诸如此类。人们一般都会承认，各种领土界线都具有社会惯例的地位，尽管这并不意味着它们都是一些“纯粹的”或者“随心所欲的”惯例。它们实际上都具有极其重要的意义，因为它们通过许多复杂的方式，与人们在其中的生活所具有的秩序和规律性联系在一起。此外，人们也不能由于一时的心血来潮或者奇思怪想而改变它们。仅仅思考它们并不能使它们发生任何变化。一个个体可以拥有关于它们的正确或者错误的观念，而且即使任何一个人出于偶然因素而不考虑与它们有关的某种心理意象，它们也不会因此而消失。它们都不是可以觉察或者触摸的具体对象，尽管人们可以把一些具有现实性的对象当作与它们有关的、可见的指号或者标识（indication）来运用。最后，当人们对一些在任何一个人都尚未考虑到这些界线时就已经发生的事件进行陈述的时候，他们有可能提到这些界线。

这个例子使我们联想到，也许那些具有社会制度所具有的地位的事物与客观性紧密地联系在一起。的确，我们也许可以从这里跳到下列假说上去，即这种存在于物理方面和心理方面之间的非常独特的第三种地位，属于而且也仅仅属于社会领域。

我们也许可以用弗雷格的另一些例子来检验这个假说；这些例子有太阳系的引力中心和地球的轴线。可以说这些东西本质上具有社会性吗？初看起来，这样说也许显得荒诞不经，但是情况之所以如此，是因为人们具有一种恰恰被弗雷格告诫要加以防止的倾向，也就是说，误认为那些客观存在物就是物理对象或者现实对象的倾向。弗雷格确实是对的。地球的轴线并不是那些像我们正在上面走动的地球那样的、在我们的经验中表现出来的现实存在之中的一种现实存在。另一方面，我们确实希望断定这些事物都是真实的，因为我们相信这个不断旋转的地球具有某种轴线，而且任何一种由有质量的物体组成的集合都必定具有一个引力中心。但是，这种坚决主张所表明的却是下列事实，即这些概念在我们有关实在的观念中，尤其是在那些——在这种观念内部处于优势地位的——机械理论中，都发挥着某种关键性作用。然而，记住下面这一点是至关重要的，即这种实在并不是一种
98 经验性实在，而是一幅系统的、经过非常详细地描绘的世界图画。它只是与那些能够适合任何一个人的经验的东西非常微弱地联系在一起。所以，实际情况已经证明，弗雷格为了说明客观性是什么而当作例子选择出来的两个概念，都是理论概念。不过，知识的理论成分也恰恰就是它的社会成分。

如果就这个特定的案例而言，有人会对这种把理论成分和社会成分等同起来的做法提出挑战，那么也许考察一下另一种世界观——或者说另一种理论——是有益的，这种世界观包含着某种其作用与不断旋转的地球的轴线所发挥的作用相似的概念。中世纪的思想认为世界

是一系列具有同一圆心的球体。地球的中心是一个点，整个宇宙都是以这个点为中心而排列的。如果这种关于球体的、支配这种宇宙论的静态意象是既定的，那么这里就必定存在这样一个点，而且这个点实际上必定自古以来从未发生过变化：它就处于地球的中心。许多世纪以来，对于许多人来说，这个中心点都是他们根据现实来理解的东西的一个确定无疑的部分。正像我们将会坚持认为的那样，即使它不与实在相对应，它也绝不是一个主观方面的问题。例如，它并不是一个与个体的选择或者心血来潮有关的问题；从它在不同的人的心目中有不同的表现，或者并不像某种心理状态那样起伏波动的意义上说，它也不是一种心理现象；不过，它却是某种可以被或多或少地昭示给人们的东西。从人们可以或者说认为自己可以看到抑或触摸宇宙的中心这种意义上说，宇宙的中心也不是一个现实的对象。从弗雷格的意义上说，它是一个客观的对象。它在另一种意义上是一个理论概念，是当代宇宙学理论的一个部分。从第三种意义上说，它是一种社会现象，是一种制度化的信念，是文化的一个部分。它是得到人们接受和传播的世界观；它得到了那些权威的认可；得到了神学和伦理学的维护，不过也通过巩固神学和伦理学来回报它们。

我们的结论是，要想把某种实质性意义赋予弗雷格的客观性定义，就应当把它与社会方面的东西等同起来。制度化的信念可以满足他的定义：这种信念就是他所说的客观性。

毋庸置疑，弗雷格将会彻底反对对他的定义进行这样的表述。如果我们可以这样做，那么相对于心理学，社会学对数学的纯洁性和高贵性就会构成更大的威胁。弗雷格之所以提出他那些论断，是为了使数学不受任何污染，然而他尽管害怕污染，他所提出的客观性定义却为某种社会学解释留下了存在的余地。所谓这样一种解释可以以暗度陈仓的方式躲过弗雷格所作的辩护，完全可以看作是对它有利的、最具有说服力的论断。其结果是，即使我们认为数学实际上是社会方面的东西，而既不纯粹是心理方面的东西，也不完全是物理对象所具有的属性，我们也能够坚持弗雷格对客观性的定义。这种结论看上去也

99 许是奇怪的、令人迷惑不解的。所以，通过考察弗雷格反对密尔的其他论断来检查一下已经提出的解释，将是非常有益的。而这样做就会使我们面对下列问题，即为了给必定与心理学过程一起发挥作用的社会学过程留有余地，我们可以对密尔的理论进行什么样的修正。

第五节　经过社会学因素修正的密尔理论

弗雷格的其他论断主要涉及密尔所认为的那些与各种数和数学运算相对应的“事实问题”。争论的焦点存在于下面这段话中。在回答“各种数究竟属于哪个领域”这个问题的过程中，密尔指出：“当然，某种属性属于事物的聚结过程……而这种属性也就是使这个聚结过程得以形成，并且可以使它分解成各个部分的、富有特色的方式。”（第三编，第二十四章，第五节）弗雷格马上抓住了“富有特色的方式”这句话。他要求弄明白，这部明确的著作在这里正在论述什么？这里并不存在任何单一的、可以用来使对象那些聚结过程分解的富有特色的方式，所以提出“这种”富有特色的方式也就没有任何理由。一副纸牌可以以许多种方式来区分。通过整理和安排卵石也可以玩许多种游戏。

弗雷格是对的。密尔在这部明确的著作中出现了失误，而且他也没有对这种失误进行任何辩护。在这里，密尔必定是不知不觉地对一些压力作出了反应，而这些压力正是导致弗雷格得出下列主张的压力，即各种数根本不是对象所内在固有的，而是取决于人们看待对象的方式。从社会方面对弗雷格的客观性定义的解读，为我们提供了有关怎样才能运用密尔的基本研究方法来调和他这种粗心大意的和前后不一致的真知灼见的线索。

让我们考虑一下谈论对对象进行排列、分拣和展示的“富有特色的方式”的过程包含着什么内容。它包含着与各种典型模式、常见模式甚至还有传统模式有关的涵义。也许有人能够根据某种小地毯上编织的富有特色的图案，识别出这种小地毯是由世界上哪个地区生产的。富有特色的模式或者展示（display）时常是社会的存在物，而不是个人的存在物。所以，密尔在无意之中所做的事情就是表达了下列观念，即对对象的任何一种安排，或者说对对象的任何一种排列过程和分拣过程，都不可能与它们那作为有关数学的范式性经验而存在的运作过程无关。就可以用卵石来玩的所有不计其数的游戏而言，只有某些模式可以用来达到特殊的、形成排列和分拣卵石的“富有特色的方式”的地位。同样，对于一个由传统纺织者组成的群体来说，所有有可能编织在某种小地毯之上的图案并不具有同等重要的意义。正像对于那些将要学习数学的人来说有规范可依那样，那些编织地毯的人 100
也是有规范可依的。的确，某些有助于确立一套观点的考虑，很可能与那些为确立另一套观点发挥作用的考虑并非风马牛不相及。这两种观点都诉诸某种天生的秩序感和对称感，诉诸令人愉快的重复，诉诸那些有关简洁巧妙的内涵和结尾的可能性，诉诸各种流畅的过渡和联系。

弗雷格所猛烈攻击的正是密尔的理论给出的下列暗示之处，即要想使人们用来经验各种对象之属性的那些多种多样的方式变得有条不紊，就需要增加某种社会学成分。密尔的论述表明，他虽然已经对这种社会成分作出过反应，但是他又让它从自己的手中溜掉了。密尔的理论正是由于缺少这种成分，所以才受到了弗雷格的所有那些批评。对于弗雷格的立场来说，下列思想是至关重要的：密尔的理论本身所涉及的仅仅是各种情境的物理方面。它在把握一种具有数学性质的情境究竟是什么样子的过程中并没有获得成功。现在，我们可以把这种没有得到论述的成分，定位在因循惯例性、典型性，以及所有那些使某些模式获得了“富有特色的”地位的性质之中。

显然，这些富有特色的模式围绕着具体说明数学的推理步骤的某种气氛、某种氛围（feel），而我们现在可以确定，这种氛围就是某种社会氛围。正是与制度化有关的努力和研究工作灌输了某种特殊的成分，并且使某些排列、分拣以及安排对象的方式受到了注意。无论一种理论的基础多么富有希望，如果它试图使数学植根于对象本身，同时却又无论如何都没有把握或者表达出下列事实，即人们是把某些模式专门挑选出来，并且赋予某种特殊地位的，那么它就会具有某种隐蔽的缺陷。这样，我们就可以理解伯特兰·罗素怎么可能在《出自记忆的肖像》(1956 年版）这部著作中写出下面这段话了：

> 我在 18 岁时阅读了密尔的《逻辑体系》，我在那时对他的行为有非常强烈的爱好；但是即使在那时，我也无法相信我们对“二加二等于四”这个命题的接受是从经验出发进行的某种一般概括。我对于有关我们怎样得到这种知识的说法感到非常迷惑不解，但是这种知识让人觉得非常与众不同……（第 116 页）

为密尔的理论引进某种合乎规范的、能够公平对待富有特色的分拣对象的方式的成分，绝不会破坏这种理论所具有的基本的自然主义要旨。认为对象的行为为我们的思维过程提供模型的核心思想仍然会被保存下来。这里的区别在于，现在，并不是任何一种这样的行为都可以作为某种模型发挥作用，而是只有某些得到社会确定的或者仪式化的模式才能发挥这样的作用。

然而，这里还有一些反对意见需要克服。弗雷格曾经问什么样的
101 经验或者物理事实与数量非常多的数相对应——的确，也可以说与 0 和 1 这些数相对应。难道某个人曾经经历过与 1 000 000＝999 999＋1 相对应的经验吗？而且，如果各种数都是外部对象所具有的属性，那么我们为什么还能够合情合理地谈论那显然没有外部对象的三种观念或者三种情绪呢？

弗雷格关于“一”这个数所提出的主张是，单纯地经验“一个事物”与遇到一“这个”数并不是一回事，因此，在一种情况下运用这部不明确的著作，与在另一种情况下运用这部明确的著作也不是一回事。就有关“一”的经验而言，弗雷格显然是正确的。它并不是某种随机出现的东西，而是人们出于某些特殊的意图——主要是出于已经

仪式化的进行计数的意图——以某种特殊的方式来看待的东西。它并不与一个事物相对应，而是与任何一个被人们通过某种富有特色的模式、当作一种成分来看待的东西相对应的。这个数扮演了这种角色，而我们绝不能把它与无论什么随遇而安地占据这种角色的东西混为一谈。与这个数联系在一起的经验，是关于那些在各种富有特色的模式中、在对各种对象进行分割的过程中被赋予了角色的对象的经验。

与零联系在一起的经验情况又怎么样呢？弗雷格得意洋洋地提出了下列主张，即任何人都从未经验过零个卵石。从某个方面来看，这样说是正确的。他然后提出的主张是，包括零在内的所有各种数都具有同样的地位。因为零不可能具有与之相对应的经验，所以弗雷格主张，经验在我们有关其他数的知识中也发挥同样的作用。

这种假定，即各种数就其本性而言都具有同样的性质，看上去是非常有道理的。但是，我们也可以轻而易举地用它来反对弗雷格的理论，用它来扶持经过修正的密尔的理论。之所以如此，是因为认为各种数都具有与各种角色和制度有关的地位的观念，很可能就零这个数而言比就其他任何数而言都更加令人向往。我们很容易把它当作一种方便的手段或者惯例来考虑，很容易把它当作发明和引进的东西，而不是当作发现或者揭示出来的东西来考虑。根据同质性的理由来看，如果零是一种具有惯例性的人造物，那么其他的数也同样是如此。

下一个问题与那些非常大的数有关。我们显然不能以对五个对象或者十个对象进行分拣的方式，对一百万个对象进行分拣。算术既适用于非常大的数，也适用于非常小的数，因此，难道这一点不意味着，它独立于我们的经验所昭示给我们的东西而存在，而且它的本性必定与经验毫不相干吗？

这里显然存在就说明下列事实而言的两种选择，即经验和数学只是在有限的程度上有所交叉。我们要么以弗雷格所选择的方式来解释它——在这种情况下，数学与经验的微弱联系和对应仅仅是偶然发生的；要么可以用这个事实把至关重要的意义赋予数学与经验的这种有 102
限的联系——在这种情况下，我们就必须证明其他所有的东西都是从这种联系环节中产生的。这正是密尔所进行的探讨。

要想对付弗雷格的挑战，密尔的理论必须表明经验怎样才能使各种数学观念产生出来，怎样通过把它们从产生它们的情境中抽象出来而赋予它们发挥作用的手段。它必须表明可以把处理很大的数的算术案例看作是一种派生性的案例，这种案例依赖于那些可以与经验情境直接联系起来的案例。可以用来表明这样一种过程怎样才可能发挥作用的手段已经是现成的了。下列观念就隐含着这种手段，即那些处于我们的经验范围之内的对象的模式，都可以作为模型而发挥作用。因为我们可以考虑一下各种模型发挥作用的方式，考虑一下当一种经验以另一种经验为模型而形成的时候会发生什么事情。在这种情况下出现的结果，恰恰是把派生性的行为与它以之作为模型的那种行为分离开来。在这里，我们可以考虑一下编织地毯的工人。这些织造工通过观察其他织造工，并且和他们一起工作，学会编织图案花纹的方式。然后，他们就可以习惯成自然地操作了，而且还能够在新的情况下运用和重新运用这种技术。例如，他们能够着手编织一种比他们所曾经看到的其他任何一个人编织的地毯都大的地毯，而他们只需要学过编织小地毯，并且进行过实践就可以这样做了。他们都是这样，这一点就具有技术的本性。所以，我们可以把对算术的说明建立在范围有限的经验基础之上——只要这样的经验可以提供各种能够无限运用和扩展的模型、惯例以及技术就可以了。密尔的理论与那在一些本身无法通过我们的经验得到直接说明的领域中发挥作用的算术，并没有任何不相容之处。

弗雷格提出的最后一种反对意见，旨在揭示一个相关的而且也是最重要的观点。他所提出的问题是，根据密尔的理论，我们怎么可能——就像我们在谈论猜忌、妒忌以及贪欲是三种不同情绪的时候所做的那样——谈论有关非物质事物的数呢？弗雷格因此提出：

> 如果一种从外部事物之中抽象出来的属性，可以在不发生任何意义变化的情况下转移到各种事件上去、转移到各种观念和概

> 念上去，那么这的确是非常引人注目的。其结果也许就和谈论可以熔化的事件、蓝色的观念、具有咸味的概念或者黏稠的判断一模一样。（第 31 页）

这个争论点是至关重要的，因为就一般的理解而言，它提出了关于密尔怎样才能说明算术的普遍性的问题。

要想回答这个问题，就必须再一次集中注意使那些简单的经验情境能够作为模型发挥作用的方式。这些情境必定是这样的，即人们可
以用算术来处理的所有各种案例，可能都与它们相似。例如，根据这 103
种理论，我们谈论三种观念的做法之所以合情合理的理由必定在于，我们乐意而且能够——就像各种观念都是对象那样——谈论各种观念。只要我们准备运用这种有关对象的隐喻，我们就可以运用我们的算术。

这种对弗雷格的挑战的回答是值得详细论述的。它为检验下列假说提供了一个出色的案例，即对算术的运用取决于把每一个案例都与和对象有关的行为等同起来。这个问题也就是：当我们思考各种心理现象的时候，我们确实是把各种对象当作模型或者隐喻来运用的吗？而且这些模型或者隐喻确实为把各种算术运算和数运用于这些心理现象提供过途径吗？如果存在这样一种倾向，而且它甚至在有限的程度上是成功的，那么对于运用这种对象隐喻的自然而然的强烈愿望来说，这就是一个证据。这是因为就其本性而言，各种心理现象都距离物理现象非常遥远，因此，我们只能期望它们服从以这种方式进行思考的最明确的努力和最强烈的倾向。我们可以用两个例子来表明，这种使心理过程等同于对象的倾向，确实以目前这种理论所要求的方式存在并发挥作用。

彭加勒[1]在其《科学与方法》（1908 年版）中，曾经对他如何得

① 彭加勒（Henri Poincaré，1854—1912）：也译“庞加莱”，法国著名数学家、理论天文学家、哲学家，著有《位置分析》、《天体力学新方法》、《科学与假设》、《科学的价值》、《科学与方法》等。——译者注

出他的一个数学发现作出过一个著名的反省性的说明。在这里，令人感兴趣的并不是这种发现是数学发现，而是他于无意之中用来表达他在一个文思泉涌、难以入睡的夜晚所具有的心态的语言。彭加勒对他那些观念的谈论非同一般，就好像它们都是关于气体运动的理论所说的那些分子那样——它们急速地流动着、互相碰撞着，甚至还不断结合在一起。他承认这种比喻并不贴切，但是尽管他作了各种各样的保留，他仍然是用这种方式来表达他自己的思想的。当然，在采用这种与原子论有关的隐喻的过程中，彭加勒所遵循的是一种历史悠久的"心理学原子论"传统。这里的关键之处并不是这种传统或者彭加勒本人是否正确。关键在于，无论这种倾向是对还是错，它都使用了这个已经存在的隐喻。我们可以用这个隐喻来说明弗雷格认为永远无法根据密尔的理论来说明的东西：把数运用于观念的过程，以及这种数的一般运用过程的机制。

也许有人会提出下列反对意见，即彭加勒的论述既松散又通俗，因此，它实际上并不能证明与我们运用各种算术概念的方式有关的任何严肃的东西。第二个更加明显地与科学有关的例子也同样可以证明这一点，而且它也更加符合弗雷格的挑战所具有的那些方面：怎样才能把各种数运用于心理状态呢?

19 世纪心理学所取得的重大成就是，发现了从数学角度理解各
104 种心理过程的方式，尤其是对韦伯①—费希纳②定律进行了系统表述。这种定律表明，一种感觉的强度是与刺激的对数成比例的。取得这种成就的基本步骤是，发现某种对心理过程进行切割的方式，从而使这

① 韦伯（Ernst Heinrich Weber，1795—1878）：德国解剖学家、生理心理学家，他系统论述了差别阈限与标准刺激的关系，即被人们称为"韦伯定律"的规律：差别阈限与标准刺激成正比，而且这两者的比例是一个常数。著有《论触觉》、《触觉与普通感觉》等。——译者注

② 费希纳（Gustav Theodor Fechner，1801—1887）：德国物理学家、哲学家、心理物理学家、美学家，他设计了一个方程式来表达"韦伯定律"，但是人们后来发现他的方程式只适用于表达中等刺激强度，因而只是近似正确。著有《电路质量的测定》、《心理物理学原理》、《实验美学论》、《美学导论》等。——译者注

些被切割的部分可以得到计算。这样，我们就可以运用算术的全部手段乃至最后运用微积分，来形成对这种定律的数学表述了。用于获得这些经过切割的和可以计算的单位的手段，也就是引进“刚刚可以觉察的差异”这个概念。音量或者重量会逐渐增加，直到作为被试的主体觉察到这种变化为止。他们发现，这种刚刚可以觉察的差异的范围与当初刺激的范围成比例。根据密尔的算术理论，这种切割过程是使正在被讨论的主体集中注意强加给他的事物或者对象的类比的手段，所以那些数学常规才能得到运用。它是一种被用来把各种心理状态安排成可以计算的事物的手段，因而是一种进一步扩展有关不相关联的对象的隐喻的手段。

如果这些论断是正确的，那么人们就确实可以说，算术的领域就是与物质对象有关的隐喻的领域。只要我们可以把事物看作是我们能够从想象的角度进行排列和分拣的对象，我们就能够从算术角度对它们进行计数和计算。存在于算术和世界之间的这种过渡或者联系环节，也就是人们从隐喻角度把当初并不相似的对象等同起来的联系环节。这就是有关算术的广泛适用性的一般问题的关键。通过把这个问题看作是与任何一种科学理论或者科学模型的普遍性都有关的一个特殊案例，密尔的理论便解决了这个问题。与简单的对象有关的构成算术之基础的行为，可以作为说明与其他过程有关的行为的理论而发挥作用，而且正像就所有各种得到运用的理论而言所出现的情况那样，这个问题是一个有关学会如何把新的情境看作是与那些旧的、更加熟悉的情况有关的案例的问题。相形之下，弗雷格所具有的把算术概念看作是纯粹的和脱离了物质对象的东西的倾向，在数学和这个世界之间划出了一条鸿沟。密尔的理论不需要在不同的领域之间架设任何危机四伏的桥梁，因为它从这个世界中诞生，并且是从那些比较小的经验性开端出发成长起来的（关于各种模型和隐喻在科学思想中所发挥的作用，参见 Hesse，1966 年版）。

第六节 总结和结论

关于数学的心理学理论所具有的重要意义在于，它提供了一种对数学知识之本性的经验性探讨。密尔的《逻辑体系》提供了下列基本观念，即各种物理情境都可以为数学推理的步骤提供模型。正像罗素
105 在年轻的时候所看到的那样，他并不觉得这种说明是正确的。这里有某种东西被忽视了。弗雷格的反对意见已经表明了这种被忽略的成分是什么。密尔的理论并没有公平地对待数学知识的客观性。它并没有说明数学的推理步骤所具有的强制性，它也没有说明为什么数学的结论看上去似乎不可能是其他的样子。的确，密尔的那些标准的情境都具有某种形式的自然力量。我们不可能对各种对象随心所欲地进行排列和分拣。它们并不会使我们的所有愿望都得到实现，而且从这种程度上说，它们把自身强加给了我们的心灵。然而，这种情况并不会使它们披上权威的外衣。我们仍然能够自由地设想各种对象都有可能不像它们现在这样发挥作用，不过就数学而言，我们就感觉不到同样的自由了。因此，逻辑学具有与伦理学的权威相似的权威。既然权威是一个社会范畴，认识到各种社会制度都完全可以满足弗雷格对客观性的定义，就因此而具有了非常重大的意义。这样，密尔的心理学理论就从社会学的角度得到了发展。这里的心理学成分为各种数学观念提供内容，而社会学成分则研究论述对各种物理模型的选择、说明这些模型所具有的权威光环。在下一章里，我们将更加详细地考察这种权威所恰好具有的本性，以及它实际上是怎样发挥作用的。我们到那时就可以发现，经过社会学扩展的密尔理论是可以克服弗雷格那些剩下的论断的。这些论断涉及对诸如“一”（unity）和“零”这样的数的分析。通过考察与模型和隐喻有关的概念，我们还可能克服弗雷格进一步提出的有关涉及数目较大的算术及其广泛的运用范围的论断。

就把这种经过修改的密尔理论回过头来与数学现象学联系起来的过程而言，这里还存在两个问题——其中一个问题比较重要，另一个

问题则不太重要。不太重要的问题涉及我们前面注意到的一种感受，即对于数学来说，某种实在是需要说明的。根据目前这种理论来看，这种感受既是合情合理的，也是可以说明的。这种实在的组成部分之一是物理对象的世界，它的另一个组成部分则是社会。不过，有时候也有人说纯粹的数学是“关于”某种特殊实在的，持这种观点的人在这里所指的是某种被断言的“数学的实在”。这样，物理世界作为一个候选对象就被排除在外了。那么，目前这种理论能够使这些人模模糊糊地感觉到数学与社会有关吗？这样一种陈述看上去确实非常奇特，但是如果数学是关于数及其各种关系的，如果这些数和关系都是社会的创造物和社会惯例，那么数学就的确是关于某种具有社会性的东西的。因此从间接的意义上说，它就是“关于”社会的。在与迪尔凯姆所说的宗教是关于社会的意义完全相同的意义上说，它是关于社会的。它似乎要表现的实在代表了某种经过变形的、对人们已经投入到它之中的社会劳动的理解。从目前的观点出发来看，关于数学概念的现象 106
学既模糊不清又摇摆不定，这是一个最令人感兴趣、最鼓舞人心的事实。例如，虽然有人有时候说各种数学命题都是某种特殊的实在的，但是他们有时候也说它们是这种实在的一个组成部分。人们总是对这里所涉及的这种联系或者参与方式作出暗示，却从来没有将其清楚地表达出来——正像弗雷格含糊不清地谈论“在概念中发现数”、谈论纯粹概念对于理智来说所具有的“透明性”，而不是在谈论作为概念而存在的数的时候所发生的情况那样。如果我的理论可以抓住某些更加重要的事实，并且可以指出一些明确的发展线索，那么即使面对如此没有希望、如此不准确的观念，它也能够有理有据地坚持它的立场。

更加重要的问题涉及数学所具有的独特性。人们对这一点几乎没有进行过什么论述。不过，根据目前这种理论来看，认为数学具有独特性的信念，与认为存在某种独特的伦理学真理的信念无疑具有完全相同的地位。但是，如果历史可以具体表明伦理信念的多样性，那么它难道不能具体表明数学所具有的独特性吗？这些事实难道不是驳倒了认为逻辑的强制性实际上具有社会性的主张吗？这个争论点是我们下一章的论题。

第六章　可供替代的数学能够存在吗？

107　对于某些社会学家来说，认为数学可以发生变化的观念就像社会组织可以发生变化那样，都是极端荒谬的错误（Stark，1958 年版，第 162 页）。斯塔克（Stark）接着指出："的确，只有一种关于数的、其内容永远具有同一性的科学能够存在。"（第 162 页）

只有少数几位著作家反对这种从表面上看显而易见的事实。其中的一位著作家是奥斯瓦尔德·施本格勒[①]，现在已经没有多少人读他的著作了。他那曾经流行一时的著作《西方的没落》（1926 年版），包含着论述这个论题的既冗长又具有巨大吸引力的、有时有些含糊不清的一章，其标题为"数的意义"。意味深长的是，这一章在这部著作的一开始就出现了，因而显得非常显眼。施本格勒所要断言的是，"数本身并不存在，而且也不可能存在。有几个世界之所以存在，是因为有几种文化存在"（第一卷，第 59 页）。

有人说维特根斯坦曾经读过施本格勒的著作，并且留下了深刻印象（Janik and Toulmin，1973 年版，第 177 页）。他也把这种"极端

---

① 施本格勒（Oswald Spengler，1880—1936）：德国哲学家，著有《西方的没落》等。——译者注

荒谬的错误”包含在他那具有社会学取向的《论数学的基础》(1956年版)之中了。这一点也许可以说明他相对来说忽略了那部著作。对维特根斯坦的其他著作了如指掌的哲学家们，在他对数学的说明中却时常区分不出多少连贯性或者意义(Bloor，1973年版)。

为了确定可供替换的数学是否能够存在，提出下列问题是非常重要的：诸如此类的事物看上去是什么样子?它们通过哪些指号可以得到识别?我们可以把什么看作是一门可供替代的数学呢?

第一节　可供替代的数学将是什么样子? 108

这个问题的一部分答案是很容易给出的。可供替代的数学看上去可能是错误的或者不确切的。我们的数学的某种真正的替代物，也许必定会使我们走我们并不会自然而然地倾向于走的那些道路。至少它的某些方法和推理步骤必定会违反我们有关逻辑适当性和认识适当性的意识。我们也许会看到人们正在得出我们根本不同意的那些结论。我们也许会看到人们接受那些与我们所同意的结果有关的证据，但是这些证据在这里却似乎根本不能证明任何东西。我们在这种情况下就会说，这门可供替代的数学所得出的结论是歪打正着了。反过来说，也许我们认为那些既清晰又具有说服力——从我们的立场出发来看具有说服力——的推理线索，却遭到了人们的拒斥或者忽视。也许一门可供替代的数学，会通过整整一组与我们的数学完全格格不入的意图和意义体现出来。它的要点在我们看来也许几乎是无法理解的。

虽然可供替代的数学看上去似乎是错误的，但是任何错误都不会构成可供替代的数学。我们最好把某种错误看作是对某种清晰的发展线索的比较轻微的偏离。当代中小学生的数学所特有的表现风格并不构成一门可供替代的数学。所以，我们所需要的并不是错误，而是某种另外的东西。

可供替代的数学所包含的“错误”，必定是某种基本的、系统的、难以驾驭的东西。我们认为错误的这些特征，也许都被这门数学的实践者们看成了协调一致的、富有意义地互相联系在一起的东西。他们很可能就任何对它们作出反应、就任何发展它们、就任何解释它们以及就任何把他们的思想风格传给后人，达成了一致意见。这些实践者必定会以某种对于他们来说是自然而然的和具有说服力的方式，对这种数学进行研究。

当然，可供替代的数学所具有的各种难以克服的错误，还可能以另一种方式使它与我们的数学有所不同。可供替代的数学也许并不具有连贯性和一致同意性（agreement），而且它很可能正是在缺乏共识这个方面与我们的数学不同。对于我们来说一致同意性是数学的本质。而可供替代的数学则可能是一种其中流行辩论的数学。这种数学的拥护者们也许认为这种缺乏共识恰恰属于这项事业所具有的本性，就像许多地区的人们都认为宗教是一个与个人的良心有关的问题那样。认识方面的宽容也许会变成数学的一种美德。

109 对于目前这些意图来说，这一系列具体说明已经足够了。如果说还有什么东西可以满足它们，也只有称它为可供替代的数学所依赖的那些充分理由了。

有人也许会提出下列反对意见，即对这些条件的满足所表明的是，错误也可以是基本的、系统的和难以克服的。已经制度化的各种逻辑模式难道真的与那些个别错误同样荒谬吗？为了弄清楚应当如何对这种反对意见作出反应，让我们考虑一下下列问题：可供替代的道德有可能存在吗？设想一下人们是在一个对道德绝对信任的时代提出这个问题的。假定这个时代的人们都认为道德规范是由上帝赋予的。这种充满自信的立场显然可以表现什么是正确的。因此，对这种立场的任何一种背离都必定是错误的——因此，所谓可供替代的道德怎么可能存在呢？难道道德上模棱两可的行为或者暧昧不明的行为不违反上帝的本性吗？

唯一能够使我们对道德绝对主义者作出回答的方式是说，可供替代的道德将是一种使人们把道德绝对主义者认为是罪恶的东西，系统地看作是理所当然的东西的道德。他们使这些东西交织起来，构成他们认为理所当然的，并且传之于子孙的某种生活方式。因此，在我们的社会中，不应当把可供替代的道德与犯罪行为等同起来，因为尽管这种道德由于违背我们的规范而引起了我们的注意，但是它本身就是一种规范。道德绝对主义者将会通过提出下列看法而拒不考虑这种观点，即根据某种社会尺度或者国家尺度来看，不道德也仍然是不道德，这是理所当然的。制度化的罪恶仍然是罪恶；那些为人们所喜欢的社会也可能是罪恶的社会。

对于科学研究来说，这种道德立场显然会被另一种与众不同的道德命令所推翻：它就是对某种超然的和具有普遍性的视角的要求。因此，只要那些可供替代的道德体系似乎在一种文化中被确立起来并且根深蒂固了，人类学家们就会为谈论这些道德体系做好准备。就数学而言，如果要想使谈论某种可供替代的数学的做法合情合理，这也是一种必须加以确定的特征。

然而，这里还有一种更加复杂的、我们必须加以注意的因素。从很大程度上说，这个世界并不是由那些孤立存在的、独立自主地发展其道德风格和认识风格的文化组成的。这里既存在文化之间的接触，也存在文化的扩散和传播。只要这个世界从社会角度来看具有混合性，那么从这种程度上说，它从认识角度和道德角度来看也就同样具有混合性。而且和道德一样，数学也是为了满足那些就其生理机能和物理环境而言有大量共同之处的人的需要而被设计出来的。因此，这种因素也是一种发挥使人们走向统一、走向由认识风格和道德风格组成的背景的作用的因素。我们必须在这些自然而然的限制内部寻找可供替代的数学。而且，这种统一和共识——只要它们存在——也可以 110
从因果关系角度加以说明。假定任何含糊不清的数学实在都毫无必要。唯一需要诉诸的实在是那些在经过修正的密尔理论中被假定的实在——也就是说，是自然世界和社会世界。从经验性社会科学的观点出发来看，这里的争论点是，怎样才能用各种自然原因来说明人们已经观察到的统一模式和信念的变化——也就是说，这些统一和变化将会以什么样的命题表现出来。

我将对数学思想中的四种变化类型提出具体说明——就其中的每一种变化类型而言，我们都可以追溯其社会原因。这些变化类型是：(1) 数学所具有的广泛的认识风格的变化；(2) 人们认为是由数学造成的，与各种联想、关系、用法、类比以及形而上学涵义有关的框架的变化；(3) 人们赋予各种计算过程和符号操纵过程的意义所发生的变化；(4) 被人们认为可以证明某种结论的推理过程的严格性和类型所发生的变化。我将在下一章考察第五种变化的根源。这种变化是在那些——被人们认为是不证自明的逻辑真理的——基本思想运作过程所具有的内容和用法方面发生的变化。

涉及认识风格的第一组例子，将表明希腊人的数学和亚里士多德学派的数学所具有的那些方面，与当代数学的相应部分所形成的对照。

第二节 “一”是数吗?

就早期希腊人的数学而言，下列陈述都是老生常谈：“一”并不是一个数；“一”既不是一个奇数，甚至也不是偶—奇数（even-odd)；“二”也不是偶数。今天，所有这些主张都被当作错误的主张而受到了拒斥。对于我们来说，“一”与任何其他数毫无二致地都是数。就其论断而言，弗雷格只可能引用这种思想本身，而不会引用第二种思想。此外，“一”是一个奇数与“二”是一个偶数毫无二致，而且诸如偶—奇数这样的范畴并不存在。那么，希腊人究竟是怎么想的呢?

他们之所以说“一”不是数，是因为他们认为它是出发点，或者说是数的母点（generator)。当我们说“一些人去听讲座了”的时候，希腊人所说的意义与我们所说的意义很相似，其涵义都是说去听讲座的不是一个人。当亚里士多德在其《形而上学》说：“‘一’指的是对某些多数的测度，而‘数’则指的是某种经过测度的多数，或者多种测度。所以，‘一’当然不是数；这种测度并不是复数，但是无论是它还是‘一’，都是出发点。”（Warrington，1956 年版，第 281 页；N I 1087b33）①

偶尔会出现这样的情况，即有人试图把“一”当作似乎作为一种数而存在的东西来谈论。因此，公元前 3 世纪的克里西普斯②就曾经谈论过“众多的一”。而扬布利库斯③则曾经把这种说法当作一种矛 111
盾来拒斥。托马斯·希思爵士（Sir Thomas Heath）在其《希腊数学史》（1921 年版，第一卷，第 69 页）中曾经引用过这个例子；他指出，克里西普斯那不同凡响的观点之所以重要，是因为它是一种“把‘一’引进‘数’这个概念的尝试”。换句话说，它之所以重要，是因为它是一种对我们的观点的预示。从今天的观点出发来看，也许它作为一种对逻辑混乱之本性的评论更令人感兴趣，因为扬布利库斯曾经提出过这样的指责。扬布利库斯曾经认为是纯粹的逻辑混乱的东西，我们却理所当然地认为是显而易见的东西。所以，也许我们认为是逻辑谬误的东西终有一天会成为不证自明的真理。也许人们认为是谬误的东西，有一天会成为被认为是理所当然的、基本的分类过程所具有的一种功能。早期希腊人对数进行分类的标准显然与我们的标准不同。因此，人们将把不同的事物看作是对规则和连贯性的违反，并且因此而把不同的事物看作是混乱和矛盾。

希腊人对数的分类有一部分与我们的分类相同。他们也把数分为奇数和偶数。那么，有关应当把“一”当作偶一奇数来分类的观念又是怎么回事呢？这是因为“一”既产生了奇数，又产生了偶数，所以

---

① 这里的译文系根据此处的原文引文译出。——译者注

② 克里西普斯（Chrysippus，约公元前 279—公元前 206）：索罗伊的希腊哲学家，使斯多葛学派的哲学系统化的主要人物；据说他是最早把命题逻辑组织成智力学科的人物之一，著有 750 部著作。——译者注

③ 扬布利库斯（Iamblichus，约 245—325）：新柏拉图主义哲学的重要人物，著有《论埃及的神秘宗教仪式》、《为哲学进一言》、《论普通数学》、《论尼各马可的算学》、《神学的算学》等。——译者注

它必定分有这两种数的本性。它这种跨越奇—偶数两分法的情况，表明了它的起源或者源泉。在这里，我们还可以看到人类学方面的某些相似之处。那些有关创世的神话时常诉诸一些事件，而这些事件所违反的恰恰是它们打算说明的各种范畴和分类。正像我们那有关亚当和夏娃的神话所表明的那样，当人们讲述有关他们的宇宙的故事的时候，他们经常援引诸如乱伦这样的过程作为例证。在这里，"一"同样被赋予了某种相似的违反范畴的地位。人们也许会因此而期待神话所具有的其他属性与这种地位相一致。事实将会证明，这种期望是正确的。

人们有时也否认"二"具有数的地位，因为那些偶数都是它产生的。不过，与认为"一"不是数的观念相比，这种分类并不常见，当然也就更谈不上长久流传了。

难道这些观点都是出于孤立的好奇之心，是我们能够［像（Van Der Waerden，1954 年版）所做的那样］把它们纯粹当作"遁词"而不予理会的东西吗？如果我们的目的是尽可能地用现代的术语来重新建构希腊人的数学，那么的确，这个问题就可能不具有多少重要意义。另一方面，这些分类方面的差异也许表现了某些更加深刻的东西——表现了希腊人的数学和我们的数学在认识风格方面某种差异。雅各布·克莱因在他那既难读又富有魅力的《希腊数学思想和算术的起源》(Jacob Klein，1968 年版）中所采取的，就是这种观点。

克莱因所坚持的论点是，认为人们曾经把某种单纯的、从未间断
112 的意义传统赋予了数这个概念是错误的。单纯的增长并不足以表现从毕达哥拉斯和柏拉图开始，经过 16 世纪诸如维塔①和斯蒂文②这些大数学家之后，一直到现在出现的各种变化所具有的特征。他的观点并不是说，数这个概念一直在经历某种扩展——首先把有理数包含在

① 维塔（Francois Vieta，1540—1603）：法国官吏、律师，著名数学家，由于把符号引入代数而对数学的发展作出了巨大贡献，著有《标准数学》等。——译者注

② 斯蒂文（Simon Stevin，1548—1620）：荷兰数学家，曾做过商店伙计，促进了使用十进位小数的标准化进程，著有《十分之一》、《力的静力学和流体力学》、《小数》等。——译者注

内，之后把实数包含在内，最后把复数包含在内的那种扩展。毋宁说，他所要表明的是，在他所说的数的“意向”（intention）中已经发生了某种变化。因此，克莱因争论说，当文艺复兴时期的代数学家们吸收——比如说——亚历山大时期的数学家丢番图[①]的著作的时候，他们同时也在对它进行重新解释。我们在数学传统中所看到的连续性是某种人造物。它是由于我们在无意之中、在以前的著作中解读出了我们自己的思想风格而产生的。

克莱因所识别出来的古代的数的概念和现代的数的概念之间的差异是：对于古人来说，数始终是一个有关此物或者彼物的数。它始终是某种明确的量，始终指涉一组存在物。这些存在物有可能是感知的对象，诸如牛；也可能是思想从任何一种特定的对象出发，以抽象的形式设想的一些纯粹的单位。克莱因争论说，这种数的概念与目前的各种算术运算过程中所流行的数的概念根本不同。克莱因指出，在这里，必须从符号的角度来设想数，而决不能将其设想成某种明确的关于事物的数。虽然我们有时候要想确切地把握克莱因所说的“符号”究竟是什么意思有些困难，但是这种主张的实质内容却是既清楚又重要的。我想通过在下面表达克莱因对丢番图的著作的讨论，来表达他的观点。为了使这些观点尽可能具体，我将提出某些直接引自丢番图的著作的简单例子。这些例子都来源于希思的译文和评论（1910 年版）。

丢番图那简短的著作虽然被称为《算术》，但是要想理解人们为什么通常把它看作是一部代数学著作并不是很困难的。在这里有一个从这部著作中选出的典型问题，它就是第二卷的问题 9：“把一个诸如 13 这样的、作为 4 和 9 这样的平方之和而存在的数，分为另两个平方。”丢番图指出，由于这个问题所给出的平方分别是 2 的平方和 3 的平方，所以他可以认为（$x+2$）的平方和（$mx-3$）的平方就是他所要寻找的那两个平方，并且接下来可以断定 $m=2$。因此，丢番

---

① 丢番图（Diophantus，约 246—330）：希腊数学家，以代数研究闻名于世，曾把符号引进希腊代数，称之为“算术”，用来表示一组未知的量，著有《算术》等。——译者注

图已经把寻找两个未知的平方的问题归结为寻找一个未知的量的问题。他通过把这两个未知数联系起来做到了这一点。这样他就得到了：

$$(x+2)^2+(2x-3)^2=13\text{，因此 } x=\frac{8}{5}$$

所以，他所寻找的平方是$\frac{324}{25}$和$\frac{1}{25}$

这种计算显然是今天的人们所认为的代数学计算。它具有一个未
113 知的量，人们建立起一个等式，并且通过计算把这个未知量的值揭示出来。但是，对于现代的读者来说，一旦他们遇到某些奇性（oddities)，这种观点就显得平淡无奇了。概略地考察一下丢番图的著作，马上就可以看出他的思想与存在于当代基本代数学背后的思想之间的区别。例如，丢番图的代数学的全部内容在于寻找那些非常明确的数。他运用的这些代数计算过程所具有的普遍性，与我们今天运用的这些过程的普遍性并不相同。现在，它们始终受到那些数字方面的问题的影响。因此，就我们上面引用的这个例子而言，丢番图为了得出能够满足所要求的条件的两个数，引进了一些非常特殊的假定。无论代数在哪里得出我们将称之为负数的结果，丢番图都会把当初的问题当作不可能解决的问题，或者当作表述错误的问题而加以拒斥。同样，当他研究一个可以用二次函数等式来表示的问题的时候，他通常都是只给出满足这些等式的两个值之中的一个值。甚至当这两个值都是正数的时候，他也是这样做的。

让我们考虑一下选自《算术》的另一个问题，即第二卷的问题28。这个问题也可以说明丢番图的思想风格与现代思想风格之间的差异。“找到两个平方，使其乘积与其中的任何一个平方的和也是一个平方。”希思曾经给出了下列对丢番图的推理的现代表述。假设 x 的平方和 y 的平方是所要求的数，它们所必须满足的条件是：

$$x^2y^2+y^2\text{ 和 }x^2y^2+x^2$$

都是平方。现在，如果 x 的平方加上一是一个平方，那么这些条件

之中的第一组条件就是一个平方。然后，丢番图就假定可以使这一点等同于所有（$x-2$）的平方，因此 $x=\frac{3}{4}$。而把这个值代入第二个等式就意味着：

$$9(y^2+1)/16$$

必定是一个平方，丢番图在这里假定：

$$9(y^2+1)=(3y-4)^2$$

因此 $y=\frac{7}{24}$。所以，所要求的这两个平方是$\frac{9}{16}$和$\frac{49}{576}$。

这种对丢番图的推理过程的说明，揭示了这整个论证过程服从寻找明确数值的目标的方式。然而，这里的最重要之处在于，我们上面提到的希思的表述，实际上与丢番图自己的推理思路并不完全相同。这种表述是一种经过更新的重构，它以一种与当初的形式截然不同的方式把这种推理思路表达了出来。希思非常清楚地使人们注意到了这个事实，而且特别表明了他的重构过程是通过引进 x 和 y 这两个未知变量来进行的。他已经说明，丢番图只是以一个未知变量来进行研究，而这个未知变量始终是由 S 来表示的，因此，“我们在这种情况 114
下就可以说，丢番图通常不得不根据一个变量来表达他的所有未知数，或者说把他的所有未知数都表达成一个变量的函数”（第 52 页）。

这种评论有助于表明，当克莱因说丢番图得到了现代思想家们系统的重新解释的时候，他所想的是什么。应当注意的是，希思曾经把 S 这个符号当作一个“变量”来谈论。这表明，他在对丢番图的论证过程的重构过程中所做的，只不过是通过以两个变量来代替一个变量，使推理步骤变得更加简略而已。克莱因坚持认为，丢番图的符号 S 根本不是一个变量，而把它当作一个变量来看就会歪曲希腊数学的一个预设前提。从希腊数学家的立场出发来看，符号 S 只能指涉一个特定的未知数。相形之下，各种变量都不表示特定的未知数。正像它们的名称所表明的那样，它们所代表的是整整一批不断变化的、服从某种规则或者法则的值。

我们可以用初等学校的代数来具体说明与未知数不同的变量所具有的特征。在这样的初等代数中，诸如：

$$y=x^2+x-6$$

这样的等式要么被表现成关于某种曲线的等式，要么很快就会被当作有关这种曲线的等式来考虑。在这里，图 5 看来就是这样的曲线。随着等式中 x 和 y 所具有的值的不断变化，一个可以满足这个等式的点就勾勒出了这条曲线的轮廓。在这里，x 和 y 都是真实的变量。

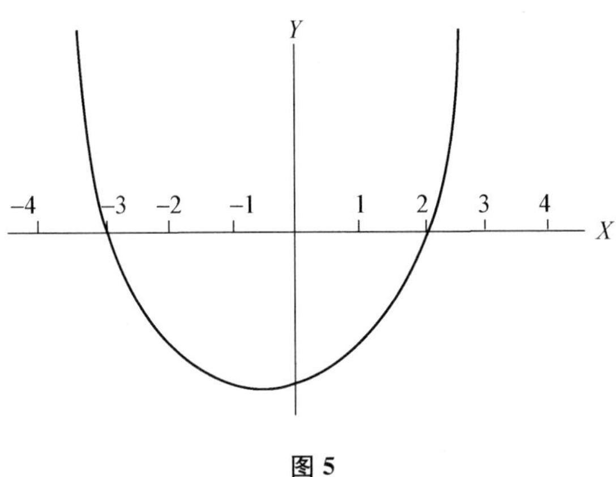

图 5

丢番图时常涉及一些问题，这些问题表现了与上述等式非常相似的等式，但是他却用他的符号 S 来表示我们所用的 x。对于我们来说，这样做可以得出与 S 有关的两个值，亦即＋2 和－3。他可能会把后一个答案当作不可能存在的东西来拒斥，所以他实际上使自己只限于涉及上述曲线图上的一个点。他所涉及的可能是这条曲线与 x 轴正数一方相交的那个点。然而，丢番图并不认为他所得出的 $S=+2$ 这个孤立的值，就是 S 这个变量所唯一具有的值。对于他来说，这里并不存在由沿着一条曲线定位的一系列周围的值组成的语境；并不存在某一张纸上的可以使这个等式的关系所勾勒出来的曲线存在于其中的二维曲线图的空间。这个符号所代表的未知的点完全是自在存在的。对于丢番图来说，我们的数学围绕着这个点所建立的关系网是根本不存在的。

让我们考虑一下丢番图可能会拒斥的另一个答案 $S=-3$。对于我们来说，这个答案与另一个值，即 $S=+2$ 有活生生的联系。它们是两个联系在一起的点，因为它们表现了一条直线 $y=0$ 与这个等式所代表的曲线的相交。对于我们来说，如果把这种解释模式、把这些负数都抛在一边，那么任何以现有的方式把这两个点结合在一起的东 115
西就都不存在了。

对于我们来说，所有这一切的难点在于，学会“不去看”我们所受的训练已经使我们自然而然地要去看的东西。这是一个有关下列设想的问题，即如果这种可供替代的、已经经过删节的见解，根本不应当进行删节，而应当完全像我们的见解填充这个世界那样填充这个世界，那么这种见解应当是什么样子。

了解这种与众不同的对数的探讨以及这种计算观念而不是符号观念的方式之一，是注意那些引导一个当代数学家的期望和直观与丢番图的期望和直观相比有多么不同。在这里，数学史学家汉克尔（Hankel）为我们提供了对他在阅读丢番图的著作的时候所具有的经验的令人愉快的描述。汉克尔是从注意丢番图所研究的那些大相径庭的问题类型，以及缺少任何可供认识的分类原则开始的。然后他接着说：

> 实际上，对这些问题的解答几乎比这些问题本身更加与众不同，因而我们完全无法对他的研究步骤所采取的那些转变，进行首尾一致的、人们可以容忍的详尽阐述。就那些具有更多的普遍性和综合性的方法而言，我们在我们这位作者那里几乎找不到任何蛛丝马迹：每一个问题都需要一种非常独特的方法，而这种方法即使对于那些最紧密地联系在一起的问题来说，也经常不发挥任何作用。因此，对于一位现代数学家来说，即使他研究了丢番图的 100 种解答，他也难以解决第 101 个问题；而且，如果我们进行这样的尝试，那么在为了阅读丢番图自己的答案而付出了某些徒劳无益的努力以后，我们就会惊讶地发现，他是怎样忽然离

开了宽阔的主路（high-road）冲到一条辅路（side-path）上去，并且通过一个急速的转变而达到了目标——而我们在很多情况下是不会对这样达到这个目标感到满足的；我们通常都希望自己必
116 须走一条艰苦的道路，而且在终点得到某种彻底的观点作为回报；与这种情况不同的是，我们的指导者却沿着一些狭窄、奇特，但是却很顺畅的道路，得出了不太重要的结果；他已经到了！他缺少深入研究一个重要问题所需要的宁静心态和集中的精力；而且由于这种方式，读者也像进行一个猜谜游戏那样，急急忙忙地从一个问题到另一个问题，因而无法享受这个个别的问题。丢番图在大多数情况下是令人赞叹的，而不是令人感到愉快的。他虽然在某种令人叹为观止的程度上是机敏的、聪明的、富有洞察力的，但是他并没有深入和彻底地触及问题的根本。因为他那些问题看来都是零散的，不受任何明显的科学必然性支配，而只是为了解答而解答，这种解答本身也缺乏完满性和更加深刻的意义。就他所发明的进行不确定分析的艺术而言，他虽然是一位非常出色的实践者，但是这门科学所应当感激——至少是直接应当感激——这位出色的天才的，却只不过是他提供了少数几种方法而已，因为他缺乏人们可以通过**真实**而不是通过**正确**来理解那种推测性的思想。这就是我通过反复地彻底研究丢番图的算术而得到的一般印象。（转引自希思，1910 年版，第 54 页）

这里的重要之处在于，即使不精通数学，我们也可以轻而易举地理解汉克尔所作出的反应。他既生动又富有权威性地描述的是一种非常典型的经验。难道汉克尔把握的不正是与那些非同一般的道德经验、政治经验、审美经验或者社会经验联系在一起的感受吗？难道它与一个人在进入某个陌生的社会群体的时候所具有的经验不是同一种经验吗？我们的期望随时都在受挫，我们进行预期的能力无能为力了，我们必须保持高度的警觉，各种事件是我们马上就必须面对的东西。各种反应模式所具有的进行畅通无阻的预见的可能性消失

了：人们为什么这么干或者那么说呢？这种情况在某种程度上可能会导致人们对那些得到展示的、异乎寻常的技巧的赞美；在某种程度上也会导致愤怒。我们遇到了某种对各种可能性感到难以理解，而这些可能性在我们看来又是显而易见的情况。汉克尔的说明是一种现象学明证，它表明丢番图的著作所表现的数学思维不同于我们的数学思维——就像另一种文化的道德或者宗教不同于我们的道德或者宗教那样。

认为数是关于单位的数，而且单位本身具有某种特殊本性的观 117
念，直到16世纪都一直存在着。有一位数学家曾经对这种观念的变化发挥过促进作用，他就是荷兰数学家西蒙·斯蒂文。通过考察他那些论断，我们就可以看到某些在社会学方面具有重要意义的观点。

斯蒂文虽然认为必须为重新把单位当作来分类的做法辩护，但是由于他所引证的那些论断，他似乎并没有接受这种观念。这些论断都是为某种似乎非常明显的立场进行马后炮似的辩护。克莱因引用过他的观点，他似乎是说他并不怀疑“一”是一个数：“不，我一点也不怀疑，因为我对这一点的确信无疑就像我对大自然亲口告诉我的东西确信无疑那样。”（第191页）我们从这里出发也许可以假定，这种观念当时正逐渐变成被人们认为是理所当然的或者“自然而然的”东西，尽管人们当时就对必要的论断进行某种表现这个问题，显然存在大量的不同意见。斯蒂文的论断是，如果数是由一大批单位组成的，那么一个单位就是数的一个组成部分。这个组成部分必定与整体具有相同的本性，所以这种单位就是一种数。斯蒂文指出，否认这一点与否认一片面包本身是面包并没有什么两样。

这种论断也许可以导致我们目前所坚持的结论，但是它并不是具有说服力的论断。它需要人们从一开始就赞同有关数的同质性和连续性的观念，只有这样，它那有关部分与整体并无二致的假定才会得到人们的认可。斯蒂文已经表明，这些观念确实是他正在研究的观念。实际上，他所考虑的是数与长度、大小或者量值（magnitude）的类比。因此，“数和量值的共同性和相似性都是极其普遍的，所以它们几乎是完全同一的”（第 194 页）。

这种对数的新分类取决于对怎样才能把数比作一条线的理解，而这种类比恰恰就是前面对不连续的计算活动的强调所排斥的类比。可疑的是，这种存在于新观念和老观念之间的争端是否可以用明确的论断来加以解决。这些观念将会始终依赖于那些潜在的、对于数和线之间的基本类比的判断。这种争端接下来便分化成有关算术和几何的关系、有关它们的相对优先性的争端。

什么东西使我们对知识的不同部分之间的联系的认识发生了变化呢？什么东西造成了诸如斯蒂文这样自然而然的与一个人相似而不与另一个人相似的某种相似呢？其答案必定是：以往的经验和目前的意图。而且，我们必须把这些经验和意图置于其社会环境之中，并且以那些天性和心理习性所组成的背景为背景来看待它们。我们可以通过把倡导重新对数进行分类的斯蒂文，和那些坚持希腊人的观点、反对重新对数进行分类的人们进行比较，初步了解一下支配这些基本的数学类比的东西是什么。

斯蒂文曾经是一位工程师。当时大多数研究数学的人都具有技术方面的成见或者应用方面的成见（参见 Strong，1966 年版）。他们在
118 实践方面所具有的成见，使他们不仅用数来进行计算，而且还用数来进行测量。很可能正是实践方面的那些关注打破了几何和代数之间的界线。通过表示那些与运动有关的属性、表示那些能动的变化过程，数开始发挥某种新的功能。例如，对于人们从理智上把握弹道学、航海术以及使用机械来说，数和测量变成了至关重要的东西。

对于那些反对这些新的由大自然亲口告诉斯蒂文的观念的人来说，数仍然具有更多的静态特征。他们是通过对数进行分类来理解数的。他们认为，那些使人们把数所具有的适当范畴赋予数的属性是最重要的属性。对于这些思想家来说，数与这个世界的关系当然是重要的，但是那些工程师却时常以不同的方式来设想它，或者相信它具有一些超过了实践者所强调的那些方面。数是有关存在（Being）的等级体系和秩序的一种符号性例证。它具有形而上学和神学方面的重要

意义。

在《程序和形而上学》（1966年版）这部著作中，斯特朗提出了下列令人信服的主张，即有两个不同的群体分别构成了科学阵营和蒙昧主义阵营。开普勒也许是一个最接近这两个思想派别的代表人物。更近一些的研究强调了这些群体及其态度之间的联系，指出实践的观点和神秘的观点常常是联系在一起的，比如弗伦奇的研究就是如此（French，1972年版）。无论这种历史性辩论的结局是什么，有一个一般的要点是显而易见的：16世纪的技术和这种新观念之间存在密切的关系。在这里，无论从旧观念到新观念的过渡经过了哪些调节，它的一般方向都需要人们作出说明，而且正像斯特朗的著作所指出的那样，人们日益增长的对技术的需要，为这种变迁提供了具有最充分的貌似合理性的理由。

我们简要地当作神秘观点或者数字命理学①观点提到的这种观点，值得进行更加仔细的考察。这种观点构成了有关数学思想之变化的另一个例子。我们将从概括叙述毕达哥拉斯学派的数学观念和柏拉图学派的数学观念开始。

第三节　毕达哥拉斯学派的数和柏拉图学派的数

希腊人虽然出于在市场进行算计的目的而使用数，但是他们却非常坚定地把这种对数的使用，与那些对数的更加高级的理智静观区别开来。这种区别大致相当于他们对“数理逻辑”和“算术”，或者对实用算术和理论算术的区别。这种存在于两种认识数的方式之间的区别，与某种社会辨别力相对应。因此，在《斐利布斯篇》（Philebus）中，柏拉图曾经借苏格拉底之口指出：“难道我们不应当说，大众的算术是一回事，那些爱智慧者的算术是另一回事吗？”（56D）在柏拉 *119*

① 数字命理学（numerology）：也称“数字占卜术”，是一种根据人的出生日期等数字来占卜吉凶祸福或者解释人的性格的理论。——译者注

图看来，只有那些爱智慧者，只有那些哲学家，才应当是一个适当和有序的社会的统治者。

对数的理论静观所涉及的是一种被称为它的“理念”（eidos）的属性。克莱因所作出的说明是，这种理念所指的是数的“类”或者“种”，或者更加确切地说，所指的是它的“形状”或者“外观”。要想理解数怎样才能具有各种形状和外观，就必须回忆起这里的数所指的只是有关各种事物的数，而且有关各种事物的数总是可以用有关点的数来表示的。这些点时常可以安排成各种富有特色的形状——诸如正方形、三角形或者长方形。如果有必要的话，这种情况就会使人们以三维的形式谈论那些平方形的数、三角形的数、长方形的数等，变成自然而然的做法了。弗雷格也许曾经认为，长方形的数就像长方形的概念那样荒诞不经，但是其意义却像下面的图形所表现的那样，是非常清楚的：

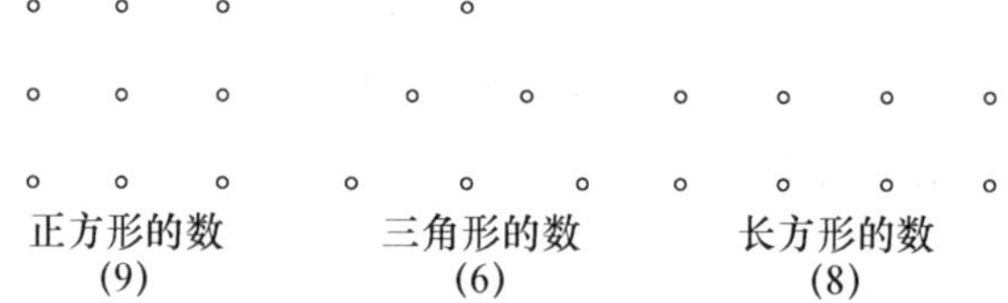

图 6　具有形状的数

人们一旦以这种方式对数进行分类，他们就有可能研究它们那作为形状而存在的属性了。例如，当我们把连续的三角形数加到一起的时候，它们就会组成一个正方形的数。希腊人曾经运用过一种被称为“磬折形”① 的方法。这种数是一种具有适当形状的数，当人们把上述形状加到它上面的时候，它的一般形状并不发生变化。例如，一个平方形的数的“磬折形”必定会产生另一个平方形的数，而且这种数看上去必定是下面这个样子：

① 磬折形（gnomon）：数学术语，指把一个平行四边形的一个角截去一个相似的平行四边形之后所剩下的图形。——译者注

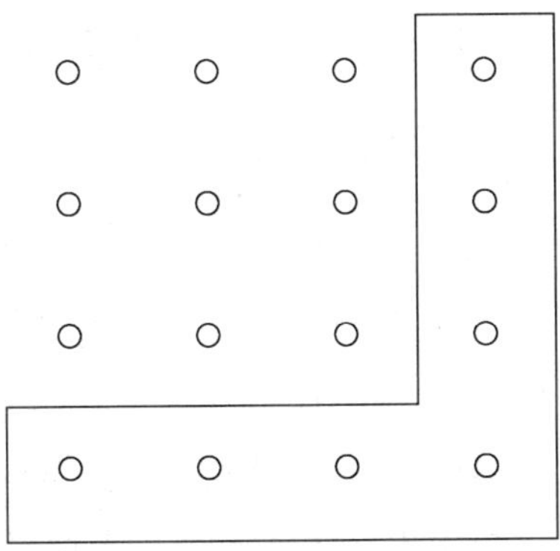

图 7　一个平方形的数的磬折形

通过总计包含在这个“磬折形”之中的点，我们很快就可以看到这些形状所具有的某些一般属性了。例如，每一个平方形的数的磬折 120
形都是一个由奇数 3，5，7……组成的系列。这清楚地表明，任何一个平方形所包含的点的总数，都与由这些奇数组成的某个系列之和相等。诸如此类的各种各样结果——其中的某些结果是非常复杂的——都可以以这种方式得出来。

就这种对算术的探讨而言，我们注意到的第一件事情可能就是，它在何种意义上都与密尔的说明相符合。它是一个与数的知识有关的历史案例，而这种知识则是人们通过观察那些正在受到简单的安排过程和分拣过程处理的对象不断建立起来的。显然，希腊人所得出的某些数学结论，是有可能跨越那些文化界线和历史界线的，因为它们依赖于每一个人都会具有的那些给他们留下深刻印象的经验。

第二个评论所涉及的不是普遍的东西，而是这种算术所特有的东西。让我们注意一下，它是如何使某种经验的特征——“磬折形”——具体化，并且使它转化成一种具体的研究工具的。尽管从我们的算术观点出发来看，“磬折形”这个观念完全是可以理解的，但是对于我们来说，它却不是一个特别重要的观念。由于我们具有非常广泛的知识，所以我们拥有一些可以发挥同样作用的观念，不过对于我们来说，它并不是那些在我们的数学思维过程中发挥基本的关键性作用的运作过程之一。正像克莱因所指出的那样：“的确，一般说来，只有当研究的目的是发现那些图形和数的种类的时候，各种运用磬折形进行的研究过程……才是有意义的。”（第 56 页）现代数学和数论虽然对各种数有所关注，但是却没有任何东西可以与毕达哥拉斯学派、柏拉图学派的后期思想家们的编目式探讨（cataloguing approach）相提并论。对于后者来说，算术时常是以各种数的形状的类型、种以及亚种的自然史的形式存在的。

这种理论算术所具有的重要意义是什么？答案是：就算术而言，这些思想家发现了一种分类图式，而后者则把社会、生命以及自然界都符号化了。对于他们来说，它的秩序和等级体系既囊括了宇宙的统一体，也囊括了我们在其中所具有的抱负、所扮演的角色。数所具有的各种各样的类型“代表了”诸如公正、和谐以及神这样的属性。对数的分类反映了那些对日常思想和日常生活的分类。对前者进行静观，只不过是在思想中把握后者的意义的一种手段。它是一种使理智触及那些构成事物的秩序之基础的本质和潜能的方式。由于它所具有的被人们坚持认为的与各种实际问题的密切关系，人们也许最有可能把它当作“应用”数学的一种特殊形式来看待。

121 在最简单层次上，数学与这个世界的各种符合方式是以下列方式实现的，即毕达哥拉斯主义者以及后来的新柏拉图主义者，把社会的属性、自然的属性以及数的属性都混合成为一体了。他们那著名的“对立项表”揭示了这种由他们的范畴形成的组合：

男性　　女性
光明　　黑暗
善　　恶
奇数　　偶数
正方形　　长方形
……

在那些有关毕达哥拉斯学派思想的更加详细的论述中，数所具有的这些特殊属性时常被赋予意义，并且因此而得到研究。例如，人们时常把“十”这个数与健康和宇宙的秩序联系起来。数不仅象征着宇宙的各种力量，而且人们还认为它以某种方式拥有或者分有神的效力。因此，关于数的知识就成了一种使心灵处于那些宝贵的、与力量和神的恩宠有关的道德状态之中的方式。

现在，我们就有可能看到斯蒂文的观念面对的反对意见所具有的特征了。把“一”当作一个和任何其他数同样的数来对待的做法之所以不是一个小问题，是因为这样做有可能忽视人们已经得出的各种意义和分类，有可能与这些意义和分类相抵触。它将会使那些难以理解的、把各种数联系在一起的符合和类比所具有的模式变得混乱不堪。斯蒂文所做的工作是引进一个发挥平衡作用的已经世俗化了的数。数作为一个神学符号，正面临着失去它那复杂的等级体系结构和潜能的危险。

从根本上说，把毕达哥拉斯学派和新柏拉图学派的沉思称为“数学”合适吗?坦率地说，说真正的数学只有一小部分是人们相当偶然地在一些性质不同的进行沉思的动机和宗教动机的推动下恰巧完成的，难道不是更加合适吗?的确，斯蒂文是真正的数学的代表人物，而他那些反对者则是反数学的。他们并没有提供一种可供替代的研究数学的方式，而毋宁说却提供了一种根本不进行数学研究的方式。正像斯塔克在一个相似的语境中所指出的那样:“如果我们可以这样说，那么他们的数学虽然与我们的数学相似，但是却处于不堪忍受的巫术的重负之下。”(第 162 页)

这种反应所表明的是，我们关于数学的思维正处于某种令人不安的不确定状态。通过采取某种形式方面的非此即彼态度，人们似乎就可以使它变成下面的样子，即数学内部并不存在任何需要加以说明的具有重要意义的变化根源。显然，如果我们根本不承认与数有关的神秘主义是数学的一种存在形式，那么关于它是不是一种替代性的数学的问题也就不存在了。如果我们允许自己主动地把一些历史方面的例子挑选出来，并且把它们分成真正的数学成分和一些根本不被人们认为是数学的部分，那么永恒和自足的数学统一体就可以得到保证。这 122
样的统一体之所以可以得到保证，是因为它将作为某种由我们的评价过程组成的人造物而存在。我们可以根据下列理由对这种形式主义态度提出抗议，即它对认为不存在任何可供替代的数学的观点进行了循环论证。它主张不存在任何“真正的”可供替代的数学，但是却又坚持认为，它有权界定人们应当认为什么数学是“真正的”数学。但是，具体例子要比形式方面的抗议更具有说服力。下一个例子将与构成这些形式方面的、令人不安的不确定态度之基础的前提相抵触。它是这样一种假定，即人们可以合情合理地把数学置于——脱离由那些赋予它意义的解释原则组成的语境的——孤立状态之中来加以思考。妨碍关于数学的社会学发展的是这样一种观念，即数学具有它自己所特有的生命、具有它自己所特有的意义。这也就是假定，这些符号本身包含着某种内在固有的有待于人们去觉察或者理解的意味（significance）。如果没有这种假定，那么确定人们应当认为什么是真正的数学的历史依据也就不存在了；从回顾的角度把“真正的”数学分离出来，并且加以识别的基础也就不存在了。

第四节　关于根值二的形而上学

今天，人们理所当然地认为“二”的平方根是一个数：也就是说，它就是当它自乘的时候会得出“二”这个数的数。人们通常称它为无理数，这个名称是从人们非常关心它的地位的那个时代流传下来的。人们当时的担心是通过亚里士多德非常熟悉的下列事实表现出来的，即永远不可能有分数 p/q 完全等于“二”的平方根。

亚里士多德所提供的与此有关的证明，是以下列观念为基础的。假定根值“二”等于某个分数 p/q，而且假定这个分数已经通过同时对其分子和分母减去相同的因子而得到了简化。具体说来这意味着，你们仍然无法用“二”来除尽 p 和 q。因此我们可以写出：

假定 $p/q=\sqrt{2}$

所以 $p^2=2q^2$

这意味着，p 的平方必定是偶数，因为它等于一个以“二”作为因子的数，也就是说等于 $2p$ 的平方。但是，如果 p 的平方是偶数，那么 p 也必定是偶数。而如果 p 是偶数，那么 q 则必定是奇数，因为我们已经假定 p/q 经过了简化，而且任何诸如“二”这样的因子都被消除了。如果 p 是偶数，我们就可以把它表达如下：

$p=2n$ 123

因此 $p^2=4n^2=2q^2$

所以 $q^2=2n^2$

现在，那一系列确定 p 是偶数、q 是奇数的论断，也完全可以运用于 q。如果 q 的平方等于 $2n$ 的平方，那么 q 的平方就必定是偶数，故而 q 也必定是偶数。所以，p 必定是奇数。当然，这种结论与我们刚才得出的结论截然相反。而且，这一系列推理步骤都是可以机械地重复的。其结果是，p 和 q 有时被指定属于偶数的范畴，有时被指定属于奇数的范畴，有时又被指定属于偶数的范畴，等等。

人们通常的做法是，在这个计算过程第一次经历了从 p 是偶数到 p 是奇数的转变之后就结束了，并认为这是一个明显的矛盾。这种矛盾的存在意味着，这种论证过程必定有一个前提是错误的，而且唯一令人怀疑的假定是，“二”的平方根可以用一个诸如 p/q 这样一个分数来表示。所以，这个假定受到了拒斥。

这种计算结果意味着什么？它又是怎样获得了人们指定给它们的意义呢？这种计算过程证明了根值“二”是无理数吗？这种过程严格说来只是表明，根值“二”不是一个有理数，而且对于我们来说，它几乎不可能具有任何其他意义。然而，对于希腊人来说，这种过程所证明的却不是这个结果。在他们看来，它所证明的是，“二”的平方根根本就不是一个数。这一系列计算过程只不过是他们把所有有关数的考虑，与那些严格说来有关量值的考虑区别开来的理由之一。例如，几何学上那些长度为根值“一”的长度都可以得到具体说明——比如说，一个具有单位长度的两边的直角三角形所具有的斜边就是如此。这只不过表明，有一条多么巨大的鸿沟把几何与算术区别开来了。

那么，这种证明过程实际上证明了什么呢？它究竟是证明了

"二"的平方根不是一个数，还是证明了它是一个无理数呢？显然，它证明了什么取决于那些关于数的背景性假定，因为人们正是出于这些假定来看待这种计算过程的。如果数从根本上说指的是计数，那么它所证明的就是某种点的集合，或者是由点组成的模式，而在这种情况下，这种计算过程所指的东西，就与人们在从直观的角度使数与有关连续不断的线的意象融合在一起的时候，这种过程所指的东西截然不同。

这种证明过程不一定具有任何"内在固有的"意味。对于希望看到这种证明过程的意义存在于那些写在纸上的记号，或者存在于这种计算过程本身的符号性常规之中的人来说，详细考察它那些基本的推理步骤也不会有什么意义。这一点从下列事实出发来看就特别明显了，即这些常规构成了一个无限的系列，而且这种系列是可以一再重
124 复的。这种计算过程本身并没有包含阻止任何人一遍又一遍地玩下列游戏的任何东西，即表明 p 和 q 都是偶数，然后又变成了奇数。

我们甚至可以设想，这种有关计算过程的说法有可能导致下列思想，即这是一个证明 p 和 q 都既是奇数、又是偶数的过程。这个结论为什么将是一个谬论呢？我们可以设想一种文化，在这种文化中生活的人，已经学习了算术方面的许多具有重要意义的东西，但是却从来不重视偶数范畴和奇数范畴。他们虽然在某些计算过程中运用过这些属性，但是可以假定他们从来没有把这种区分明确地提出来，或者说从来没有把重大意义赋予这种区分。例如，他们在这种文化中可能从未梦想过建立某种类似毕达哥拉斯学派的"对立项表"那样的"对立项表"，更不用说把偶数和奇数当作与宇宙的其他二分项（dichotomies）相一致的东西陈列出来了。在他们看来，甚至日和夜、善和恶、白和黑也都不像毕达哥拉斯学派所认为的那样，是显而易见的，或者说是具有重要意义的对立项。归根结底，黑夜会消失在白天之中，善会消失在恶之中，黑会消失在白之中。假定我们正在谈论一个由那些妥协者、调解者、善于交际者以及协调者组成的国家，那么这些人所具有的世界观和社会境况就突出强调了事物的混合状态。这样

一种宇宙论可能既是可以理解的，又是非常复杂的。这个被解读成对于数既是奇数又是偶数之证明的计算过程，很可能自然而然和干净利索地符合下列信念，并且可以进一步证实下列信念，即各种严格的界线都是不现实的。

存在于这个具有空想色彩的例子背后的观点，与存在于那个在它之前的历史案例背后的观点完全相同。只有达到了某些条件，一个运算过程才会具有某种意义。从这些条件存在于集体坚持的那些分类系统和一种文化所具有的那些意义之中的意义上说，它们都具有社会性。所以，它们都会发生变化，而由于它们发生了变化，所以数学的各个组成部分所具有的意义也会发生变化。

如果一个计算过程所特有的意义取决于那些背景性假定，那么它所产生的一般影响就会具有更多的不确定性。在希腊数学中，人们经常把对于那些无理量值的发现称为“无理数的危机”。它之所以是一种危机，是因为对于希腊人来说，它所指出的把量值与数区别开来的做法，是与他们以前具有的把各种线和形状设想成由点组成的东西的倾向相对立的［在《猜想与反驳》（1963 年版）这部著作的第二章中，波普尔曾经对这种有关数的原子论的宇宙哲学进行过生动的说明］。这种发现也许确实导致了以前的探讨方式的式微，但是它在这里却并不必然产生这样的结果。一种危机所导致的只不过是不幸的反常现象而已。如果那些赞成这种宇宙哲学的人找到了对它的基本立场的其他表达方式，发现他们可以进行其他的研究，那么此后也就不会出现任何危机了。这种结果的不确定性显然是由下列事实造成的，即在几个世纪以后，这同一种有关数的原子论又一次变成了人们进行创 *125* 造性研究工作的基础。例如，17 世纪的法国数学家罗贝瓦尔①就曾经设想过线是由点组成的，并且进而运用诸如求和法和近似法这样一些算术手段，来得出各种三角形的面积、角锥体的体积、各种立方的和以及那些更高的幂。他已经证明了我们今天认为是积分学的某些特例

① 罗贝瓦尔（Gilles Personne de Roberval，1602—1675）：法国著名数学家，以在曲线几何方面的重要研究闻名于世，还发明了以他的名字命名的天平。——译者注

的结果（参见 Boyer，1959 年版，第 142 页）。也许罗贝瓦尔若是以往的希腊人，他就会避免这种无理数的危机的出现了。当然，有关“二”的平方根的定理，并没有使罗贝瓦尔的研究工作受到限制。

对各种无穷小的使用情况，为我们提供了一个相似的、有关人们在不同时期赋予不同意味的那些数学研究程序的例子。这是我们将要考察的下一个例子。它还具体表明了数学中那些严格标准的流动和式微。

第五节 各种无穷小

人们有时候说，一条曲线“实际上”是由许多小的直线组成的。显然，组成一组首尾相连的直线的那些部分越小、数量越多，这组直线就与一条光滑的曲线越相似。这种直观和另一些相似的直观一起，构成了关于无穷小的观念和“极限”这个概念的基础。在达到极限的情况下，直线的极小的部分实际上是可以等同于曲线的（参见图 8）。这些观念的漫长的历史在积分学中达到了顶点。

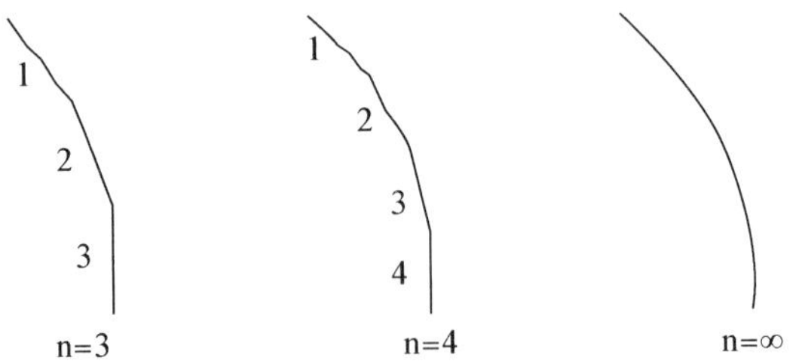

图 8　部分和极限

根据各种无穷小进行思考，也相当于把那些平面和立方体看成似乎都是由一些片断、薄片或者成分组成的。通过这种方式，我们就可以在理智上实现对我们在其他情况下难以理解的那些形状的把握。

各种无穷小的历史非常复杂，但是对于我们目前的论述过程来说，我们只需要具体说明少数几个一般的观点就可以了。在 16 世纪和 17 世纪，人们在数学思考中运用无穷小的情况已经非常普遍了。卡瓦列里①就是倡导这种做法的最主要的代表人物之一。他明确地援 126
引过存在于以无穷小的部分组成一个立方体的方式，和以薄薄的纸张组成一本书的方式之间的那些相似之处。他还指出，任何一个面都是由那些无穷小的线构成的，其构成方式与一块布由那些细线构成的方式完全相同（Boyer，1959 年版，第 122 页）。

在这个时期前后出现的，是沃利斯②在推导有关三角形的面积的公式的过程中，对各种无穷小的具有代表性意义的大胆运用。正像沃利斯所指出的那样，让我们考虑一个由一些极小的平行四边形组成的三角形，而这些平行四边形的厚度“几乎只相当于一条线”（Boyer，1959 年版，第 171 页）。每一个平行四边形的面积都几乎完全等于它的底乘以它的高。如果我们和沃利斯一样，假定这样的部分实际上是一个无限（∞），那么每一个部分的高就是 h/∞；在这里，h 是这个三角形的总高。显然，这个三角形的总面积就是所有这些平行四边形的面积之和。处于顶点部分的面积就是零，就只是一个点。而最后一个部分的面积则是 b（h/∞）；在这里，b 是三角形的底的长度，而 h/∞ 则是它那无穷小的高（参见图 9）。

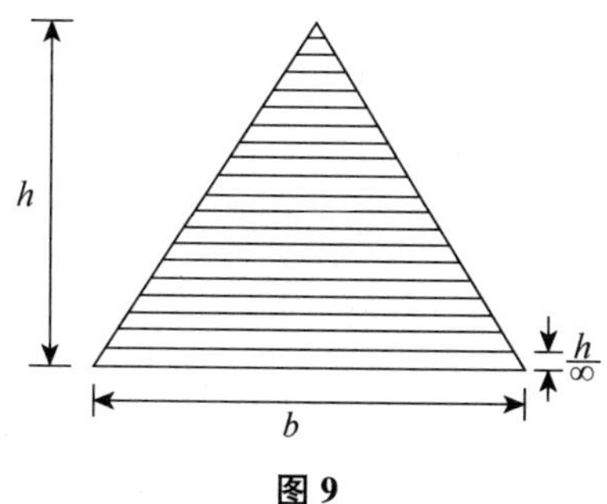

图 9

① 卡瓦列里（Francesco Bonaventura Cavalieri，1598—1647）：意大利著名数学家，通过发展几何学成为积分学的先驱，著有《六道几何习题》、《天体测量常用指南》、《凸透镜：或论圆锥曲线》、《平面和球面三角学，线性和对数三角学》等。——译者注

② 沃利斯（John Wallis，1616—1703）：英国著名数学家，对微积分的发展作出过重大贡献，著有《无穷算术》、《泛数学》、《圆锥曲线简论》、《代数简论》等。——译者注

从这个三角形的顶部开始，每一个部分都会由于每一次都补充了一个恒定的、比较小的量，而比上一个部分稍长一些。所以，从这个三角形的顶到底的所有各种平行四边形的长度，将会形成一个算术级数。沃利斯认识到，一个算术级数的各项之和，就是它们的数目乘以它们的平均值。他认为，不把这种推理模型或者推理模式运用于他那由无穷小的部分组成的无限系列，是毫无道理的。所以，通过使下列各种量相乘，即可以得出这个三角形的面积：某一个部分的平均长度 $b/2$；这些部分的数量，这个数是无限的，即∞；每一个部分的高 h/∞。因此：

127

$$总面积=\frac{b}{2}\times\infty\times\frac{h}{\infty}$$

通过消除无限的量，就可以得到：

$$总面积=\frac{1}{2}底\times高$$

类型相同的其他许多巧妙的思路，使一大批研究和结果突然涌现出来。人们虽然并没有就各种无穷小的确切地位达成一致意见，但是研究工作却已经走在了前面。例如，为什么沃利斯的符号 $1/\infty$等于零呢？对那些像零那样大小的（zero-sized）成分求和怎么可能得出一个三角形的有限的面积呢？有一些像卡瓦列里这样的思想家对各种无穷小组成的实在持不可知态度。其他那些像伽利略那样的人则提出了有利于这种实在的、冗长的哲学论证（Carruccio，1964 年版，第 200 页）。

那些回顾这个硕果累累的时期的历史学家们有时得出下列评论，即那时的数学家缺乏对无穷小的用法的严格关注。对于现代数学家们来说，沃利斯所计算的那些项当然不具有任何严格的意义。一般说来，任何一个人都无法为诸如∞/∞这样的符号，或者为消除无限的量的运算过程，找到某种意义或者用处。另一方面，历史学家们当然会承认精确性（rigour）的式微所具有的重要意义——正是这种式微使这些项得以在各种计算过程中第一次明确而突出地表现出来。它们在这之前被禁止存在，而且它们现在仍然被禁止存在。正像历史学家博耶（Boyer）所指出的那样，“多亏”诸如沃利斯这样的人并没有对精确性过多地感到忧虑（1959 年版，第 169 页）。

早在沃利斯得出其想法很久以前，希腊思想家阿基米德就已经看到了设想把形状分成各个部分的效用。阿基米德曾经把这种观念与一些主要以机械为基础的隐喻一起使用，以便促进人们从数学角度把握某些难以把握的形状和图形。例如，他设想过怎样才能使那些形状各异的图形形成平衡。通过这种方式，他就可以建立某些等式，这些等式则通过把一个球面与诸如圆平面和圆锥体这样更加简单的形状联系起来，得出这个球面的容积（有关这个推理过程的描述，参见 Polya，1954 年版，第一卷，第 155 页，第 5 节）。

这种“机械原理方法”是阿基米德在一封信中概括叙述的；他在这封信中指出，它并没有真正证明，或者说具体证明它所指出的各种原理：“实际上，我本人首先运用机械方法发现了某些东西，然后再从几何学角度具体证明它们，因为以这种方式进行的研究是无法真正证明的。”（Carruccio，1964 年版，第 111 页）

对于阿基米德来说，真正的证明是几何学证明，而不是以那些有关分割和平衡的机械隐喻为基础的证明。这些几何学证明符合不涉及任何实际的无限的要求。精确性在 16 世纪的式微，与下列坚定信念的逐渐增强完全是同时出现的，即阿基米德认为只不过具有启发性的证明风格，实际上是完全可以对事物进行证明的。有趣的是，后来的数学家们并不知道阿基米德曾经用这种方法得出了他那些结论。他们只了解他用来论述这种证明的几何学观点，而这种观点并没有为我们 128
提供有关那些存在于这个推理过程背后的、发挥基础作用的思想和动机的任何线索。因此，下列观点是司空见惯的，即阿基米德必定有某种秘密方法用来进行数学研究——而且，他的确具有这样的方法。然而，这个秘密是历史上的一个偶然事件：直到 1906 年，人们才发现了阿基米德对他的方法的说明。

在 19 世纪，追求精确性的数学研究趋势又一次把在许多世纪以前存在于希腊思想之中但在16世纪已经被取消的禁令，强加到实际存在的无限和无穷小之上。这种新的精确性重构了诸如卡瓦列里和沃利斯这样的人所做出的已经在微积分中达到了顶点的那些成就。这种重构排除了人们用来得出这些成就的许多方法。沃利斯用1/∞进行乘法运算的过程，他那满怀信心地把无限的量从分数的分子和分母之中消除的过程，都再也看不到了。

这种摇摆不定状态表明，数学中可能存在两种不同的因素或者过程，它们之间存在某种紧张状态，或者说，我们至少可以通过它们那不断变化的比例来确定这种紧张状态。我们现在将其与微积分联系在一起的数学，一直隐含着某种固定不变的直观；这种直观认为，那些光滑的曲线、形状以及立方体，都可以被看作是实际上可以分割的东西。这是一个模型或者隐喻，当人们试图对这些论题进行思考的时候，他们经常会诉诸这种模型或者隐喻。当然，数学与具有直观性的思想并不是一回事，它是经过训练的和有节制的。在不同的时代，人们都是持续不断地把他们认为适当的、不断变化的那些证明标准和逻辑学标准，强加给这种固定不变的因素。对于阿基米德来说，必须用几何学对那些基本的、机械方面的直观进行过滤。这曾经被认为是构成真正的逻辑控制的唯一的表述渠道。在16世纪，这种过滤器的严格程度丝毫也没有下降。直观可以以某种更加充分的具有隐喻性的气势（vigour）表达自身。当然，这种情况会使它受到由于见解的混乱和分歧而造成的损失。个人的信念和创造性变化还可以发挥更大的作用，但是这种情况会由于那些未曾受到核查的不一致、反常以及个人特有的风格的增加，而导致确定性崩溃的危险。

通过以这种方式理解精确性的各种变化，就可以看到一个重要问题。决定常见的具有直觉性的各种习性（propensities），与强加给这些习性的、不断变化的严格控制标准和严格控制风格之间的历史性平衡的，是哪些因素呢？这个问题不仅涉及严格控制的数量，也涉及它所采取的特定形式。

这个问题与目前经验科学历史学家们正在鼓足干劲加以解决的问

题完全相同。也许可以认为计算过程和操作规程的基本常规，对各种
相似之处、模型以及隐喻的基本直观过程，是数学所具有的经验方面 129
或者具有实验性的方面。它将与自然科学中对那些来自经验的材料的输入和实验相对应。那些体现意义、证明过程以及精确性的更加高级的解释原则，则与自然科学家们所坚持的那些说明理论、范式、研究纲领以及形而上学框架相对应。这里似乎并不存在任何把数学与经验性科学分别对待的理由。我们下面将更加详细地论述这一点。

第六节　结　论

现在，我们已经提出了一些案例，并且可以把这些案例当作有关可供替代我们自己的数学思想的例子来解读。通过展示各种风格、意义、联想的差异和各种说服力标准，它们就可以表明，数学思想也有一些具有重要意义的、需要加以说明的变化。此外，下列假定也具有貌似合理性，即通过寻找社会原因就可以说明这些变化。

这些例子还可以提供证据，使我们能够巩固（经过修正的）密尔的理论形式。它们已经表明，应当使数学植根于经验，而且应当植根于那种根据不断变化的原则选择出来，并被赋予了不断变化的意义、联系和用法的经验。这些例子还特别强化了下列观念，即只要以一部分经验作为模型，就可以看到一大批问题。从分析方面和隐喻方面对这些模型的扩展，已经开始发挥引人注目的重要作用。

数学思想所发生的这些变化，时常是以令人难以觉察的方式表现出来的。我们上面已经对达到这个目的的一种手段进行了评论。这就是处于摇摆不定状态之中的下列主张，即只有当一种思维风格近似于我们自己的数学思维风格的时候，它才配被称为数学。然而，这里还存在其他一些不太明显的、令人难以分辨的变化形式。这些变化形式经常在有关数学史的著述中表现出来。

书写历史的过程必定是一个解释过程。如果历史学家要想使以往

那些数学家的思想和结论变得可以理解，他就必定会给这些思想和结论增加某些当代的意义或者解释。运用许多方式都可以做到这一点：进行比较和对照；去粗取精；去伪存真；努力发现系统性和连贯性；对含糊不清和前后矛盾之处进行解释；弥补各种漏洞，把注意力引向那些错误；说明如果思想家们得到了比实际上更多的信息、真知灼见以及运气，那么他们就可能做什么、能够做什么，或者愿意做什么；
130 提供详细的、对那些发挥基础作用的假定和发挥指导作用的信念进行重构的评论；等等。这种由学术评论和学术解释组成的装置（apparatus），必然会调解我们对过去的理解。它是一种难以对付的、全面彻底的装置。与它的规模完全相称的，是它那把目前的各种各样标准强加给过去的范围。的确，诸如此类的某种强加过程是所有思维过程必不可少的特征之一。这里的唯一一个问题是：对于制造（manufacture）我们有关过去的意识的工作来说，我们应当强加哪些标准、用哪些关联来制约这种工作呢？

如果历史学家们渴望表明数学所具有的这种累积性的特征，那么他们的解释装置就将使他们能够做到这一点。那些发展缓慢的时期、陷入错误的时期以及误入歧途的时期，都将成为这种进步观点的反例。在这里，人们所需要做的就不是提出我们展示的这些可供替代的东西，而是把精华与糟粕区分开了。难怪对于与施本格勒同时代的历史学家卡约里①来说，完全可以说数学是一门杰出的累积性科学，可以说它没有丢失任何东西，可以说那些处于遥远的过去的人们所作出的贡献就像现代人所作出的贡献一样熠熠生辉。

所谓历史已经在这样的说明中被证明是没有根据的说法，既是不公正的，也过于简单了。任何与诚实正直和学术勤奋有关的标准，都没有受到违反。的确，这些美德都极其明显、给人留下了深刻的印象。毋宁说，我们应当这样说，为了一种总体性的进步观点的利益，这些美德都得到了运用，而必须受到挑战的恰恰就是这种进步观点。

① 卡约里（Florian Cajori，1859—1930）：美籍瑞士裔教育学家、数学家、数学史学家，著有《数学史》、《数学记号史》、《物理学基本分支史》等。——译者注

这一章所提供的例子证明了这种自然主义探讨所提出的预见：不仅数学内部存在不连续性和变化，数学和非数学之间也存在不连续性。如果我们要想充分说明这些方面，并且把它们看成需要加以说明的问题，那么我们就必须诉诸其他价值观念，例如，其中的一种价值观念就是，关注数学思想和逻辑学思想的构成（mechanics）。我们在讨论弗雷格和密尔的理论的过程中，显然已经涉及过这个争论点，而且我在下一章还会涉及它。

第七章　逻辑学思想和数学思想中的协商

131　这一章的目的是继续对逻辑的强制性进行分析。这样做是为了给我们迄今为止所提供的说明补充一个崭新的过程——我将把这个过程称为“协商”（negotiation）。第五章的目的在于表明，我们的推理过程所具有的强制性特征是社会强制性的一种存在形式。从实际情况来看，这种表述是过于简单了，因为那些社会惯例、社会规范，或者社会制度，并不是而且也不可能始终是通过直接使有关对和错的意思内化而发挥强制作用的。人们不仅对那些有关责任和合法性的问题争论不休，而且也同样对那些有关逻辑强制性的问题争论不休。不仅我们所承担的那些角色和义务会发生冲突，而且我们那些有关逻辑性直观的正式意见也会发生冲突。在我们迄今为止所提出的说明中，这些无法避免的和互相交叉的要求并没有得到满足或者说明。如果我们把这些因素纳入说明之中，那么我们就可以得到一幅更加丰满的、有关思想所具有的那些创造力和生产力的图画。我们就有可能对逻辑论断或者数学论断所具有的强制性恰恰相当于什么，形成更加复杂和成熟的理解。它将是一幅比以往更加需要某种公平对待它的社会学视角的图画。

回到密尔的《逻辑体系》上去是对这些争论点的探讨方式之一。在论述与惠特利[1]主教的非常直截了当的不同意见的过程中，他留下了某些有关形式推理之本性的、分散但却令人激动的暗示。这里的语境令人感到失望。密尔与惠特利辩论的是下列问题：三段论包含“窃取论点”[2] 吗？通过考察下列三段论论证，就可以把这个争论点非常简单地陈述出来：

所有的人都终有一死，
威灵顿公爵[3]是人，
所以，威灵顿公爵也终有一死。

如果我们能够断定第一个前提，即所有的人都终有一死，那么我 132
们必定已经知道威灵顿公爵是终有一死的。所以，当我们在这个三段论结尾处得出他终有一死的时候，我们正在做的是什么呢？这种三段论真是以某种循环论证的方式、以假定作为论据来进行论证的吗？密尔认为，这里确实存在某种循环论证。他为这种观点提供的一部分论证性说明虽然已经众所周知，但是这种说明所具有的某些最容易使人产生联想的特征，却没有引起人们的注意。

第一节　曼斯菲尔德勋爵的忠告

密尔的理论为人们所熟悉的部分是，正像他所指出的那样，推理

① 惠特利（Richard Whately，1787—1863）：英格兰基督教圣公会教士、教育家、伦理学家、社会改革家，著有《逻辑学》等。——译者注

② “窃取论点”（petitio principii）：也译“预期理由”，是一个逻辑学术语，系指在证明过程中把未经证明的判断当作论据来使用的逻辑错误。——译者注

③ 威灵顿公爵（Duke of Wellington，1769—1852）：英国陆军元帅，由于在 1815 年的滑铁卢战役中率英普联军击败拿破仑而闻名于世，曾于 1828 年—1830 年任首相，有“铁公爵”之称。——译者注

过程是从特称命题到特称命题。由于密尔知道当他写作的时候威灵顿公爵还活着，因此，这种有关后者的终有一死的推理是通过归纳性概括和观念联合而实现的。经验可以提供一些与死亡有关的、可靠的归纳性概括，而人们可以自然而然地对这些归纳概括进行外推，使它们涵盖那些似乎与过去发生的各种特殊案例既有关又相似的案例。这个有关铁公爵的案例就被等同于那些由这种概括表现出来的以往的案例了。密尔指出，这种推理过程实际上是由一个从过去的特殊案例到新的特殊案例的过程组成的。因此，这里所涉及的思想过程实际上并不依赖所谓人终有一死这种一般概括，也不是通过这种一般概括而进行的。即使不借助于这种三段论的大前提，它也同样能够进行。正像密尔所指出的那样："我们不仅能够在不借助于那些一般原则的情况下，进行从特称命题到特称命题的推理，而且无论什么时候我们都能够进行这样的推理。"（第二编，第三章，第三节）

如果一个三段论的一般前提并没有包含在我们的推理活动中，那么我们应当为它安排一个什么地位呢？密尔正是在这里提出了他那些暗示。对于密尔来说，一般命题只不过是一些对我们已经进行过的推理的"登记"（register）。他坚持认为，推理过程是由一些特殊的、使新案例等同于旧案例的活动，"而不是由解释有关这种活动的登记的过程组成的"。在同一个讨论中，密尔称"所有的人都终有一死"这种概括是"备忘录"（memorandum）。密尔指出，"任何一个具体人都终有一死"这个结论，并不能从这种备忘录中推导出来，而毋宁说是从过去一些完全相同的案例出发推导出来的——这些案例本身就是这种备忘录的基础。

为什么要把一个三段论的大前提叫作记录、登记，或者备忘录呢？以这种方式来谈论各种前提和原理，可以表达两种观念。首先，它表明，这些前提和原理都是一些派生物、都是一些附带现象（epiphenomena）。其次，它虽然指出它们对于推理过程本身来说并不具有关键性意义，但是它同时也暗示，它们也发挥了另外的某种积极作用——尽管这种作用并不是人们通常认为它们所发挥的作用。密尔在这里所说的话暗示了某种簿记角色或者官僚角色，暗示了某种把已经发生的事情记录在案的手段。

密尔用他所讲述的有关曼斯菲尔德勋爵对一位法官的忠告的故
事，简明扼要地体现和扩展了这种说明。这种忠告的意思是说，法官 133
可以大胆地作出各种判决，是因为这些判决很可能都是正确的；决不要为这些判决提供任何理由，因为这些理由几乎完全是错误的。密尔指出，曼斯菲尔德勋爵认识到，这种补充各种理由的做法是事后再提出想法的做法。法官实际上是由他那些过去的经验指导的，所以假定拙劣的理由会成为正确判决的依据，是荒唐可笑的。

如果各种理由所导致的并不是结论，而只不过是一些事后的想法，那么它们与这些结论有什么关系呢？密尔认为，这种存在于一般原理和处于它们之下的那些案例之间的关系，是某种必须被创造出来的东西。必须在它们之间建立某种解释性桥梁。因此，“正像希腊人已经表明的那样，这是一个解释学（hermeneutics）问题。这里的运作过程并不是一个推理过程，而是一个解释过程”（第二编，第三章，第四节）。

密尔也以同样的方式来对待三段论。它那些形式结构都是通过某个解释过程与实际推理过程联系起来的。它是一种“始终可以使我们那些推理过程表现出来的方式”，这也就是说：形式逻辑代表了某种展示方式，某种强加的训练，某种人为的和多少带有一些模拟性的表层结构（surface structure）。这种展示本身必定是某种特殊的理智性努力的产物，必定包含着某种推理形式。引人注目的是，这种说明所揭示的由因果关系和优先性组成的秩序的核心思想是，与理性有关的各种形式原则，都是那些与推理过程有关的非形式原则（informal principles）的工具。演绎逻辑是我们所具有的归纳习性的创造物；它是那些具有解释性的事后想法的产物。我将把这种观念称为非形式原则相对于形式原则而具有的优先性。

非形式原则相对于形式原则而具有的优先性本身是怎样表现出来的呢？答案具有两个方面。首先，非形式的思想可以运用形式的思想。它可以努力通过以某种演绎的形式形成它那些预先确定的结论，来巩固这些结论，并且为它们辩护。其次，非形式的思想可以努力批判、回避、智胜或者遏制那些形式原则。换句话说，对于非形式的协商来说，对各种形式原则的运用始终是一个潜在的主题。这种协商就是密尔所谓的解释过程或者解释学过程。它所涉及的是，人们必须永远在某种规则和某个被认为受这种规则支配的案例之间建造的联系环节。

存在于这些形式原则或者逻辑原则和非形式的推理过程之间的关系，显然是一种微妙的关系。非形式的思想虽然似乎是既承认形式思想的存在，同时也承认形式思想所具有的潜能——否则它为什么还要利用后者呢？但是，它却具有它自己的意志。如果密尔的观点是正确的，那么它必然是沿着它自己的道路前进，在那些具有联想性的联系环节的支配下，从归纳的角度出发，从特称命题走向特称命题。它怎么能够一箭双雕地同时做这两件事情呢？

让我们考虑一下三段论：所有的 A 都是 B，C 是一个 A，所以 C
134 是 B。这就是一个具有强制性的推理模式。它是从我们学习物理容量（physical containment）所具有的各种简单属性的过程中出现的。我们具有某种进行下列推理的非形式的倾向：如果把一枚硬币放在火柴盒里，之后把火柴盒放在一个香烟盒里，那么我们拿到香烟盒就可以重新得到这枚硬币。这就是三段论推理的原型。这种简单的情境为那被人们认为是形式方面的、合乎逻辑的、具有必然性的一般模式，提供了某种模型。这样，诸如上面所说的三段论这样的形式原理，就利用了某种自然癖性（proclivity）来得出各种结论。正因为如此，所以它在人们所造成的任何一种案例中，都既可以代表某种宝贵的同盟者，也可以代表某种有势力的敌人。因此，它无论对于把一个有问题的案例纳入这种模式来说，还是对于使这样的案例和模式处于分离状态来说，都是非常重要的——情况究竟如何，取决于那些非形式的意图。

显然，就我们现在的案例而言，要想回避一个推理所具有的力量，就必须对这些前提的运用，或者对这些前提所包含的各种概念提出质疑。也许由字母 C 表示的项实际上并不是一个 A，也许被人们认为是 A 的所有各种事物实际上都是 B。一般说来，我们必须进行各种区分，必须重新划分各种界线，必须指出和利用各种相似和差异，必须系统论述各种新的解释，等等。这种协商形式并不会对三段论规则本身提出质疑。这种规则归根结底是镶嵌在我们有关这个物理世界的经验之中的，所以任何一个运用它的领域都必须承认这种经验；而且，我们以后也许还会把它运用于我们自己呢。任何一种特定的运用过程都是可以协商的。

所以，非形式的思维过程既需要各种形式原则发挥积极作用，也同样需要对它们加以遏制。某些非形式的意图虽然可以产生使人们修正或者详细阐述各种逻辑结构和逻辑意义的压力，但是其他非形式的意图却依赖它们的稳定性和维护作用。非形式的思维既具有保守性，又具有革新精神。

认为逻辑的权威性就是道德的权威性的观念，有忽视下面这些存在于逻辑思想之中的、具有更多能动性的成分的危险：互相竞争的各种定义，互相对立的各种压力，受到质疑的各种推理模式，有问题的各种案例。而忘记这些成分将会使人得出下列假定，即只要我们认为逻辑的权威性是理所当然的，这种权威性就始终可以发挥作用。目前的观点认为，通过把它考虑在内——通过使它成为我们那些非形式计算过程的一个组成部分——也可以使它发挥作用。可以说通过被认为理所当然而得到维护的权威，处于一种静态的、与有关动态平衡的意象形成对照的平衡之中。这种静态的承认虽然可能是一种更加稳定、具有更多强制性的权威，但是即使这种稳定性也会受到干扰。

社会学理论没有任何理由不考虑这两种现象。这些可供替代的强制性风格的共同存在，的确是社会行为的所有方面都具有的一个核心
特征。例如，就某些人而言，在某些情况下，道德戒律或者逻辑戒律 135
可能是被当作具有情绪的、对行为进行控制的价值观念而得到内化的。而在另一些情况下，人们则可能把这些戒律完全看作是一些信息：认为它们是他们在对行为进行计划和预测其他人的反应的时候，

必须牢记在心的东西。就数学而言，这两种社会影响方式的共同发挥作用，以及有关如何使它们条理清楚的理论问题，只能发挥使数学与行为的其他方面的相似之处得到巩固的作用。

对推理的各种形式原则的经过协商的运用，可以说明某些与逻辑研究或者数学研究之中的变化有关的重要例子。当然，有待裁决的那些逻辑原则的形式化程度越高，这种协商就越明确、越容易被人们意识到；而这种原则越含糊不清，这种协商也就越心照不宣。我将用三个例子来具体说明各种逻辑原则所具有的协商特征。第一个例子涉及经过协商的、对不证自明的逻辑真理的推翻。第二个例子涉及已经经过人们很多讨论的、有关阿赞德部落的人的逻辑是否与我们的逻辑不同的问题。第三个例子则涉及数学中对证明的协商。这种讨论将以I. 拉卡托斯对欧拉①定理所作的非常出色的历史研究（1963—1964年版）为基础。在这里，拉卡托斯为社会学家提供了某种具有重大意义的成果，这种成果也许比从我在前面讨论过的他那些方法论方面的评论出发所能够猜测的成果更加重大。

第二节　有关无限的各种悖论

让我们再考虑一下下列三段论：所有的 A 都是 B，C 是一个 A，所以 C 是 B。有人主张这个推理过程是以有关包含和封入（enclosure）的经验为基础的。任何一个对这个三段论持“怎么可能正确”或者“为什么正确”的怀疑态度的人，只要看看可以用来表示它的、与它相当的示意图就可以了（参见图 10）。这个示意图把它与一个重要的常识性原理联系起来了，这个原理就是“整体大于部分”。

---

① 欧拉（Leonhard Euler，1707—1783）：瑞士著名数学家，也是 18 世纪著作最多的数学家，在几何学、微积分、力学以及数论方面都有重要贡献，著有《无穷小分析引论》、《微分学原理》、《积分学原理》等。——译者注

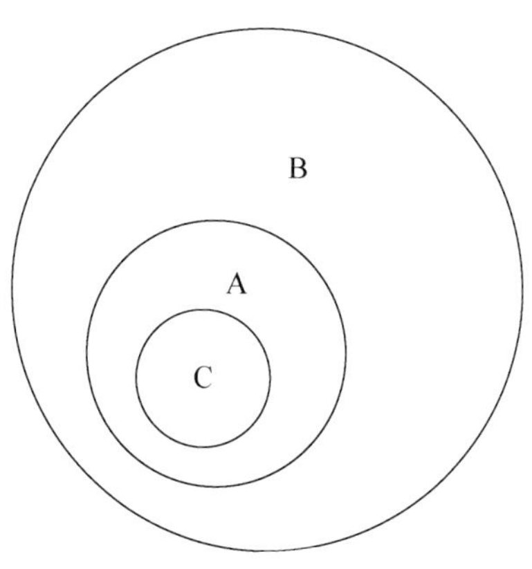

图 10　整体大于部分

人们往往忍不住会作出下列假定，即由于有关封入的各种经验都具有普遍性，因此，它们将无一例外地使这种原则深深地印在所有人的脑海之中。因此，那些相信逻辑普遍性的人引用这些显而易见的原 *136*
则，并不令人感到惊讶。所以斯塔克指出：

> 就各种纯粹的形式命题而言，相对性的问题根本不存在。下列断言是一个有关这样一种命题的例子，即整体大于部分。尽管所有那些超级相对主义者进行了各种各样的论证，但是这个句子所不适用的社会仍然是不可能存在的，因为它的真理性直接来源于对于它那些项的定义，因而是绝对独立于任何具体的、处于心理过程之外的制约条件而存在的。（1958 年版，第 163 页）

斯塔克并不是说，这种真理性是内在的。他承认它来源于经验，但是由于它与经验的联系极其直接，所以任何东西都无法迂回曲折地潜入到心灵和它对这种必然性的直接理解之间。这些经验都具有普遍性，所以这样完全同一的判断才会产生出来。整体无论何时何地都大于部分。

说这种观念适用于所有各种文化当然是正确的。它是我们的经验所具有的、我们始终可以诉诸的一种特征，因此，我们总是可以发现对它的某种运用。但是，这并不意味着，对它的任何一种特定的运用都具有强制性，它所具有的真理性是一目了然的，或者相对性问题根本不存在。的确，这个案例之所以特别令人感兴趣，是因为它所表明的情况与斯塔克所说的恰恰相反。有一种被人们称为超限算术（transfinite arithmetic）的数学，就成功地以明确拒斥“整体大于部分”这条原则为基础。所以，如果我们真正理解了这个例子，那么它表明，各种显然得到那些具有强制性的物理模型支持的、不证自明的真理，都是可以被推翻，可以重新协商的。

让我们考虑一下下列整数系列：1，2，3，4，5，6，7……从这个无穷系列中选择另一个由偶数 2，4，6，8 等组成的无穷系列。把这两个系列联合起来是完全可能的，因此便可以看到：

1　2　3　4　5　6　7……

2　4　6　8　10　12　14……

根据常识来看，这些偶数都是可以计算的。从比较专业的角度可以说，这里的偶数被安排成了与整数一一对应的形式。这种一一对应将永远不会出问题。因为每一个整数都始终会有一个专门的偶数与它相对应。同样，对于任何一个偶数来说，也总会有一个专门的整数与它相对应。假如现在有人说，几组其个数具有一一对应关系的对象，
137 都具有个数相同的对象。这种说法从直觉角度来看似乎是合乎情理的，但是这样说却意味着，这里存在与整数的个数相同的偶数。然而，这些偶数都是从整数中选择出来的，它们只不过是整数的一个部分，是所有整数的一个子集。所以，这种部分与整体同样大，这种整体并不比部分大。

可以通过说整数的数目是无限的，来表明它们那不可穷尽的供应量。这样，无限的总数就具有了这样的属性，即某一个部分可以和整体形成一一对应的相互关系。早在超限算术得到发展的许多年以前，无限的总数所具有的这种属性就已经被人们认识到了。人们认为它是有关下列情况的证据，即这个与无限的总数有关的观念具有悖论性，

是自相矛盾的、具有逻辑缺陷的。例如，柯西[①]就以此为依据否认它们的存在（Boyer，1959 年版，第 296 页）。然而，以前被人们看作是拒绝考虑无限集的那些理由，后来却被当作对它们的定义接受了。因此，狄德金[②]曾经指出："当 A 系统 S 与它的一个适当的部分相似的时候，就可以说这个系统是无限的"（1901 年版，第 63 页）——在这个定义中，"相似"也就是人们所谓的一一对应关系。

一个矛盾怎么可能被变成一个定义呢？人们怎么可能进行这样的重新协商呢？实际发生的情况是，那构成认为"整体大于部分"的坚定信念之基础的物理封入模型，已经被另一种处于支配地位的意象或者模型取代了：这种模型就是关于相互之间处于一一对应关系的对象的模型。这种情况也是一种很容易用某种直接和具体的方式，来经验和举例说明的情境。一旦这种可供替代的模型变成了人们的注意中心，这种简单的使偶数和整数形成一一对应关系的常规，就会成为使人们得出（这个由偶数组成的）部分和（这个由所有整数组成的）整体同样大的结论的自然基础。非形式的思想已经通过坚持强调某种新的模型所提出的各种主张，推翻了一种从表面来看具有强制性的原则。一个新的经验领域已经获得了地位、得到了利用。如果那些具有强制性的逻辑原则，都存在于某种得到社会认可的、从我们的经验出发进行选择的过程之中，那么人们就总是可以通过诉诸这种经验所具有的其他特征，针对这些逻辑原则提出反对意见。各种形式原则之所以被人们认为是特殊的、具有优先地位的东西，只不过是因为人们的注意力具有选择性而已。如果存在各种新的关注和意图、存在各种新的令人全神贯注的东西和新的抱负，那么进行重新调整的条件就成熟了。

---

① 柯西（Augustin-Louis Baron Cauchy，1789—1857）：法国著名数学家，现代最伟大的数学家之一，在教学分析和置换群方面作出了开拓性贡献，著有《皇家综合工科学校分析教程》、《无穷小分析教程》、《无穷小分析的几何应用教程》等。——译者注

② 狄德金（Richard Dedekind，1831—1916）：具有高度独创性的德国数学家，在重新定义无理数、创建代数数论等方面作出过巨大贡献，著有《连续性和无理数》、《代数数论》等。——译者注

这里的结论是，使任何一个人都必须承认“整体大于部分”这个原理的绝对的道理并不存在。这句话所具有的意义并不会迫使人们得出任何既定的结论，因为它不可能迫使人们作出下列决定，即任何一个新的案例都必须与和这种原理有关的那些老案例相等同。人们以前对这种模型的运用充其量只会使他们作出下列推测，即各种新的、相
138 似的案例也可能服从这同一条原理。但是，推测并不具有任何强制性，而且那些与相似性有关的判断也都是归纳过程，而不是演绎过程。即使人们可以谈论强制性，一条规则所具有的强制特征也只不过在于人们使用过某些模型，而没有使用过其他模型这样一种习惯或者传统。即使我们就逻辑而言不得不服从某些规则，这种情况也与我们不得不承认某些行为正确、某些行为错误毫无二致。这都是因为我们认为某种生活形式是理所当然的。当维特根斯坦在其《论数学的基础》(1956 年版）中说“实际情况难道不是这样的吗，即只要人们认为不可能出现其他情况，他们就会得出各种逻辑结论”（第 155 页）的时候，他已经非常简明扼要地表达了这一点。不过，维特根斯坦认为下列说法是正确的，即我们都受到了各种推理法则的强制——这种强制与人类社会的其他任何法则对我们的强制毫无二致。因此，让我们考察一下一个具有与我们的文化截然不同的文化的社会，看一看它那些成员实际上是否被迫进行不同的推理。

第三节 阿赞德人的逻辑与西方科学

埃文斯-普里查德①论述阿赞德人②的著作（1937 年版)，曾经描

---

① 埃文斯-普里查德（Sir Edward Evan Evans-Pritchard，1902—1973)：英国著名社会人类学家，以调查研究非洲文化闻名于世，著有《阿赞德人的巫术》、《努埃尔人》等。——译者注

② 阿赞德人（Azande)：又称“尼安—尼安人”，分散居住于中非的民族，过去曾以食人著称；具有比较模糊的神的观念，崇尚祭祖，但认为巫术魔法比祭祖更重要。——译者注

述过一个与我们的社会根本不同的社会。它所具有的最引人注目的特征是，只要不请教某种神谕，一个阿赞德人所做的任何一件事情就都没有什么意义。他们给一只小鸡喂少量毒药，并且以使一个问题可以得到“是”或者“否”的回答的方式，对这种神谕提出这个问题。这只小鸡的幸存下来或者死去，便传达了这种神谕所作出的回答。在阿赞德人看来，人类的每一种灾难都是由巫术造成的。那些巫师所具有的敌意和恶毒的影响力，就是造成这些灾难的原因。当然，他们用来探测这种原因的主要方式就是神谕。

成为一个巫师，并不只是一个有关天意安排的问题。它是一种遗传下来的生理特性，由一种存在于腹部的、被称为魔力实体（witchcraft-substance）的实体组成。一个男巫师可以把他的魔力实体传给他的所有儿子，而一个女巫师则可以把她的魔力实体传给她的所有女儿。可以通过验尸来探测这种实体，而且进行这样的验尸有时候是为了确定或者驳斥有关巫术的指责。

看来，为了确定一系列人一直是巫师，或者可以成为巫师，只需要一个与巫术有关的、单一的、具有决定性意义的、毋庸置疑的案例，这似乎是一个清楚的逻辑推理。同样，确定了一个男子不是巫师，也就排除了他的所有男性亲属是巫师的可能性。然而，阿赞德人并不是根据这些推理活动的。正像埃文斯-普里查德所指出的那样：

> 正像我们所想的那样，如果一个人被证明是一个巫师，那么
> 根据事实来看，他所在的这个部落就都是巫师，这似乎是非常明
> 显的，因为阿赞德人的部落是一组根据父系、通过血缘关系联系 139
> 起来的人。阿赞德人理解这种论断的意义，但是他们并不承认由
> 这个论断得出的那些结论，而且假如他们承认了这个结论，它就
> 会涉及有矛盾的整个巫术概念。（第 24 页）

从理论上说，属于一个巫师的部落的所有人都应当是巫师。人们实际上却只认为一个已知巫师的那些具有紧密父系关系的人才是巫

师。为什么会出现这种情况呢?

埃文斯-普里查德的说明既清楚又直截了当。他通过考察阿赞德人优先考虑那些与巫术有关的、特殊的具体情况，而不是优先考虑一般的抽象原则，来说明已经发生的情况。他通过指出阿赞德人从来不向神谕提出某某人是不是巫师这样的一般问题，来具体说明他们那已经地方化的兴趣焦点。他们所问的是某某人在此时此地是不是正在对某个人施巫术。因此，“阿赞德人并没有觉察到我们所认为的矛盾，因为他们对这个主题没有任何理论方面的兴趣，而他们在其中表达他们那些巫术信念的情境，也没有把这个问题强加于他们”(第 25 页)。

这种分析显然包含着两个核心观念。首先，无论阿赞德人理解了没有，他们的观点中确实包含着一个矛盾。阿赞德人犯了一个制度化的逻辑错误——他们至少在某种程度上具有逻辑方面的盲目性。其次，如果阿赞德人认识到了这种错误，那么他们的主要社会制度之一就难以维持下去了。这种制度就会受到下列威胁，即人们要么认为它是有矛盾的，要么认为它具有某种逻辑缺陷，这样它的继续存在就会受到威胁。换句话说，阿赞德人必须坚持他们的逻辑错误，否则，他们就会受到社会动乱和必须改变他们的生活方式的惩罚。第一种观念是有关逻辑唯一性的信念;第二种观念则是有关逻辑潜能的信念。逻辑之所以具有潜能，是因为逻辑混乱会导致社会混乱。

为了对这种分析提出质疑，我们可以诉诸维特根斯坦的思想。正像我们在上一节结束时引用的引文所表明的那样，维特根斯坦有时候把得出逻辑结论的过程与不可能出现其他情况的思维过程等同起来。逻辑推理步骤就是那些被我们认为理所当然的步骤。现在，阿赞德人显然认为“在一个巫师的部落中，不可能所有的人都是巫师”是理所当然的。对于他们来说，与此不同的其他情况根本不可能存在。所以，根据这种观点不得出这种结论是合乎逻辑的。但是对于我们来说，由于它是一种合乎逻辑的结论，所以这里必定不只存在一种逻辑:既存在阿赞德人的逻辑，也存在西方人的逻辑。这样，我们就可以拒斥埃文斯-普里查德所使用的逻辑唯一性前提。

在一篇题为《理解原始社会》（1964 年版）的文章中，彼得·温 140
奇（Peter Winch）已经对这种探讨进行了发展。他通过引用维特根斯坦的《论数学的基础》来进行论证。他要求我们考虑一个游戏："通过运用一个特别简单的诡计，任何一个开始玩这个游戏的人就总是能够赢。但是，这种想法是不现实的——所以它不是一个游戏。因此，无论哪一个人使我们注意它，它都不再是一个游戏了。"（第二章，第 77 页）应当注意的是，它这时不再是一个游戏，而不是说它从来就不是游戏。他邀请我们把这个游戏、把这些玩游戏的人所具有的知识状态，以及他们因此而形成的态度，都当作形成一个整体的东西来看待。这个游戏，以及有关这种诡计的额外的知识，构成了一个与众不同的整体。它构成了一种与众不同的活动。同样，我们也应当把阿赞德人的信念，以及它们所具有的那些特殊的界线、脉络和运用过程，都看作是构成了一个独特的、自给自足的整体。它们构成了一种特殊的、可以玩的游戏。如果我们认为它只不过是一个更大的游戏的片段，或者只不过是一个与众不同的游戏，那么我们对这个整体的觉察就会受到歪曲。

此后，为了强调阿赞德人那些生活过程所具有的自给自足特征，温奇便请我们注意存在于这种游戏类比和正在被讨论的案例之间的某些差异。的确，这个古老的游戏由于这种新的信息而显得陈旧过时了。人们一旦知道了这种诡计是怎么回事，这个古老的游戏就会由于这种知识的剧烈影响而彻底失败。这表明它并不是独立自足的，而实际上是一个更加宽泛的系统所具有的并不牢靠的部分。但是，当阿赞德人注意到（我们所认为的）它那些完整的逻辑涵义的时候，他们并没有完全放弃巫术。他们并没有陷入混乱状态。温奇指出，这种情况显然证明，阿赞德人的巫术及其逻辑都无法与西方人的视角相提并论。它们都不是作为部分而与整体联系在一起的。他们的游戏是一种非常与众不同的游戏，因而不能自然而然地发展成为我们的游戏。

就这些针对埃文斯-普里查德的反对意见而言，需要注意的重要之处在于，在后者所提出的两个核心观念中，只有一个观念受到了质疑。温奇的案例只是就逻辑的唯一性提出了争议；他并没有对逻辑的潜能提出异议。的确，看来他也同样坚持这种信念。这种批评似乎承认，如果阿赞德人的那些信念中曾经存在过某种逻辑矛盾，那么他们的巫术制度就确实受到过威胁。他通过指出这里必定存在某种与众不同的逻辑，来说明这种制度为什么没有受到任何威胁。

如果密尔的观点是正确的，那么逻辑就恰恰是潜能[1]的对立面。对各种逻辑图式的运用，只不过是安排我们那些事后想法的一种方式，而且始终是一个有待于协商的问题。让我们看一看，一旦抛弃了前面这两种说明所共同坚持的这种有关潜能的假定，这个有关阿赞德人的案例将会得到什么样的分析。

曼斯菲尔德勋爵可能会为阿赞德人感到骄傲。他们通过勇敢地作出其决定，同时却放弃了某种详尽的辩护结构，把他的忠告付诸实践
141 了。他们遵循他们的神谕所发出的那些有关谁在从事巫术活动的决定，而且同样确信并不是存在于这个作恶者部落之中的每一个人都是巫师。这两种信念都是稳定可靠的，对于他们的生活来说都具有关键性意义。那么，威胁这个整体部落的逻辑推理是什么样的逻辑推理呢？答案是这个部落根本没有受到任何威胁。这里不存在使他们那些稳定的信念受到质疑的任何危险。即使这种推理曾经变成过争论的焦点，人们也会通过巧妙的协商消除这种威胁，而且这件事情本身并不难做到。人们所需要的只不过是作出少数几个巧妙的区分而已。例如，也许有人会承认这个部落的每一个人都遗传了魔力实体，但是这种人仍然会坚持认为，这并不意味着他们都是巫师。有人实际上也许会这样宣称，任何一个部落里的任何一个人都具有成为巫师的潜能，但是这种潜能只是在某些人那里得到了实现，而且只有这些人才能真正被叫作巫师。有证据表明，阿赞德人有时候确实采取这样的行动。一个曾经一度被人们当作巫师而加以指责的人，并不会始终受到这样的对待。阿赞德人说过，这是因为他所具有的魔力实体是“冷漠的”。

---

① “潜能”：作者在这里用的原文是“potent”，疑是“potency”之误拼，今依上下文的意思按“potency”译出。——译者注

无论对于什么意图或者意向来说，他都不再是个巫师了。逻辑并不对这种巫术制度构成任何威胁，因为一部分逻辑总是可以得到另一部分逻辑的对抗。除非某些人运用这种推理是为了造成某种威胁，否则，这种威胁是根本不会出现的；即使这些人这样做了，构成这种威胁的也是这种逻辑的运用者，而不是这种逻辑本身。

我们可以用图 11 的形式来表示这种情境。图 11 表明，真正具有举足轻重意义的因素，是存在于这种情境之中的、从社会角度来看被认为是理所当然的两种成分：神谕的用处，以及这个部落作为一个整体的一般性幼稚无知。这两种成分都得到了传统的认可，对于阿赞德人的生活方式来说也具有关键性意义。从其中的一方出发进行的纯粹的逻辑性外推（extrapolation），并不会干扰另一方。一旦人们需要对社会所具有的这两种特征的共同存在进行某种辩护，一种由事后想法组成的适当的结构就会出现。即使一种辩护结构未能发挥作用，另 142
一种结构也总是可以被人们产生出来。

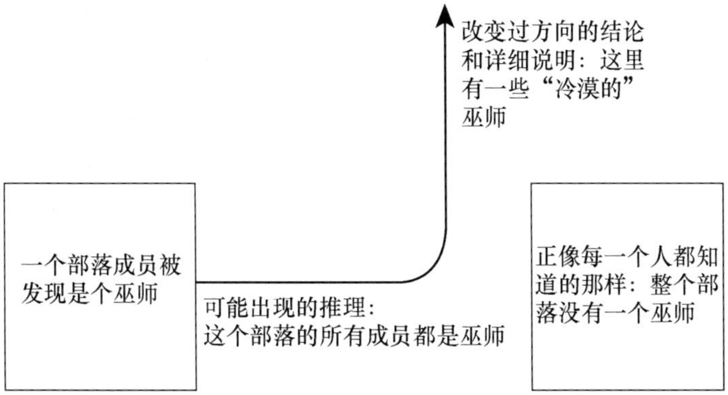

改变过方向的结论和详细说明：这里有一些“冷漠的”巫师

一个部落成员被发现是个巫师

可能出现的推理：
这个部落的所有成员都是巫师

正像每一个人都知道的那样：整个部落没有一个巫师

图 11 逻辑的无能

我们能够通过想象把这种对巫术的指责扩展到针对整个部落——这个事实之所以存在，只不过是因为我们并没有真正感受到这种结论所受到的压力而已。我们可以使我们的思想本身既不用承担责任也不会受到任何反对地扩展下去。如果我们确实感受到了与它那显而易见的荒谬性有关的压力，同时确实感受到了我们必须提出各种理由，那么我们也会轻而易举地这样做。

我们显然可以把存在于这幅图画之中的主要社会变量分成两类。这里既存在各种被人们认为是理所当然的制度，也存在某种程度上的、对把这些制度联系起来的各种观念的详细阐述和发展。就这个有关阿赞德人的案例而言，这种详细阐述所达到的程度是最低的。而它在其他文化中则会得到高度的发展。人们也许会貌似合理地假定，这种详细阐述所达到的程度和具有的方向，是人们那些社会意图所具有的一种功能，是他们那些互动所具有的风格、所达到的强度。它既不可能是某种无论增长还是不增长都毫无原因的东西——就好像它是一种自动到来的开花期（efflorescence）那样的东西，也不可能是某种由其内在的辩证规律支配的东西。只要这种情境使它增长，它就会增长，此外再也没有其他原因了。

为了理解这种结论的合理性（justice），让我们来考虑一个例子。假如一个外国的人类学家和我们一起进行下列推理：就你们的文化而言，谋杀者就是一个故意杀害另外一个人的人。轰炸机飞行员故意杀害人民，所以他们都是谋杀者。我们可以理解这种推理的观点，但是却会抵制它所得出的结论，这是毋庸置疑的。我们这样做的理由可能是，这位外国的观察者实际上并不理解什么是谋杀者。他不可能理解他已经混为一谈的这两种案例之间的区别。我们也许会这样回答说：谋杀是一种个体行使意志的活动。轰炸机飞行员们是在履行一种责任，而这种责任是经过那些政府专门认可的。我们把专门适用于军人的特殊角色与其他角色区别开来了。这位人类学家在查阅过他的笔记本之后也许会告诉我们，他曾经看到过人们对那些前来轰炸的飞机挥舞拳头，并且尾随其后喊着“谋杀者”。而我们在这种情况下则可能回答说，谋杀和战争中的杀人确实有某种相似之处，而且在他所观察的那些牺牲者的心目之中，最突出的是这两者的相似之处，而不是它们的差异，这也是毋庸置疑的。我们还可能补充说，我们几乎不可能希望受到这样的刺激的人们仍然完全合乎逻辑地进行思考，因而他所看到的情况，是一种可以理解的、对有关严格意义上的理性行为举止之诸准则的背离。在这种情况下，这位人类学家也许会不断地用更多有关（作为平民百姓的）小汽车驾驶员杀人的问题来问我们。他很可能会被有关偶然事故、过失杀人、意外事故、责任、错误以及故意杀人的概念这些在我们的文化中扩散的、错综复杂的方式迷住，这是毋庸置疑的。这位人类学家甚至会得出下列结论，即我们虽然理解他那 143
些论证的要点，但是却试图通过某种“特别的”（ad hoc）、由各种形而上学区分组成的不断转化的混乱，来回避这些论证所具有的逻辑力量。他也许会说，在那种文化之中，他们对各种逻辑结论并不特别感兴趣。他们非常偏爱他们的形而上学混乱，因为如果不这样做，他们的整个惩罚制度就会受到威胁。

这个持怀疑态度的人类学家可能是错误的。我们并不会为了保护我们那些制度在逻辑批评的压力下不致崩溃，而进行这样的推理。毋宁说，我们之所以进行这样的推理，是因为我们从常规的角度接受了轰炸机飞行员和小汽车驾驶员的活动，并且根据它们来调整我们的推理过程。这些制度都是稳定的，而我们那些非形式的推理过程也可以作出必要的调整。就我们有可能感受到这位人类学家的逻辑推理所具有的力量而言，出现这种情况的原因在于，我们已经对这些制度持批评态度。持批评态度意味着，这样的人已经被谋杀与其他活动的类比迷惑了。把这些案例等同起来的非形式的归纳过程，先于那些被我们用来合乎逻辑地展示我们的谴责的形式推理步骤而存在。

这个详细的说明过程是我们的文化所具有的一个一般的特征，它不仅在我们的科学中随处可见，而且在我们的常识中也同样如此。我们可以再引用一次在科学史上受到人们很多鄙视的、有关燃烧过程的燃素论，作为有关这种情况的一个有趣的例子。我们可以回忆一下，根据这种理论，我们现在称之为“氧化物”的东西，在一开始的时候是一种被称为“矿灰”的单纯的存在物。这种理论根据下列假定开始论述：

金属＝矿灰＋燃素

当燃烧一块金属的时候，它就会转化成矿灰，因而燃素就从其中被消除了。然而，人们当时已经认识到，矿灰要比这种金属重一些。对燃素的消除或者提取却导致了重量的增加。消除某种东西怎么可能导致重量的增加呢？在这里，考虑减去一个负数是颇具诱惑力的，因为这样做等于增加某种东西，因此，$-(-a)=+a$。所以，人们很容易认为，从这种实验结果得出的合乎逻辑的结论就是燃素必定具有某种“负重量”。历史学家们有时会说，燃素论“意味着”燃素具有负重量（例如，参见 Conant，1966 年版）。显然，负重量毋宁说是一种奇特的属性，所以也可以认为这种涵义表明，这种理论是奇特的、难以置信的，甚至是注定要失败的。实际上，绝大多数坚持这种理论的人都不认为必须得出这种结论。毋宁说，他们作为牛顿的忠实追随者，都认为绝不能继续接受“负重量”这个概念。

与得出这样的结论不同，他们的论述是非常简单的。当燃素脱离
144 这种金属的时候，另一种存在物就会进来占据它的位置。把燃素抽取掉并没有留下纯粹的矿灰，而是留下了矿灰和某种另外的东西的混合物。水就是可以选择的这样一种另外的东西，因为与燃素有关的某些反应似乎都涉及它，但是人们当时根本不清楚它究竟发挥什么作用。这种理论是走向澄清它所发挥的作用的一个步骤。现在，即使假定燃素具有真正的正重量（positive weight），消除它的同时仍然会出现重量的增加。人们在这里所需要的只不过是，进来占据燃素位置的水具有更大的重量。从一个简单的削减模型出发所得出的逻辑强制力，受到了一个关于取代的模型的遏止。

对于那些决心看一看这种具有神圣色彩的古老理论的最糟糕情况的人来说，这样一种详细说明似乎只不过展示了有悖常情的巧妙安排。应当用愤怒来对待它，就好像它纯粹是一种回避“燃素具有负重量”这个真实而又令人诅咒的逻辑结论的尝试那样。实际上，就详细论述一种科学理论而言，它是一个非常标准的步骤。它与那个在某些年以后出现的、有助于化学原子论在一个不同的情境中出现的步骤，是完全相同的（Nash，1966 年版）。

盖-吕萨克[1]就气体的结合方式而言发现过一种简单明了的经验定律。假定气体 A 和气体 B 结合构成气体 C。他发现，在温度和压力相同的条件下，一个单位体积的气体 A，总是和一个、两个或者三个单位体积的气体 B，抑或总是与气体 B 的某个比较小的整数倍单位体积相结合。道耳顿[2]的原子论使科学家们认识到，把各种化学的化合过程当作由原子的直接结合导致的通程来考虑具有重要意义。因此，盖-吕萨克的研究结果表明，如果一个单位体积的气体 A 与——比如说——一个单位体积的气体 B 相结合，那么这必定是因为这些体积相同的气体包含着数量相同的原子。

这种简单而又非常有用的观念所遇到的唯一麻烦是，在同样的温度和压力下，有时候一个单位体积的气体 A 与一个单位体积的气体 B 相结合，会产生两个单位体积的气体 C。就氮气和氧气而言，情况就是如此。现在，只有这些原子可以分为两半，这种认为这些单位体积相同的气体包含着数目相同的原子的观念才能得到人们的坚持。如果原子不能分为两半，那么这两倍单位体积的气体之中的每一个单位体积的气体，就只具有一半数目的原子了。道耳顿反对这种结论，并且准备不惜以牺牲这种简单明了的实验结果及其所表明的这个简单观念为代价。原子无疑是不可分的，那么盖-吕萨克也许把他那些实验结果过于简单化了？

然而，所谓“要想坚持单位体积相同的气体具有数目相同的原子这个结论，就必须认为原子是可分的”这样一个结论，是很容易避免的。人们所需要假定的只不过是，每一个气体分子实际上都是由两个 145
原子组成的。当气体 A 和气体 B 结合的时候所发生的情况是，这种化合物是通过一个气体 A 的原子取代一个气体 B 的原子而形成的。它们的结合发生了，不过不是通过简单相加发生的，而是又一次通过

[1] 盖-吕萨克（Joseph-Louis Gay-Lussac，1778—1850）：法国化学家、物理学家，气体研究的先驱，对化学的各个分支都有重要贡献，特别擅长细致的定量实验。——译者注

[2] 道耳顿（John Dalton，1766—1844）：英国自学成才的化学家、物理学家，以其创立的原子论使化学成为一门真正的科学，著有《化学原理的新体系》等。——译者注

取代而发生的。这是阿伏枷德罗①提出的假说。它在物理学和化学方面的貌似合理性虽然难以确立，但是它的逻辑基础是非常简单的。作为对原子论的各种基本信条的一种详细阐述，它非常接近使燃素论得以发展的那种观点。

所有这一切都表明，阿赞德人在很大程度上是像我们这样思考的。他们对于从他们那些信念中得出“逻辑”结论的极不情愿，与我们极不情愿放弃我们的各种常识信念和富有成果的科学理论是非常相似的。的确，他们那显而易见的拒绝合乎逻辑，与我们发展各种精确和复杂的理论结构，所依据的基础是完全相同的。他们关于巫术的信念似乎与我们的各种信念一样，都是对同一些力量作出的回应——尽管这些力量发挥作用的程度和方向理所当然地各不相同。我们的推理经常是通过一组发挥辩护作用的区分体现出来的。我们保留那些与我们的各种更加详细的协商有关的、非常详细的登记和记录，我们的备忘录也会把各不相同的事情记录下来。不过，这些相似之处使追求某种由理智性的详细说明组成的、发挥说明作用的理论的做法具有了貌似合理性——不仅阿赞德人这样做，提出原子论的科学家也这样做。

这样的看法把有关阿赞德人是否具有某种与我们不同的逻辑的问题置于何处呢？已经得到描绘的画面是，阿赞德人的心理特点与我们的心理特点完全相同，但是他们的制度却与我们的制度根本不同。如果我们把逻辑与有关推理过程的心理特点联系起来，那么我们就会倾向于说它们具有同样的逻辑；如果我们把逻辑与思想所具有的制度性框架更加紧密地联系起来，那么我们就会倾向于认为这两种文化具有不同的逻辑。选择后一种做法将会与我们前面几章对数学的论述相一致。然而，对推理过程既包含着心理因素，又包含着制度因素的基本承认，要比这些定义方面的问题重要得多。我们具有的进行推理的自然癖性，和我们所具有的在其他所有方面的自然癖性一样，本身并不构成一个稳定和有序的系统。要想划出各种界线，为每一种倾向都分

① 阿伏枷德罗（Amedeo Avogadro，1776—1856）：意大利物理学家，以提出“在温度和压力相同的情况下，等体积的气体含有数目相同的分子”的定律著称于世。——译者注

配一个被认为专门属于它的领域，就需要具有某种非个人的（impersonal）结构。因为自然而然的均衡状态并不存在，所以一种推理思路的确会与另一种推理思路发生冲突——就像一个人的趣味或者欲望会与另一个人的趣味或者欲望发生冲突那样。对一种倾向进行不受任何约束或者自然而然的表达，只不过意味着进一步掩盖其他倾向。这就造成了有关分配的问题，因而进行协商也就是不可避免的了。

在这里，数学可以提供一个有关这种观点的具体说明。我们可以回忆一下，对“二”的平方根[①]不是有理数的证明包含着一些步 146
骤——人们虽然可以不受任何约束地进行这些步骤，但是当代数学却不允许对这些步骤进行自然而然的表达，这是理所当然的。人们可以对用来证明一个数当初是奇数，之后又是偶数的常规重复使用。而实际发生的情况则是，这种结论是与有关一个数不能既是奇数又是偶数的假定相冲突的。其结果既不是静态的对抗（confrontation），也不是拒斥对立双方之中的一方或者另一方。与这种情况不同的是，人们得出了一种区分。对于希腊人来说，这种区分是对数和量值的区分；而对于我们来说，这种区分则是对有理数和无理数的区分。

各种协商都可以创造意义。所谓“二”的平方根是无理数这样一个结论，是不会在协商过程所涉及的任何一个概念内部找到的。它是被人们在解决一个问题的情境中匆匆提出来的，因此，它是人们对这种情境中存在的各种力量作出的回应。希腊人之所以作出了与我们的回应不同的回应，原因就在于此。我们的概念所具有的各种界线和内容，与其说是被发现的，还不如说是我们的地域（countries）所具有的界线，或者不如说是我们的制度所具有的内容。它们都是被创造出来的。现在，我们将用另一个选自数学史的案例来具体说明这一点。它可以更加清晰地表明协商所具有的这种生成（generative）特征。

---

① 原文此处用的是“the squared root of two”，应译为“根值二的平方”；但是，根据上下文的意思和数学理论来看，这里的“squared”应当是“square”的误拼，这里按照后者译出。——译者注

第四节　数学中对于证明的协商

大约在 1752 年前后，欧拉曾经注意到下列事实，即取一个诸如立方体或者棱锥体这样的固体，计算其角或者顶点的数目（V）、其边的数目（E），以及其面的数目（F）。这样就可以发现它们符合下列公式：$V-E+F=2$。迅速查看一下其他图形，诸如图 12 中所列出的各种图形，我们就可以发现这个公式也适用于它们。

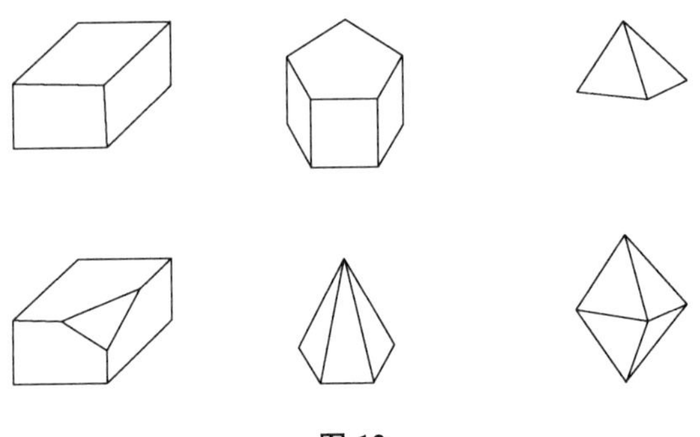

图 12

147 诸如此类的图形被叫作多面体，而它们的表面形状则被叫作多边形。欧拉相信，他的公式适用于所有各种多面体；而且在考察了一大批案例的基础上，他认为有理由把这个结论称为定理。今天，通过这种方式得出的结果再也不可能用定理这个名义来提高自己的身价了。人们将会认为它只不过拥有归纳方面或者道德方面的确定性而已。各种归纳性一般概括总是有可能与一个随后出现的反例相冲突。而真正的定理则必须具有一个证明过程。

证明所具有的本性以及证明所得出的确定性，是对数学的任何一种自然主义说明都必须对其作出让步的东西。人们通常对证明的描述是，它可以使一个定理获得完全的确定性和终结性（finality）。这一点似乎可以使各种数学定理超越那些社会学理论和心理学理论的势力范围。通过运用拉卡托斯对有关欧拉定理的旷日持久的辩论的分析，也许可以破除某些有关证明的这种本性的刻板的观念，并且为一种自然主义探讨开辟道路。

柯西曾经在 1813 年提出过一个非常巧妙的观念，这个观念似乎可以证明欧拉定理。它以一个可以对多面体进行的“思想实验”为中心。可以设想多面体都是由片状橡皮组成的，而且它们的一个面已经被消除了。现在，对 V、E 和 F 的计算可以得出一个 F 所具有的经过“一”的约化的值。这意味着 $V-E+F=1$——当然，这是以当初这个等于“二”的公式运用于这个图形为条件的。因为这个图形已经有一个面被消除了，因此可以设想它是张开的和被铺成平面的。例如，在被铺成平面以后，立方体和棱锥体就会看上去如图 13 所示：

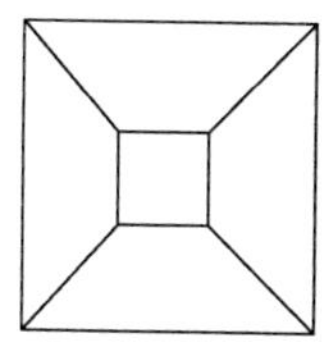
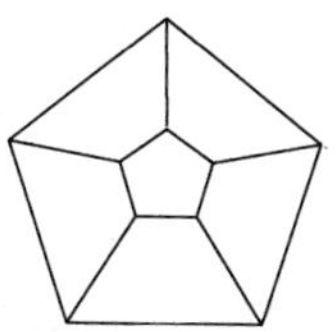

图 13

（由图 14 表示的）证明的下一步，是在这些经过伸展的图形上画出一些对角线，从而使这些平面转化成几组三角形。通过为了形成一个三角形而增加一个边，数目 E 就显然增加了数字“一”，这样就可以得到有关各个面的数字 F。新加的每一个面都会造成一个新的面。因此，在这个三角形划分的过程中，$V-E+F$ 的总和的值并没有变化，因为这两者的增加值在这个公式中是可以互相抵消的。

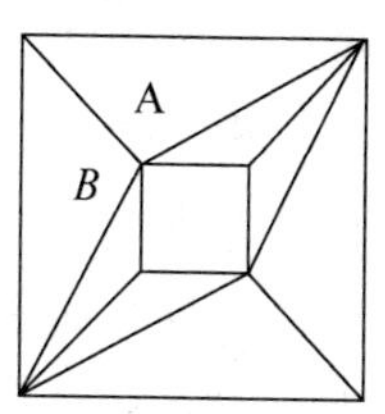

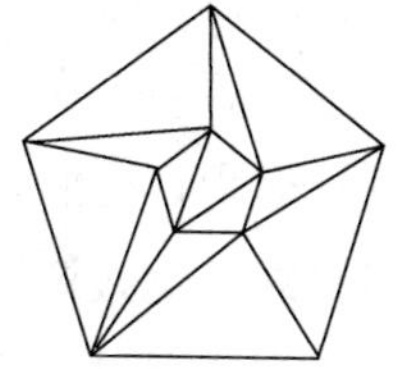
148

图 14

证明的最后一步是把这些三角形一个一个地消除。当我们消除一个三角形，比如说图 14 中的 A 三角形的时候，一条边和一个面就会消失。因此，这个公式的值仍然没有发生变化。这种情况也同样适用于图中的 B 三角形。由于 A 三角形已经被消除了，因此，B 三角形的消失意味着两条边、一个顶以及一个面消失了。这个公式的值仍然没有发生任何变化。由于所有这些运算过程都没有使这个公式的值发生变化，所以我们可以得出下列论断：如果欧拉的公式就当初的多面体而言成立，那么 $V-E+F=1$ 就将适用于在消除了其他所有三角形以后剩下的那个三角形。它确实适用于这个三角形，所以这就证明当初的公式是正确的。

这种证明所具有的总体性要点在于，它表明了欧拉所注意到的这种属性怎么会是下列事实的一个自然而然的结果，即一个三角形具有三个顶、三条边——当然，还具有一个面。当初的思想实验只不过是把多面体看作是由三角形组成的一种方式。通过在对多面体进行伸展和形成三角形的过程中清楚地展示这个事实，这种观点就可以得到详细说明。这种证明所发挥的作用是，使人抓住通过审视过程出现的事实，并且使它与人们比较了解的公式相一致。和有关物理容量的模型，或者把事物安排得相互一一对应的模型一样，这种伸展多面体和形成三角形的过程也需要诉诸经验。它使我们注意那些存在于我们的经验之中的成分，把它们分离出来，并且使它们转化成为一种看问题的常规方式。令人困惑不解的事实是根据简单的图式得到说明的。

诸如柯西这样的证明显然违背了曼斯菲尔德勋爵的忠告。进行这些证明的人通过为其主张提供理由，便开辟了一条战线——只要他们沿着这条战线进行研究工作，他们就会受到攻击。也许某些多面体符合欧拉的公式是毋庸置疑的，但是柯西的推理过程是否说明了情况必然如此的原因，却是令人怀疑的。例如，所有各种多面体都能够以这种证明所要求的方式消除一个面，并且伸展开来吗？对于每一条新的边来说，形成三角形的过程总是可以产生一个新的面吗？对任何一个三角形的消除都不会改变这个公式吗？从可以提出论据加以证明的角度来看，所有这些问题的答案都是否定的。拉卡托斯指出，柯西并没

有注意到，如果这个公式应当像这种证明所要求的那样保持不变，那 149
么消除这些三角形的过程就必须通过消除那些处于边界的三角形来小心翼翼地进行。

现在，一个有趣的情境出现了。这种证明似乎会、实际上往往会增加这个结果所具有的必然性，但是它同时又提出了比它作为开始的问题更多的问题。拉卡托斯以非常高超的技巧，具体说明了存在于作为一个方面的有关证明的各种观念所提供的不断增加的对策，和作为另一个方面的各种新问题和新论断的产生过程之间的辩证法。

吕利耶（Lhuilier）在 1812 年、埃塞尔（Hessel）在 1832 年，都亲眼目睹了欧拉的定理和柯西的证明的一个例外情况。让我们考虑一下图 15，它表明了一个立方体存在于另一个立方体内部的情况；我们可以认为，这个存在于内部的立方体是一个存在于较大的外部立方体之中的空洞。对各种面、边以及顶的数目的直接计算可以表明，它并不能满足这个定理。柯西的思想实验也无法进行下去了。从其中的任何一个立方体中消除一个面，都无法使这个立方体伸展成平面。

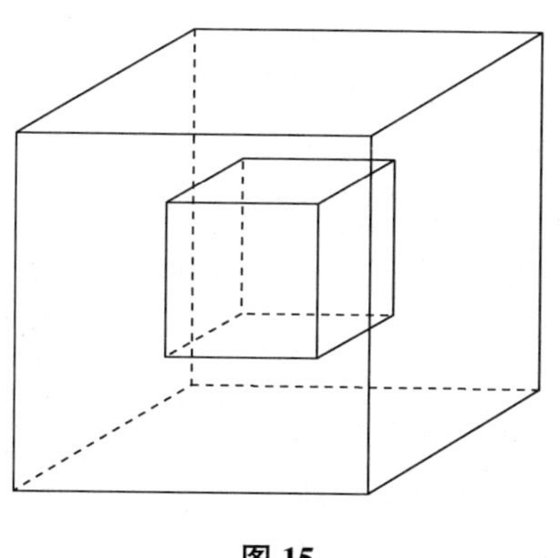

图 15

当一个证明遇到反例的时候，这里的问题就是：确定这种情况究竟是表明这个证明实际上根本就不是证明，还是这种反例实际上根本就不是反例呢？它也许只是限制了这个证明的范围。如果人们假定证明可以一劳永逸地确定需要证明的命题的真理性，那么这种反例就必定出了问题。与这个定理所表示的那些当初的案例相比，这个有关嵌套在一起的立方体的反面案例显然要复杂得多，不过，它当然符合勒让德①在 1794 年提出的多面体定义。换句话说，它是一个固体，而且它的各个面都是多边形。这个定义也许是错误的，而且“多面体”的意思可能是说——或者说人们实际上从一开始就打算用它来表示，多面体是由多边形的面组成的表面。这个定义是由容基埃(Jonquières) 在 1890 年提出的。它可以消除这个有关嵌套在一起的立方体的反例。由于是一个固体，而且是一个特殊的固体，所以人们没有必要再把它当作一个多面体来计算。这个定理之所以现在不再受到任何威胁，是因为它是有关多面体的定理。

埃塞尔也对这个问题提供了一个答案。让我们考虑两个棱锥体，
150 它们如图 16 所示有一个顶连在一起。这虽然是一个由多边形的面组成的表面，但是 $V-E+F=3$，因而柯西的思想实验在这里也不适用。通过消除一个面并不能使它伸展成平面。当然，我们在这里也可以提出同样的问题：这种奇形怪状的东西是多面体吗？早在 1865 年，麦比乌斯②就已经以一种可以排除这种反例的方式为多面体下过定义。他指出，多面体是一个多边形系统——诸如两个多边形的每一条边都相遇，因而在这里可以在不经过顶的情况下从一个面到另一个面。这里的后一句话显然消除了两个棱锥体在一个点上相连的可能性。即使麦比乌斯对多面体的意义的详细说明可以排除埃塞尔所提出的那些例子，也仍然有另外一些例子不受这些屏障的限制。例如，图 17 之中的画框符合麦比乌斯的定义，但是柯西的证明在这里仍然不起作用：人们无法把它伸展成平面。

---

① 勒让德（Adrien-Marie Legendre，1752—1833）：法国著名数学家，在椭圆积分方面作出过突出贡献，著有《确定彗星轨道的新方法》、《几何基础》、《椭圆函数论》、《数论》等。——译者注

② 麦比乌斯（August Ferdinand Möbius，1790—1868）：德国著名数学家、理论天文学家，著有《重心计算》、《静力学手册》、《天文学原理》、《天体力学基础》等。——译者注

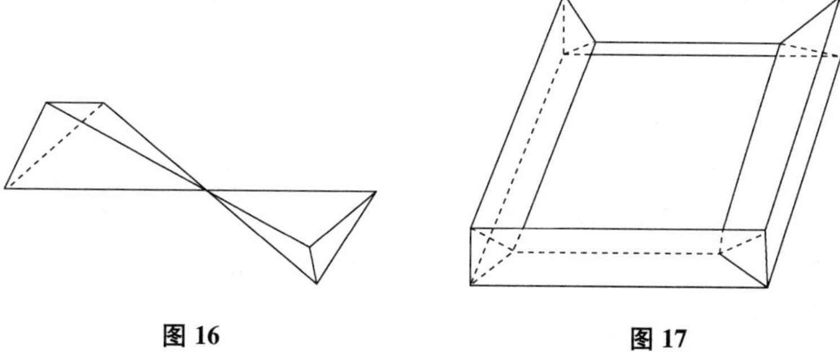

图 16　　　　　　图 17

为了对这种情况作出回应，人们缩小了这个证明的范围，把它陈述如下：对于那些简单的多面体来说，$V-E+F=2$——在这里，“简单的”是指它们都可以被伸展成平面。即使如此，其他问题仍然存在。一个使另一个立方体处于其顶部的立方体便造成了麻烦。在这里，问题不再是与伸展成平面有关，而是与形成三角形的过程有关（参见图 18）。当人们把它伸展成平面以后，图中的阴影部分就变成了一个环。如果人们在形成三角形的过程中增加一条线，从而把 A 和 B 联系起来，那么边的数目就会增加，而面的数目却并没有增加。这样，这个证明过程就有一个关键性步骤出了问题。为了避免这个问题，人们还可以进一步修改这个定理。可以增加一句话，从而把这个像环一样的面从这个公式所处理的图形中消除掉。这样，这个公式就变成了：对于那些具有简单地联系起来的面的简单的多面体来说，$V-E+F=2$。这样，这个证明过程就可以进行下去了。

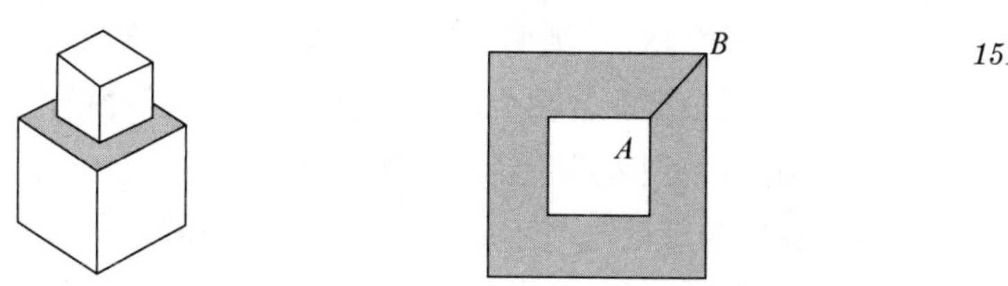

151

图 18

这里的整个过程在于，这个定理是作为一个归纳概括开始存在的。有人提出了一个证明，这样就为人们通过表明这种证明为什么必定正确的活动不断扩大批评的范围，开辟了道路。各种反例的存在表明，人们对多面体是什么、不是什么并不很清楚。人们需要对“多面体”这个术语的意义作出决定，因为就这些反例所揭示出来的未说明部分而言，它是非常不明确的。人们必须对它进行创造或者协商。这样，通过创造一种由各种定义组成的详细的结构，这个定理的证明和范围就可以得到巩固。这些定义都是由于这种证明和各种反例之间的冲突才产生的。它们都是有关这些协商过程的备忘录或者登记。这种证明并不是通过这些定义而进行的。毋宁说，这种证明所具有的最后的形式结构，就是以前已经被人们非形式地考虑过的那些特殊案例所具有的一种功能。和曼斯菲尔德勋爵那些事后想法一样，拉卡托斯的各种定义实际上也是在某种数学研究工作结束的时候，而不是在这种研究工作开始的时候出现的。当然，人们现在可以把这个公式表现成似乎从这些定义出发就必然可以得出的东西。但是，这些定义实际上所反映的，却是那些把它们构想出来的人所具有的意图。例如，它们可以揭示哪些图形类型，以及图形所具有的哪些特征，曾经被认为是重要的和令人感兴趣的。人们详细阐述它们的程度将会指出一个范围——在这个范围中，人们必须小心翼翼地处理各个方面；而——比如说——与这个范围相邻的领域，则已经被人们出于其他意图而进行了彻底的改造。

这种过程并没有使各种定理的正确与否变得无关紧要，也没有使各种证明变得毫无用处。拉卡托斯使我们注意到了曼斯菲尔德勋爵的忠告所忽略的东西：“证明”这个观念是一种非常宝贵的资源。它与密尔那些物理模型非常相似。它要求人们根据某种模型来考虑问题，并且运用这种模型来进行各种类比、得出各种结论。作为一种资源，“证明”这个观念可以用两种主要方式来发挥作用。首先，它允许人们预期或者创造各种反例。一位律师为了确定他刚刚发现的一个案例所具有的论据不充分的方面，为了预期他的对手提出的论证所可能具有的结构，使用某种方式来仔细考察这个案例；因此，人们也可以用同样的方式来考察一个证明。其次，无论一个证明是成功还是失败的，“证明”这个观念都仍然存在，并且可以被人们当作以后的研究

工作的一个模型和指南而再次使用。我们已经看到罗贝瓦尔是怎样运
用早期希腊人有关“数的原子论”的证明观念的——尽管在人们发现 152
了各种无理量值以后，这种理论已经声名狼藉了。从那以后，这种证明所具有的充分资源一直没有得到开发利用。

拉卡托斯试图用他的例子表明，数学和其他科学一样，都是利用一种由猜想和反驳组成的方法进行研究的（参见 Lakatos，1962 年版，1967 年版）。他为了使数学等同于波普尔的认识论而作出的努力意味着，他和社会学家一样，都希望消除数学所具有的由静态的完美和具有强制力的统一体组成的神圣光环。如果说对数学的波普尔式的探讨可以存在，那么与批评、不一致意见以及变化有关的余地必定也会存在。而且，这些批评、不一致意见以及变化越彻底越好。正像就波普尔对物理学和化学的分析而言所出现的情况那样，在这里，当各种事物的本质被揭示出来的时候，任何绝对的确定性、任何终点都是不可能存在的。各种多面体都不具有任何本质。根据这样一种探讨来看，数学中不存在任何终极性的逻辑本质，而这与任何终极性的物质性本质都不存在毫无二致。

为了表达这种画面，拉卡托斯把注意力集中在他所谓的“非形式的数学”（informal mathematics）上。这些研究领域都是尚未被人们组织成严格的演绎系统的不断发展的领域。使一个数学领域“形式化”意味着，把这个领域的各种结果都提出来，从而使它们都能够从一组经过明确陈述的公理之中推导出来。每一个推理步骤都被从观念上表达成简单的和机械的，因此，它是被人们根据经过明确陈述的推理规则推导出来的。对于拉卡托斯来说，这种有关数学知识的理想，标志着真正具有创造性的思想的死亡。这种标准化过程把各种数学发明过程都弄得模糊不清了，而这样一来，这种知识所具有的真实本性也就被掩盖了。

对于拉卡托斯来说，人们有时声称是某些形式系统的公理的、不证自明的特征，以及各种研究结果所依赖的从直觉的角度进行的那些无关紧要的推理步骤，都是一些纯粹的幻象。某种事物之所以完全是

一目了然的，是因为它尚未受到各种研究性的批评。批评可以使琐碎的推理步骤变得不再琐碎，并且表明我们所认为的不证自明的东西，究竟在何种程度上始终可以被认为是理所当然的。所以，对于以简单明了和无关紧要的逻辑真理的形式存在的数学知识来说，任何一种终极基础都是不存在的。

和密尔一样，拉卡托斯在拒斥认为那些经过形式化和公理化的系统可以表现数学所具有的真实本性的观念的过程中表明，对于他来说，非形式的方面相对于形式的方面来说具有优先地位。这种把数学当作猜想性的知识来描述的做法可以得到下列事实的支持，即由形式化和公理化组成的纲领，已经遇到了一些非常严重的、也许是无法克服的技术问题。人们也许理所当然地对这些技术方面的难题并不感到惊讶，它们甚至可能都是可以预见的，而它们都具有在数学中处于支配地位的、理智方面的理想，正是这些理想使人们没有必要再去寻找那些永恒的基础。

153 对于拉卡托斯来说，为一个数学结论提供证明，与在自然科学中为一个经验性结果提供理论说明是非常相似的。证明可以说明一种结果，或者说明一种猜想性的结果为什么是正确的。正像人们对欧拉定理的讨论所表明的那样，一种证明有可能受到各种反例的反驳，而通过调整各种定义和各种形成范畴的过程所具有的范围和内容，就可以挽救这种证明。那些似乎可以由一种证明来说明的案例，也可以以其他方式来进行更富有说服力的说明，甚至有可能因此而被转化成为反例。同样，在一个领域中可以发挥作用或者无法发挥作用的某个证明观念，就像那些与物理理论有关的模型和隐喻那样，也可能在其他领域中得到人们新的截然不同的运用。像其他理论一样，各种证明也把意义赋予它们所说明的东西。对新的证明观念或者新的推理模式的发明，有可能根本改变非形式的数学结论或者逻辑学结论所具有的意义。例如，我们已经看到，对于“使两组成分数目相同是怎么回事”的新的解释，可以使所谓“部分可以和整体一样大”这样一种观念变得有意义。这种对发明和协商的开放状态，以及它所具有的所有那些对以往的数学活动进行重组的可能性，意味着任何一种形式化都是可以推翻的。也就是说，这种开放状态及其可能性意味着，任何规则都可以重新解释，任何观念都可以以新的方式加以利用。从原则上说，非形式的思想总是可以超过形式的思想。

一种证明与自然科学方面的某种说明或者理论的类比，使拉卡托斯获得了运用他那些波普尔式的价值观念的机会。其结果是很容易预见的。那些数学发生迅速变化的时期——在这样的时期里，人们对数学的各种基本原理积极地加以批评——都被他看作是令人满意的时期。而各种定义、公理、结果以及证明在其中被认为理所当然的时期，则被他看作是停滞时期。那被人们当作最终证明来对待，并且被赋予了某种严格的确定性的证明，变成了像牛顿的物理学理论那样的东西。这种证明给人们留下了极其深刻的印象，以至于使他们的批判能力都丧失殆尽了。这样，凯旋就变成了灾难。

几乎同样可以预见的是拉卡托斯此后在这些评价和他对库恩立场的认识之间建立的联系。对于社会学家来说，这种联系环节是非常重要的。拉卡托斯指出，科学的停滞时期是与那些“常规科学”时期相对应的。在这些时期里，数学的某些方面、论证的某些风格，都呈现出永恒真理的外观。我们只要看一看这种评价（即永恒的革命是好的，而稳定则是坏的）的背后，就可以明白这种观点相当于一种有关逻辑强制性的社会学理论。被人们认为是合乎逻辑的东西，也就是被当作理所当然的东西。无论在什么时候，数学都是由那些研究者们根据他们认为理所当然的东西来推进的，并且都植根于被他们认为是理所当然的东西之中。

同样显而易见的是，拉卡托斯对数学的分析表明，只要人们为了 154
说明数学的那些稳定时期或者“停滞”时期，能够识别各种被认为理所当然的范式，某种与“库恩式的”数学史非常相似的东西就应当是可能的。实际上，当代的历史学家们大致都是以这种方式来撰写数学史的——他们也许正在参与同样的、本身就对《科学革命的结构》产生过影响的历史撰写风格的变化。现在，拒斥以往几代科学史学家所坚持的科学直线性进步的假定的做法，已经司空见惯了。

这种比较新的数学史虽然所展示的与学术成就有关的技术与以往的数学史并无二致，但是它就观点而言却具有不同的目的。它也必须综合那些不完善的资料性证据片段，并且以人们已经得到的结果、以人们认为已经得到证明的那些定理、以那些尚未完全得到明确表达或者解决的争论为中心，编织一个前后一致的故事。它也需要进行解释、篡改（interpolate）、评论以及详细说明。但是，历史学家们现在也许更倾向于寻找不同的研究风格的完整性，更倾向于把各种事物联系起来，这样，他们就由于他们自己所具有的那些成见、范式或者“世界观”（Weltanschauungen），分别进入了多少有些独立自足的时代。正如以前的数学家们必须构想一个潜在的统一体那样，现在，数学家们仍然必须猜想那些存在于各种资料背后的思想。

如果关于数学的社会学只不过存在于这样一种撰写历史的风格之中，那么数学史学家们就可以合情合理地坚持认为他们已经研究过知识社会学了。实际上，出于下列一些原因，他们还需要做与此不同的事情。人们可以出于许多各不相同的原因，接受强调时期的不连续性和不同时期的完整性，而不是强调直线性进步的编写历史的风格。对于知识社会学的视角来说，这些原因之中的某些原因显得非常格格不入。黑格尔的唯心主义曾经认为，历史是由一些具有发挥指导作用的不同精神的时期组成的，这个事实可以使我们想到，在这里，对于一种注重因果关系的科学探讨来说，任何一种必然联系都是不存在的。比那些有关历史的宽泛模式和历史的单纯风格更重要的，是人们打算让历史来具体说明的那些问题。正是研究者具体说明的理论方面的争论点，决定了历史是否会对知识社会学产生某种影响。正是这一点使库恩的著作具有了说服力。

如果数学史想有助于知识社会学，那么它必须研究哪些问题呢？答案在于，它必须有助于表明人们实际上怎样思考，以及他们为什么这样思考。它必须有助于表明各种思想是如何产生的，以及它们是如何得到、保持以及失去知识所具有的地位的。它必须阐明我们如何进行行为，我们的心灵如何发挥作用，以及见解、信念和判断所具有的本性是什么。只有当它试图表明人们如何从各种以自然为依据的成 155
分——各种经验、思想过程的心理方面、习性、习惯、行为模式以及制度——出发建构数学的时候，它才能做到这一点。要想做到这一点，它必须超越对我们的思想过程之结果的研究。它需要完成的任务是，深入到产物的背后去考察那些生产过程本身。

即使人们在以不同于伟大的进步传统的方式撰写数学史的过程中，可以形成某种真正的观点，这也完全是因为这种撰写过程有助于回答的各种新问题在理论方面所具有的重要意义。知识社会学提出了这些新问题之中的某些问题。目前论述数学的这几章所试图集中研究的，正是这些与社会学和心理学有关的问题。

让我们回到拉卡托斯对欧拉定理的讨论上来：这种讨论揭示了什么样的潜在过程呢？答案在于，它揭示了一种与社会过程和心理过程有关的非常重要的因素。它表明，人们并不是由他们那些观念或者概念支配的。即使就数学这种在所有各种学科中最需要运用脑力的学科而言，也是人们支配各种观念，而不是各种观念支配人们。情况之所以如此，理由是非常简单的。各种观念都是由于人们不断主动地给它们补充某些东西才增长的。人们把它们建构和制造出来，是为了可以对它们进行扩展。这些对于意义和用法的扩展并不是预先存在的。各种概念所具有的那些未来的用法和经过扩展的意义、所导致的那些结果，都不是在它们尚处于酝酿时期的时候就存在于它们内部了。更加仔细的考察、反思或者分析，都无法揭示人们在某个新的情境中运用一个概念的方式是对还是错。应当注意的是，就欧拉定理而言，人们必须主动把各种反例和有关证明的观念与“多面体”这个概念联系起来。在决定应当认为什么东西是多面体的过程中，说这个概念已经解决了这个问题是没有任何意义的。对于这些反例来说，这种概念的意义并不存在。这个概念内部并没有潜存着以这样那样的方式束缚我们的东西。在我们决定应当把什么东西包含在“多面体”这个概念的范围之内、把什么东西排除在这个概念之外的过程中，这个概念是不可能支配我们的。

这并不意味着在这些情况下，作为一种限制因素发挥作用的任何东西都不存在。我们可以貌似合理地把人们对各种概念的扩展和详细说明，都看作是有结构的和已经被决定的。它们都是由一些在与选择有关的情境中发挥作用的力量决定的，而对于不同的人来说，这些力量从系统的角度来看很可能是各不相同的。

举一个简单的例子。有人教一个男孩学习“帽子”这个语词，而且他已经学会了识别某些帽子。然后，他注意到一个茶壶的盖子，并
156 且说它是一顶帽子。他对这个概念的扩展，是以把这种新的特殊案例与那些旧的特殊案例联系起来的过程为基础的。这种扩展并不是由任何所谓“帽子”这个概念的意义这样的抽象实体来调节的。这种联系是通过他所感受到的、存在于这个新的对象和以前那些案例之间的相似和差异形成的。父亲的权威很快就会打断这个男孩所进行的对这个概念的自然扩展，并且坚定地指出这个对象实际上并不是帽子，而是一个茶壶盖子。这样，一条从社会角度得到维护的界线，就在这种心理倾向的流动过程中被划出来了。此后，这个男孩看见了一个茶壶的保暖套。它究竟是一个茶壶盖子还是一顶帽子呢？这种也许是非常明显的、自发的、不具有任何反思意义的选择，将是汇聚在这个案例之上的各种各样反应倾向的结果。以往形成的、也许更加强有力的习惯，将会与这些新的反应发生竞争。假如这个茶壶保暖套与妈妈那些帽子异乎寻常地相似，那么，除非——也就是说——来自权威的声音划出了另一种严格的区分，否则，这种判断无疑就可以最后确定下来。

就这种简单的学习情境而言，要想采取自然主义的立场、理解从影响这个男孩的各种因素中出现的对这些概念的扩展，并不是很困难的。我们很容易感受到以往的经验怎么可能促使我们采取这种方式、或者采取那种方式。要想鉴别我们对概念用法的各种扩展并没有接近这些概念所具有的任何所谓真正的意义，也同样并不困难。毋宁说，这些扩展都是由以往的经验所派生出来的各种各样的因素造成的。把

这种视角转移到用来考察拉卡托斯的例子所包含的那些资料，是完全可能的。当然，这个例子并没有揭示出，导致——有关被人们认为是多面体的东西的——各种各样判断的究竟是什么。这将是一个与考察行动者们所作出的专业性评论、与考察他们的专业背景有关的问题。它实际上所表明的是这些因素发挥作用的范围。正是从这种意义上说，重视协商所发挥的创造性作用可以增加人们对某种社会学视角的需要。它可以消除所谓各种观念预先为思想家们开辟了他们必须遵循的道路的神话。它也可以消除下列肤浅随便的信念，即各种观念在行为中发挥的作用，排斥那些作为原因而存在的社会因素，就好像这两者处于竞争状态之中那样。

第八章　结论：哪里是我们的立身之地？

157 哲学思想所具有的范畴构成了某种理智景观。这种景观所具有的那些巨大的陆标（landmarks）被人们称为“真理”、“客观性”、“相对主义”、“唯物主义”、“唯心主义”，等等。我将通过就这些陆标之中的某些陆标确定自己的方位得出本书的结论，并且重新肯定那些与我所倡导的立场相一致的陆标。

在论证过程中，我始终认为我所考虑的理所当然是最近的科学所具有的立场，并且可以对此加以担保。总的来说，科学和常识一样，是诉诸因果关系的、理论性的、价值中立的、时常是还原论的、在某种程度上是经验主义的，而且归根结底是唯物主义的。这意味着，它是与目的论、拟人论（anthropomorphism）以及超验的东西相对立的。我一直试图利用这种总体性策略，把社会科学尽可能紧密地与其他经验科学的方法联系起来。我曾经以一种非常正统的方式说过，只要像研究其他科学那样研究社会科学，一切事情就都可以做好。

在概括描述知识社会学中的强纲领的过程中，我一直试图紧紧抓住我自己有关当社会学家们在不自觉地采取他们的学科所具有的自然主义立场的时候，他们实际上在做什么的想法。这里的危险来自于我们在这种自然主义立场具有的所有各种涵义面前畏缩不前，而不是来自于不断向前推进。它只不过是一种片面的、将会深受各种不连贯性之害的观点。我曾经选择了一些论断，这些论断似乎从哲学上对科学知识社会学提出了某些最重要的反对意见。我始终试图不是通过退却或者妥协，而是通过详细论述社会科学所具有的基本立场来作出回应。本书所论述的各种核心论题——诸如有关知识的各种观念都建立在社会意象之上，诸如逻辑必然性是道德义务的一个类，以及诸如客 158
观性是一种社会现象，都具有简单明了的科学假说所具有的全部特征。

毋庸置疑，我在这里系统论述的观点具有许多缺点。我认为其中最突出的一个缺点是，我虽然一直在强调社会学探讨所具有的唯物主义特征，但是这种唯物主义往往是被动的，而不是主动的。我虽然希望人们不要说它完全与辩证法相反，但是它把知识当作理论来表示，而不是当作实践来表示，这一点却是毋庸置疑的。在我看来，找到这两者正确结合的可能性是存在的，尽管这种可能性尚未变成现实。虽然我们所说过的一切都并不否认，我们的大部分知识都具有技术方面的力量和十足的可实践性，但是这种技术力量和可实践性与理论的确切关系仍然是一个令人不安的问题。例如，我们那些与动手有关的技术是怎样与我们的意识联系起来的？支配这两个方面的规律有多么不同？我们在辩解的过程中充其量只能说，知识社会学的那些评论家们在绝大多数情况下所做的也不过如此。的确，与他们用来对付某种自然主义探讨的那些资源相比，他们用来对付这种问题的资源似乎要少得多。记住下列事实是非常有益的，即波普尔的哲学使科学变成了一个纯理论问题，而不是变成了可靠的技术。他只为研究纯理论的科学家提供了一种意识形态，而对那些技术人员和体力劳动者则没有提供任何帮助。

不幸的是，一个人所进行的这种确定自己的方位的过程也会遇到各种障碍。正像约翰·班扬①的天路历程所经历的景观那样，知识界

① 班扬（John Bunyan，1628—1688）：英国清教徒牧师、文学家，著有《天路历程》、《罪人受恩记》、《恶人先生的生平和死亡》、《神圣战争》等。——译者注

的地形地貌（topography）从道德的角度来看也不是一马平川的。由绝对真理（Truth）组成的巍巍群峰虽然闪耀着诱人的光芒，但是令人厌恶的相对主义陷阱却会使没有防备的人陷入困境。合理性和因果关系互相斗争，就好像它们是善和恶分别具有的力量那样。正像知识社会学所能够预见到的那样，这些对知识社会学的观点陈腐的反应和思想守旧的评价，都是不合适的。例如，以相对主义为例。哲学家们自己之所以有时候困惑不解，是因为道德方面的相对主义虽然从哲学角度来看是可以接受的，但是认识方面的相对主义却无法接受。他们在这两种情况下所获得的感受不同，因此，他们就要寻找各种各样的理由为这些各不相同的感受辩护。从科学的角度来看，同一种态度既针对道德又针对认识，既是可能的又是令人向往的。相对主义只不过是绝对主义的对立面，因而确实是更加可取的。至少就它的某些形式而言，我们可以根据我们的社会经验令人放心地坚持它。

知识社会学中的强纲领建立在某种相对主义之上，这是不容否认的。它采取了可能被人们称为“方法论相对主义”的相对主义，这是一种通过我们在前面曾经界定过的对称性要求和反身性要求概括表达出来的立场。所有各种信念都可以以同样的一般方式来加以说明——无论人们如何评价这些信念，情况都是如此。

知识社会学有可能为了进行争辩而用来为自己辩护的方式之一
159 是，坚决主张它与其他那些通常可以避免这种指责的知识观念完全是不相上下的。哪一个人指责过波普尔那包含相对主义的理论呢？的确，当有人针对知识社会学提出这种指责的时候，这些人难道不是都曾经深深地受到过这种哲学的影响吗？然而，根据这种哲学，知识社会学也能够轻而易举地系统表达它自己的立场所具有的各种基本原理。社会学家可能会说，所有各种知识都具有猜想性和理论性。任何东西都不具有绝对性和最后的决定性。因此，所有知识都是与那些形成它们的思想家所处的局部情境——他们所能够形成的各种观念和猜想，困扰他们的各种问题，存在于他们的具体环境（milieu）之中的假定和批评的相互影响，以及他们所具有的各种经验、所使用的各种标准和意义——联系在一起的。与那些决定信念的、可以从社会学角度和心理学角度加以研究的自然主义因素相比，所有这些因素究竟有什么不同呢？这种情境之所以并没有发生变化，是因为对信念和行为进行说明的过程，有时候包含着作出有关行动者周围的物理世界的各种假定的过程。这只不过意味着，人们是把那些——比如说——从物理学或者天文学出发进行的猜想当作辅助性假说来运用的。如果波普尔是正确的，那么这种知识也同样具有猜想性。这里的全部说明都具有猜想性，尽管它是一个有关其他猜想的猜想。

同样，社会学家能够欣然接受波普尔的下列主张，即把知识变成科学知识的并不是知识的那些结论所具有的真理，而是知识所服从的各种程序规则、标准以及理智方面的常规。说知识是一个有关各种标准和常规的问题，也就是说它是一个有关各种规范的问题。我们可以把诸如波普尔的理论这样的约定主义（conventionalist）知识理论，看作是一种抽象的、对于有关知识的更加合乎实际的社会学说明的摘要。

实际上，把所有知识都看作是猜想性的和容易出错的，这是哲学相对主义的最极端的存在形式。但是，波普尔在认为我们可以拥有知识和科学知识，而且它们都只不过是猜想的时候，他的观点确实是正确的。正是科学那作为一种状态的、不断进行的活动，构成了科学的存在本身。它归根结底是一种思想模式和行为模式，是一种具有自己独特的规范和价值观念的、不断对事物进行研究的风格。它并不需要任何具有终极性的形而上学认可来支持它，或者使它成为可能。在这里，正像我们不需要任何绝对的道德标准，而是需要那些得到局部接受的道德标准那样，我们也不需要任何诸如绝对真理这样的东西，而是需要具有猜想性的相对真理。如果我们可以接受道德方面的相对主义，那么我们也能够接受认识方面的相对主义。

科学虽然没有绝对真理也能够继续存在和发展，但是诸如绝对真理这样的东西仍然有可能存在。这种剩余的感受想必是以真理和物质
世界之间的混淆状态为基础的。当人们坚持认为某种永恒必定存在的 160

时候，它实际上似乎是存在于心灵之中的外在的物质世界。这种直觉似乎是不容置疑的。但是，对于一个物质世界的信仰并不能为下列结论提供辩护理由，即存在对于这个世界的某种具有最后决定性的，或者某种具有特权的适应状态，而这种状态则构成了绝对知识或者绝对真理。正像库恩已经极其明确地论证过的那样，科学的进步——这种进步是用不着怀疑的——与达尔文所说的进化非常相似。与适应过程有关的任何目标都不存在。人们无法使有关完善的适应或者具有最后决定性的适应的观念获得任何意义。正像我们在我们的进化过程中已经达到了目前的位置那样，我们在我们的知识的进步和演化过程中也达到了目前的位置，不过就这两方面而言，我们既不具有引导我们前进的灯塔，也没有我们试图达到的目标。

正像人们指责知识社会学是相对主义，似乎后者是一桩大罪，而不是一种必然性那样，人们也会指责它是主观主义。就客观性这块基石而言，知识社会学应当在哪里立足呢？难道说真正的客观性知识是不可能的吗？从经验角度来看，情况并不是如此。例如，人们在讨论弗雷格的过程中所提出的就是一种关于客观性的社会学理论。如果坚持认为客观性根本不存在，那么也就没有必要系统论述一种用来说明它的理论了，而且这与说客观性是一种幻象也不是一回事。客观性是真实存在的，但是它的本性却与人们所可能设想的东西完全不同。社会学说明所否认的是其他有关客观性的理论，而不是这种现象本身。也许那些被人们推举为科学的客观性的捍卫者的人，有可能反思下列观点：社会学理论有可能使客观性在人类社会中发挥的作用比他们所发挥的作用更加突出。根据这种理论，道德方面的知识也可以是客观的。和一处景观所具有的许多特征一样，从不同的角度出发来看知识，知识就会呈现出不同的样子。如果从一种出人意料的途径出发来探讨知识，从一个异乎寻常的视点出发来粗略地看一看知识，那么它最初就有可能是无法认识的。

毋庸置疑，我还有可能进一步受到有关“科学主义”的指责——也就是说，人们有可能指责我过于乐观地相信科学所具有的力量和科

学的进步。令人忍俊不禁的是，这种批评必定会与我已经详细考察过
的下列另一种指责齐心协力：也就是说，一旦知识社会学把这种对于
科学的探讨付诸实施并且运用于科学本身，它就是一种对科学的诋
毁。关于这种矛盾为什么是由这些评论家造成的，而不是由强纲领造
成的，我已经提出了各种理由。不过，这种有关科学主义的指责具有
极其明确的目标。看到社会学和其他科学建立在同样的基本原理和假
定之上，我是非常高兴的。无论它们的地位和起源如何，这一点都完
全适用。实际上，社会学只能以这些基本原理为基础，它既没有其他
的选择，也没有其他更加合适的模型供它选择，因为这种基础就是我 161
们的文化。科学就是我们的知识的存在形式。在我看来，所谓知识社
会学与其他科学同舟共济，既显然是一种令人向往的命运，也是一种
非常有可能变成现实的预见。

后记　论对强纲领的各种攻击

163 自1976年出版以来，《知识和社会意象》只赢得了少数几个朋友，但是却树立了许多敌人。社会学家们曾经斥责它"与社会学毫不相干"，因而是一部"失败之作"（Ben-David，1981年版，第46页、第54页）；人类学家们认为它是"以社会为中心的"，与人类本性的单一性（unicity）相矛盾（Archer，1987年版，第235～236页）；研究认识的科学家们认为它是"旧病复发"，是在"重复古典的……教科书所犯的那些错误"（Slezak，1989年版，第571页）；而哲学家们则认为它"显然是荒谬的"，是"会导致灾难性结局的模糊费解之作"（Flew，1982年版，第366页）。在这些错误背后，批评者们还看到了阴险的意识形态之手，并且把它确定为马克思主义的、非理性主义的、反科学主义的和行为主义的。这样的激烈争辩当然会使单调乏味的日常学术研究活跃起来。我虽然和其他人一样享受它们所带来的乐趣，但是这里仍然存在某些危险。知识社会学所需要的是冷静的头脑。我们必须避免各种带有情绪的刻板模式——无论这些刻板模式是科学所具有的，还是我们相互之间所具有的。那些只对各种刻板模式感到满足，而不去关注知识社会学家们所撰写的著作的确切细节的人，将会连那些与他们正在攻击的立场有关的最重要的学说都理解不了。让我们把巴特利的论断（Batley，1987 年版）当作一个有益的例子来考虑一下。

一、怎样才能不攻击强纲领

W. W. 巴特利把本书和我的爱丁堡同事们所进行的其他研究工作一道，当作当前流行的知识社会学研究的代表列举出来（第 442 页，脚注 25）。他指出，他的讨论“只能以粗略概括的方式来研究论述这种代表”。他指出，他不会“涉及个别的实际研究者”（第 443 页）。
其结果是，他攻击了一种观点，但是这种观点与他所引用的那些著作 164
为之辩护的观点恰恰相反。他认为，知识社会学是对于各种社会过程如何歪曲知识的研究。他所提出的抱怨是，社会学家们在完成根除这些发挥歪曲作用的因素的过程中做得还远远不够。因此：

> 如果吸引知识社会学家们的问题就是这个歪曲过程，那么知识社会学家们就必须考虑所有各种发挥歪曲作用的影响，就必须考虑那些与所有各种表达知识的手段同时存在的影响，而不是仅仅考虑对一种社会特征的各种歪曲。（第 446 页）

但是，这并不是吸引知识社会学家的问题。的确，巴特利所描述的这种观点——由于它实际上依赖某种评价性立场——恰恰是我通过本书所要拒斥的观点（例如，参见本书第 7～15 页）。对称性假设所具有的意义（我在下面将详细讨论这种意义）是，如果我们极其珍视的那些科学成就不具有社会制度的特征，那么它们就不可能像它们实际存在那样存在。因此，它们和其他任何一种社会制度一样，都从社会角度受到影响，都是社会学方面的疑难问题。它们所具有的社会特征并不是某种缺陷，而是它们的完善状态的一个组成部分。

正像就其他批评者的著作而言所出现的情况那样，巴特利的著作也有很多令人感兴趣的部分。他失去了真正与知识社会学家们交锋的机会，这真是太令人惋惜了。例如，他本来应当能够发现，他自己所钟爱的立场之一根本不（像他所认为的那样）与知识社会学家们的立场相矛盾，实际上却是他们共同坚持的立场。他那所谓他“从波普尔那里认识到，我们永远不会知道我们正在谈论什么”（第425页）的说法，把他的著作所具有的有益的主题表现出来了。他这样说所表达的意思是，我们永远不会达到对事物本质的、具有最后决定性的理解。我们的知识总是具有猜想性和暂时性，甚至当人们为了应付那些出乎预料的新事实而提出各种新理论的时候，我们的概念所具有的意义也可能发生变化。但是，这根本不是公然违反知识社会学的东西。它对于知识社会学来说至关重要，并且以有限论的名义得到了承认。这种观念来源于密尔和维特根斯坦，尽管就这种语境而言，这个标签的用法来源于赫西（参见 Hesse，1974 年版；Barnes，1982 年版，第二章）。我们必须考虑概念从一种情况到另一种情况的、在有关相似和差异的复杂判断调节下出现的、在所有各个方面都由运用概念者的局部性意图昭示出来的运用过程。粗略地说，意义是在我们不断前进的过程中被建构出来的。它是我们过去运用它的那些过程的剩余物，而我们在将来对它的各种运用并不是完全由那些已经成为过去的东西决定的。所以，从这种意义上说，知识社会学家们的“有限论”
165 与巴特利有关我们不知道“我们正在谈论什么”的描述，是完全一致的。当然，巴特利自己的理论并不是来源于密尔或者维特根斯坦，但是这种现象本身是他和知识社会学家们的共同基础，这一点仍然是事实。正像巴特利把我们的概念所具有的深不可测性与它们的客观性联系起来那样，知识社会学家们也是这样做的，尽管正如我在本书第五章讨论弗雷格的时候已经论证过的那样，对于他们来说，客观性是具有社会性的。的确，就知识社会学而言，有限论很可能是一个最重要的概念。它表明了所有认识过程的最根本的东西——从运用概念的一个实例到另一个实例的步骤——所具有的社会特征。由于巴特利看不到这一点，加上犯了把强纲领与弱纲领（也就是说，与“歪曲过程”有关的范式）混为一谈的错误，所以他的贡献也就没有说服力了。

二、协方差，因果性和认识科学

知识社会学所面临的经典难题是协方差和因果性（Merton，1973年版）。假定 S=社会，K=知识，那么如果 S 是 K 的原因，不断变化的 S 就应当导致 K 的变化。如果我们发现 S 可以变化而 K 却保持不变，那么 S 就不可能是 K 的原因。我们的发现似乎就是如此。本-大卫概略考察了我们用来支持强纲领的某些历史案例研究，他声称，这些案例研究都没有通过与协方差和因果性有关的检验（Ben-David，1981年版）。他问道：

> 科学家们的社会利益和科学观念之间的关系究竟是只存在于某些案例之中，还是存在于所有案例之中呢？是否当初便与某种理论联系在一起呢……后来又持续存在，并且因此而渗透到披着科学传统的外衣的意识形态偏见之中去的，究竟是社会利益还是社会视角？（第51页）

他的回答是否定的。这些研究表明，“意识形态偏见在科学中并不是普遍现象”（第51页）。

人们尽管可以针对这种提出问题的方式提出各种反对意见（比如说，这个问题完全是在与“歪曲过程”有关的刻板模式中得到系统表述的），这里的总观点却似乎是正确的。例如，我们在物理学中并没有发现人们把各种场论专门与那些有机的社会形式联系起来，或者把各种原子理论专门与那些崇尚个体主义的社团联系起来。只要一个群体创造的各种理论都被其他群体当作可以继承的文化资源接受下来，这些一般的联系就会瓦解。然而，这一点对于知识社会学来说并不是致命的。它虽然消除了一个有关这种运用的、简单而又似乎不合情理的定义，但是却没有触动其他任何定义。也许——用本-大卫的术语来说——“社会定位”和“理论类型”之间缺乏各种“系统联系”的
166 状态，取决于人们对“类型”进行多么宽泛的界定。本-大卫的论断忽视了下列可能性，即社会学家们还有可能说明一组经过继承而得到的观念为什么会被人们以现有的方式加以修改，尽管此后产生的理论具有同样的一般类型。例如，本-大卫所引用的一项研究表明，罗伯特·玻意耳①是怎样接受古代原子论（根据这种理论，物质不断进行自我运动和自我组织），又是怎样根据他的下列主张对这种原子论加以修改的，即物质是被动的，只有力才是主动的（相关讨论，参见Bloor，1982年版；Jacob，1978年版）。即使玻意耳是为了进一步促进某种可以识别的政治利益而进行这种修改的，这种理论仍然具有同样的类型（也就是说，它仍然是一种原子论）这个事实也意味着，根据本-大卫的视角来看，协方差和因果性都被忽略过去了。这种视角使他能够把这种研究当作似乎是反对知识社会学的东西，而不是——像它实际上所表现出来的那样——把它当作支持知识社会学的东西来对待。

这仍然没有触及本-大卫那可以预见的下列结论，即人们只能发现科学史上的某些时期而不是所有时期对一些特定的社会利益集团的生死攸关的依赖。当然，我们必定还记得，并不是所有利益集团都像上面提到的有关玻意耳的案例出现的情况那样，是可以识别的和宽泛的政治利益集团；某些利益集团是范围狭隘的和具有专业性的利益集团。但是，这种观点仍然没有受到触及，而且它确实是正确的。不过，它仅仅对于下列主张来说是致命的，即知识完全依赖于诸如各种利益集团这样的社会变量。这样一种主张无疑是荒谬的，因而在本书中当然不会得到任何辩护（例如，参见本书第39页的图1）。任何一种对于知识的具有正当理由的描述，都不会拒绝考虑一种方案——根

① 玻意耳（Robert Boyle，1627—1691）：英国化学家、自然哲学家，由于研究气体的性质而著称于世，著有《怀疑的化学家》等。——译者注

据这种方案，比如说，感觉经验对人体产生影响，并且在这些人的文化中导致某种变化。这些偶然事件既不会消除知识中的社会成分，也不会使这种成分变得无关紧要；它们只是在进行具体说明的过程中，使这种成分存在于背景之中，使它成为预设前提。这些可能性只能使一种理论陷入困境——这种理论是一种唯一原因论，因为它只承认社会过程在发挥作用，不承认其他任何事物也可以发挥作用；也就是说，它所提出的是一种几乎毫无意义的主张，即知识"纯粹是社会的"，或者"完全是社会的"。本-大卫通过不断用他以前运用过的方式运用他的证据，便暗中把这样一种理论强加给了知识社会学。但是，难道强纲领不是说过知识"纯粹是社会的"吗？难道"强"这个表述语所指的不就是这种意思吗？不。强纲领的意思是说，社会成分始终存在，并且始终是知识的构成成分。它并没有说社会成分是知识唯一的成分，或者说必须把社会成分确定为任何变化的导火索：它可以作为一种背景条件而存在。协方差和因果性所面对的那些显而易见的例外情况，可能都是其他那些与社会原因不同的自然原因发挥作用的结果。

这种观点对知识社会学中寻求"法则"的做法有什么论述呢？它 167
意味着，诸如此类的所有各种法则都将存在——但是，它们不是存在于各种现象的表面，而是交织在某种复杂的实在之中。就这个方面而言，它们与物理学的各种法则并没有什么不同。其他发挥作用的因素越稳定，它们就会变得越容易识别。它们那些外部表现很可能是一些统计方面的趋势，这些趋势的强度之所以发生各种各样的变化，并不是因为它们本身都是统计方面的趋势，而是因为与它们的可识别性有关的各种条件具有偶然性。但是，这些法则看上去是什么样子呢？批评者们一直因为社会学家们没有得出"严格说来是具体的、可以检验的、人们一般认定具有普遍性的法"（例如，参见 Newton-Smith，1981 年版，第 263 页）。我想提出下列论证。正像我在上一节已经描述过的那样，有限论本身是一条有关运用概念的过程所具有的社会特征的普遍真理，就它而言不存在任何例外情况。因此，所有运用概念的过程都是可以争论和协商的，所有得到人们承认的运用概念的过程都具有社会制度的特征。就回应批评者们的挑战而言，这些法则并不是他们所期待的东西，但是这种挑战也许损害的是他们，而不是知识社会学。接近这些批评者们所认为的得到一般认定的各种法则，来源于道格拉斯的“格网—群体”（grid-group）理论，这种理论把宇宙学的方法与社会结构联系起来了。这些候选者的确都是人们认定的，而没有经过充分的证明或者充分的检验，但是它们都是某种出发点。我在 1978 年出版的、与拉卡托斯描述人们对数学方面的反常现象的反应有关的著作中，以及在 1982 年出版的、有关那些勤奋的科学家的研究工作的论述（Bloor，1982 年版）中，已经对它们进行过讨论。

在所谓强纲领与近来的有关认识的科学研究根本不相容这样一种主张背后，也存在下列错误指责，即强纲领认为知识“纯粹是社会的”（参见 Slezak，1989 年版）。有人声称，知识社会学以“行为主义”为预设前提，所以任何一种能够说明我们的思维过程之内在机制的研究，都与知识社会学相矛盾。具体说来，现在有一些计算机模型可以模拟科学发现所涉及的那些思想过程。计算机系统在配置了少数几个一般的探试性原理以后，就可以输入各种资料了，而这些资料则使它们能够把具有自然法则形式的各种模式抽取出来。已经有人激动人心地指出，计算机已经表明，它们能够发现诸如玻意耳定律、欧姆定律、斯涅耳①定律等这样一些自然规律（第 569 页）。现在谁还需要知识社会学呢？有心理学就足够了。这位批评者指出，这样的研究已经证明，在本书中受到拒斥的“传统认识论”是正确的。它尤其证明我曾经试图取而代之的“目的论”模型是正确的。其结论据说正是“人们所希望获得的那种对于强纲领的具有决定性意义的驳斥”（第 592 页）。

---

① 斯涅耳（Willebrord van Roijen Snell，1580—1626）：荷兰天文学家、数学家，发现了光的折射定律（即“斯涅耳定律”），著有《巴达维亚的伊拉斯托塞尼斯》，该书论述了测量地球的方法。其论述光的折射的著作当时没有发表，由于 C. 惠更斯大力介绍才为人所知。——译者注

计算机从各种资料中抽取模式的方式究竟与大脑抽取这些模式的方式是否完全一样，还是一个悬而未决的问题，不过尽管如此，我们也确实应当对这样的研究表示欢迎。只有那些极其愚蠢因而否认我们需要有关个体性认识过程的背景理论的社会学家们，才会对这一点感到烦恼。我认为，如果各种神经系统的结构不存在，那么人们就不可能拥有任何社会结构，这是显而易见的。我们刚刚描述过的那种有关认识的科学，就是一项对于强纲领的拥护者们认为理所当然的“自然合理性”的背景的研究。例如，读者可以参见巴恩斯论述我们具有的那些自然而然的归纳习性的著作（Barnes，1976 年版），以及我本人论述我们具有的那些自然而然的演绎习性的著作（Bloor，1983 年版，第六章）。社会学家所应当采取的正确立场是，对于说明知识来说，虽然有关我们的个别推理能力的理论是必要的，但是却不是充分的。 168

为了理解情况为什么如此，让我们承认我们的大脑恰巧具有这些批评者们的认识模型所假定的处理各种信息的能力。我可以表明，假定这种情况既不会消除知识所具有的社会方面，也不会使这种社会方面变得无关紧要。假设甲从一组测量数据中把玻意耳定律抽取出来了，而且乙、丙等人也具有同样的认识能力，并且可以处理同样的资料。我们现在看到了一组个体，其中每一个个体都具有他们自己的用来使他们的经验变得可以理解的技巧。每一个人都具有他们自己的有关玻意耳定律的见解。然而，我们并没有看到一个像我们这样认识玻意耳定律的群体，因为我们还没有看到一个具有共同知识的科学共同体所提出的见解。我们所看到的只不过是一种经过计算机处理的、有关哲学家们过去称为“自然状态”的东西的见解——也就是说，是一些脱离社会、处于孤立状态之中的个体。

这里没有提到的成分是甲、乙、丙等人进行的互动，而这种互动可以创造一个社会。为了作出补充，让我们现在假定，甲、乙和丙都试图互相对他们的行动进行协调。这样，他们就会遇到有关社会秩序的问题，而他们要想解决这种问题，就会发现他们还需要解决有关认识秩序的问题。他们必须对他们个人的认识技巧进行协调。他们遇到的问题将是，控制私人判断的混乱状态，使之不产生任何麻烦。如果有人说这种混乱状态之所以不会在关于认识的科学中出现，是因为这些计算机都是一样的，它们处理的都是同样的资料，它们都不会犯任何错误，那么这种说法就完全把这种模型当成了不合乎实际的东西，并且因此而使它失去了效力。从实际情况出发来看，我们必须承认下列情况的存在，即我们看到的经常是不同的个体的大脑或者计算机在处理各不相同的资料，而且即使那些处理同样的资料的大脑或者计算机，有时候也会得出不同的结果。因此，有关确定谁拥有“正确的”资料、谁从这种资料中得出了“正确的”结论的问题，确实是存在的。的确，“正确性”这个概念本身也有待于建构。这些问题由于下列事实而进一步加剧了，即任何一种得到人们一致同意的法则，都很
169 快就会遇到反常现象。而在这种情况下，调动某种有关针对这些反常现象作出正确反应的共识的任务，就会遇到被涉及的各种党派所具有的各种各样的目标和利益。

因此，社会学家们具有一个主题，这个主题超过了那些研究认识的科学家所研究的主题，而有人却引用后者的研究工作来反对社会学家们。前者——而不是后者——研究一种有关这个世界的集体表象是怎样由那些个体表象建构出来的。这种得到共享的有关——比如说，服从玻意耳定律的——这个世界的观念，将会被这个群体当作一种常规，而不是当作一组像原子那样存在的个体的倾向来坚持。大致说来，这意味着使甲坚持其信念的因素之一是乙、丙等都坚持这种信念，而乙、丙等在坚持这种信念的过程中则认为甲理所当然地会坚持这种信念。这种互相理解的过程有助于这种信念在面对个体那些可能导致分歧的倾向的时候保持稳定。这种得到人们共享的信念所具有的当它确实对反常现象和——使它与这种文化的其余部分联系起来的——各种决定作出反应的时候体现出来的特定内容，将是甲、乙、丙在试图通过协商达成共识的过程中所进行的互动的结果。协商是一种社会过程，其结果将由可能对它产生影响的所有各种自然而然的偶

然事件来决定。关于对历史上那些曾经对围绕玻意耳当初的气泵实验的协商过程产生过影响的、非常明显的利益集团的研究，可以参见沙宾和谢弗的著作（Shapin and Schaffe，1985 年版）。

在进一步讨论其他反对意见之前，还有两种观点必须加以澄清。首先，本-大卫曾经论证说，由于协商是一个社会过程，所以我们不应当得出其结果是从社会角度得到决定的结论。实际情况有可能是，它是被人们“从理性的角度决定的”（1981 年版，第 45 页）。如果以传统的理性主义关于理性模型和社会模型（也就是说，有关“歪曲”的模型）的两分法为前提，那么这种告诫是正确的。但是，一旦我们为了有利于自然主义的视角而把这些理性主义假定放在一旁，这种推论就变成出色的了。即使对于一位自然主义者来说，这种反对意见也是由于下列情况才获得了某些重要意义，即有关自然理性的各种假定可以在人们就一种常规进行协商的过程中发挥某种作用。甲和乙自然而然地推导出某些结论，并且假定丙和丁也同样能够这样做，假定他们还会考虑与他们有关的各种期待。正是因为某些推理倾向是自然而然的，所以它们才会在那构成我们建构常规过程的基础的相互推理过程中具有某种显著地位。因此，它们不仅会进入我们的各种常规，而且它们本身甚至还会被我们建构成各种常规。然而，这些推理倾向之中的任何一种倾向，都不会破坏个体表象和集体表象或者常规性表象之间的性质差异。

其次，我们应当明白的是，对于传统的认识论者来说，任何一种有关我们的自然理性的（自然主义）理论，以及因此而出现的任何一种有关思想的计算机模型，实际上都是无法接受的。像我的批评者那 170
样提出下列假定是完全错误的，即这些因果关系方面的说明是可以等同于——我在理性主义者对知识社会学的攻击背后发现的——那些目的论假定的［考察一下弗鲁对这个有关计算机的主题的论述（Flew，1987 年版，第 415 页），就可以理解这种差异了。也可以参见吉奇的著作（Geach，1977 年版，第 53 页）］。在讨论对称性假设的过程中，我们还会遇到这种无法鉴别对知识的传统的理性主义说明与对知识的自然主义说明根本对立的情况。我们目前应当坚持的观点是，关于认识的科学与知识社会学实际上站在同一个立场上。它们都是自然主义的，它们所进行的探讨是相辅相成的。

三、对各种与利益有关的说明的终极反驳

有一些富有启发作用的对科学辩论的历史研究，曾经提到过利益所发挥的作用——可以参见沙宾于 1982 年出版的著作，他仅在“既得的专业利益”这个涉及范围很小的题目下，就列举了几十份著述的标题。这些研究的重要意义在于，它们都集中注意了一些事件，这些事件使人们注意到了就日常的科学研究实践而言常常模糊不清的、科学所具有的社会基础。通过理解人们如何解决各种争论，我们就可以理解那些潜在的势力所具有的常规性特征。即使随着历史场面的转变，激起这种争论的那些特定的利益冲突已经烟消云散，这一点也仍然是正确的。例如，在 19 世纪 20 年代，爱丁堡曾经是有关大脑解剖的激烈争论的中心。那些受到当地哲学家怂恿的大学的解剖学家们认为，大脑相对来说是由同样的成分组成的和统一的。而那些拥护颅相学的人则认为，大脑是一个由各不相同的行业（faculties）组成的共和国。这两个方面都拥有称职的解剖学家和经过细心处理的解剖事例，但是除了其他问题以外，就是无法对于大脑内部各种各样器官的结构，或者说无法对于把这些器官与脑干联系起来的神经纤维束，达成一致意见。沙宾已经提出了下列主张（1975 年版，1979 年版 a，1979 年版 b），即通过把这些正在进行争论的派别所具有的立场与他们的利益联系起来，就可以理解这些意见的不一致了。在大学里任职的人们组成了一个精英群体，他们所具有的只有内行才能理解的知识，体现了一种微妙的有关社会等级体系和社会统一的意识形态。而他们的批评者则主要来自这个城市的商业中产阶级，后者为了为他们的改革要求和创造一种更加多样化、更加平等的社会结构的愿望辩

护，正在寻找一种很容易利用的、与人们及其天赋有关的实际知识。沙宾指出，我们可以把这两个派别都看作是从社会角度来运用自然，用它来支持他们有关社会、有关他们在社会中所发挥的作用的见解。

这样一些论断已经遇到了为数众多的抵制。不容否认的是，与利益有关的说明所运用的术语具有直观性，它们都有待于更多的说明， 171
但是它们的批评者并不认为这些方面是一些实际困难，而认为是原则方面的缺陷。这些抱怨的核心是下列观点，即诉诸各种利益会使历史学家陷入无限倒退的境地。这里的前提是，各种利益都必须始终由行动者本人来解释。由于这些解释都是既不严谨又可以修正的，所以它们会破坏利益和人们打算用利益来说明的行为之间的联系。

布朗曾经提出过下列问题（Brown，1989 年版），即为什么要首先引进各种利益呢？据说，这是因为资料是不能决定各种科学理论的。人们在解剖室里进行的那些观察，实际上并不能证明这种案例是支持还是反对颅相学家们，因此，各种社会利益必定使这种平衡发生过倾斜。对于那些胸有成竹的人来说，并不充分的证据似乎也是很充分的。显然，仅仅从资料不能决定各种科学理论这一点出发，并不能得出社会因素使这种平衡发生了倾斜的结论；而且，即使我们可以得出这种结论，这种说明也不可能发挥作用，因为它只不过是把同一个问题再次提出来而已。如果观察不能决定理论，那么各种利益也无法决定理论。正像观察与一些理论解释相一致那样，各种利益也同样是如此。布朗指出：

> 一种特定的理论 T 可以为科学家的利益服务，但是并不是只有一种理论可以发挥这样的作用。实际上，正像有无限多的、各不相同的理论都可以公平对待有限的经验材料那样，也有无限多的、各不相同的理论都可以公平对待科学家所具有的那些利益。（第 55 页）

对于这种论断来说，认为存在“无限”多可供选择的理论的观念并不是至关重要的，因此可以忽略不计。这里的要点在于，如果社会学家为了说明把一种理论从所有各种可以表达利益 I_1 的理论中选择出来的理由，又假设了一种利益 I_2，那么我们就开始无限倒退了。从历史方面、而不是从逻辑方面来看，布朗所提出的问题是，为什么爱丁堡的中产阶级在其他理论也同样可以为他们的利益服务的时候，却选择了颅相学（第 55 页）。这样，与利益有关的说明就处在资料不能决定理论和无限倒退之间了。布朗指出，这就是对各种与利益有关的说明的“终极反驳”（第 54 页）。

我将从历史问题开始考察，然后再用更加一般的术语对我的回答进行系统论述。在受到引用的那些著作中，沙宾已经预见到了布朗的问题。的确，其他理论也可能像颅相学那样表达中产阶级的利益，而颅相学也确实可以被看作是一种拙劣的选择。人们为了使改革和变迁合法化需要某种理论，而颅相学——正像其奠基人所系统论述的那样——则是论述人们与生俱来的性格特征的。因此，它在爱丁堡的拥
172 护者们便通过下列说法对它进行了修正，即人的天赋通过发挥和利用，既有可能得到加强，也有可能受到削弱。沙宾指出，实际上最重要的是，人们发现某种哲学可以貌似合理地作为对现存的、关于“常识”的哲学的否定而存在。对于精英 X 来说，也许任何唯物主义的、经验主义的并非秘传的理论，都可以作为非 X 而发挥作用。人们可以利用颅相学，这完全是一种历史偶然性；所以，它必定满足了人们当时的需要（Shapin，1975 年版，第 240～243 页）。

这种回答虽然承认了使这样的批评得以成立的、资料不能决定理论的状态，但是它却通过涉及机遇而解决了这里的问题。一旦机遇有利于许多可供选择的理论之中的某种理论，这种理论就会迅速变成人们所偏爱的、被用来表达利益的工具。由于少数人知道怎样才能使一种理论得到运用，怎样才能使这种理论发挥作用，所以其他人便听从他们的呼吁。其他人对这种理论的运用又为人们运用这种理论增加了更多的理由。这种概括论述所包含的机制实际上是非常精确的，经济学家们甚至还开发出了与它有关的各种数学模型。这些模型一直被用

来说明，市场为什么可以为某些问题提供可靠的但并不是最佳的答案。例如，它们说明，两种互相竞争的技术之中的一种技术怎样才可能支配另一种技术（即使它并不是更加高级的技术），或者某种工业的独特的地理分布是如何形成的（尽管这种地理分布并不是最合理的）。它们所包含的主导性观念是，可靠的答案都是通过正反馈得到的。某些人使用某种技术这个事实，变成了其他人也使用这种技术的理由。一种工业已经在某个地方建立起来，这个事实变成了人们也在这里建立其他工业的理由。一个过程开始的时候存在的为数很少而且随机出现的优势，或者某种与当初进行分配有关的机遇，都由于正反馈而得到了强化，直到这种系统得出了某种非常稳定的、具有极端色彩的答案，使一种选择完全处于支配地位（Arthur，1990 年版）。这些机制可以说明，爱丁堡的中产阶级怎么可能在恰恰是这位批评者所描述的、资料不能决定理论的那些情况下，紧紧地盯上了颅相学。

各种利益始终必须得到解释，这一点难道不仍然是正确的吗？据说，仅仅这个事实就足以导致某种无限倒退。耶利曾经引用过论述人们遵循规则的过程的著作作为证据（Yearley，1982 年版），这种著作强调了利益的实际运用所具有的解释特征。他指出，那些诉诸利益的社会学家们将会处于为了遵循规则而引用规则的地位，如此等等直到结束（第 384 页）。但是，这种论述人们遵循规则的文献实际上所指出的是完全相反的方向，并且对这种有关无限倒退的反对意见作出了回答。维特根斯坦曾经指出，由于人们可以确切地说我们遵循各种规则，所以必定存在某种遵循这些规则的方式，而且这种方式并不涉及解释（Wittgenstein，1967 年版，第 201 节）。这样，我们一直被要求运用的这种与各种利益的类比，就会使我们拒斥这种攻击所具有的前提。各种利益并不一定通过我们对它们的反思、对它们的选择或 173
者对它们的解释而发挥作用。有些时候，它们之中的某些利益只是使我们以某些方式思考和行动。针对各种有关利益的说明的反对意见所具有的实际基础，是对各种因果关系范畴的惧怕。这种基础就是颂扬自由和不确定性的欲望，以及对建构各种说明，而不是仅仅进行描述的不情愿。

这些回答并没有解决伴随着运用与利益有关的各种说明而出现的、我曾经称之为“实践”问题的那些问题。然而，它们确实回答了认为这些说明处于资料不能决定理论和无限倒退之间的困境之中的指责。所以，它们表明，这种“终极”反驳根本就不是什么反驳。

四、唯心主义的指责

当弗鲁说下列一席话的时候，他必定表达了许多人的观点；他指出，知识社会学家们秘而不宣的目的在于：

> 把所有各种让信仰者真正形成信仰的各种事实对信仰者产生的影响，都当作可能造成，并且实际上恰巧造成了这些信念的原因，而使之失去意义。（1982年版，第366页）

弗鲁认为，对称性假设是造成这种麻烦的原因。为了使真实的信念与虚假的信念处于同样的地位，就必须否定对各种事实的参照，所以就可以说它们具有同样的原因（第366页）。有时候，这种指责是根据对“各种信念的主要内容（subject matter）在因果关系方面产生的影响”的忽视（第368页），或者根据对“实际觉察到的各种对象”所具有的效力的忽视（第367页），而表达出来的。因此，“事实”、“对象”和“主要内容”是可以交换使用的。但是，“事实”是什么呢？不幸的是，这个术语被假定成人们完全理解的东西了。实际上，它正是许多混乱的根源。因此，斯特劳森①和奥斯丁②关于真理

① 斯特劳森（Peter Frederick Strawson，1919—2006）：英国哲学家、教育家，牛津日常语言哲学学派的主要代表人物，著有《个人：论描述性形而上学》、《哲学逻辑》、《逻辑语言学论集》等。——译者注

② 奥斯丁（John Langshaw Austin，1911—1960）：英国哲学家，牛津日常语言哲学学派的主要代表人物，著有《哲学论文集》、《如何用言语做事》等。——译者注

的争论，便取决于有关“事实”是不是真实的陈述所陈述的东西，或者这些事实是不是这样一些陈述所谈论的东西这样一个问题（Strawson，1950 年版；Austin，1961 年版）。就这种选择而言，弗鲁的攻击并没有得到非常确切的界定，但是我们可以看到，对于知识社会学来说，它却导致了两个截然不同的问题。幸运的是，我们对这两个问题都可以提出与强纲领的唯物主义相一致的答案。

让我们考虑一下这种认为事实就是对象的观点。在这里，我们必须把各种事实与对它们的语言描述区别开来。在这种情况下，对称性假设所导致的结果与弗鲁所说的恰恰相反。一般说来，这个世界上的各种对象无论对于那些拥有关于它们的真实信念的人来说，还是对于那些拥有关于它们的虚假信念的人来说，都会产生同样的影响。我们可以设想普里斯特利和拉瓦锡正在观察某些燃烧的化学制品。他们所看到的是存在于这个世界上的同一些对象，他们所注意、所评论的也
是同一些事物。但是，其中的一个人说：“在燃烧过程中，一个燃烧 174
对象把燃素释放到大气之中去了”；而另一个人却说：“在燃烧过程中，一个燃烧对象从大气中得到了氧”。这里并不存在有关把他们面前的对象当作可能造成信念的原因而使之失去意义的问题。然而，这些原因并不足以说明他们对于它们的语言描述。无论对于我们当作真实的描述加以接受的那些描述而言，还是对于我们当作虚假的描述加以拒斥的那些描述而言，情况都是如此（有关运用某种历史例子的出色讨论，参见 Barnes，1984 年版）。

现在，让我们把事实当作各种陈述所陈述的东西，而不是当作它们实际存在的那样来考虑一下。在这里，各种事实都处于命题态度（propositional attitudes）所具有的“内容”方面，而不是处于这些态度的“对象”所具有的内容方面。然而，我们所研究的论述却是这些内容的一个子集，也就是说：我们根据各种信念的真实性把它们挑选出来，并且因此而使它们与实在形成一种具有特权的关系。我们这样挑选出来的是一组什么样的信念呢？化学家们发现铜具有两种氧化物，难道哲学家们也发现存在两种——可以根据它们究竟是拥有还是

缺少符合实在的特性而把它们区别开来的——信念吗？然而，这样一种主张永远不可能被证明是正确的。我们不可能扮演上帝，并且把我们对实在的理解与实际存在的实在本身相比较，而不是与我们所理解的实在相比较（参见第 37～40 页）。但是，如果各种真理并不构成一个自然而然的种类，那么它们又能够形成哪一类方式呢？它们只有构成一个具有社会性的类，才能构成一个自然而然的类。它们所构成的种类与有效的钞票、维多利亚十字勋章的持有者，或者与丈夫所构成的种类相似。他们在这种类之中所具有的成员身份，都是其他人对待他们的方式所产生的结果——尽管我们永远不能忘记这种对待是合乎实际的、非常复杂的，而且它本身就是实在的组成部分。

这里还有一些有趣的、坚持下列主张的尝试，即各种真实的陈述构成了一个真正自然而然的种类——例如，通过把它们当作与实在保持某种明确的生物关系和功能关系的存在物来对待就可以做到这一点（参见 Millikan，1984 年版）。这些探索都是自然主义的，并且对那些语义学争论颇有启发。不过，它们暗中却以另一种关系——诸如“必须适应实在”——代替了“是真实的”。在这里，社会学家所作出的反应与传统认识论者的反应很相似：某种东西已经被省略了。要对真理进行全面分析，就必须公正地对待我们对于它那特殊的、已经得到提升的特征的认识，这种特征使它超越了单纯的自然，并且导致了我们针对它所感受到的义务。尤其需要指出的是，社会学对真理的说明所能够提供的，归根结底是某种对它的地位的不敏感性。在这里，我们的反应必须以迪尔凯姆对实用主义的反应为典范：对所有各种自然主义说明都表示欢迎，但是就它们未能对真理对于我们所行使的特殊
175 权威作出说明而言，我们要对它们加以纠正（Durkheim，1972 年版）。

但是，归根结底，这难道不是唯心主义吗？想必这完全是下列说法的一种经过伪装的形式，即真理完全存在于信仰者的心灵之中，或者说它只不过是我们的集体态度的某种投射吧？即使这是唯心主义的一种，它充其量也只不过是与事物的某些方面有关的唯心主义，或者说是与得到某种描述抑或发挥某种作用的事物有关的唯心主义。因

此，它可能是一种与发挥基础作用的唯物主义并不矛盾的“唯心主义”形式。它充其量是一种关于那些流行的现实主义形式的语义学维度的唯心主义，而不是一种对现实主义的本体论维度的攻击。而且，它的范围也受到了严格的限制。因为应当注意的是，一张钞票之所以是一张钞票，是因为我们从集体角度出发认为它就是如此。虽然它是一种具有重量、实体以及位置的真实存在的事物。我们对于它作为一张钞票所具有的社会地位的论述，并没有否认这种物质性的任何一个方面。对于那些具有某种社会角色的人来说，情况也同样是如此。他们都是有血有肉的人。他们的社会地位并没有否定这种物质实在，反而是以这种实在为前提的。

这种观点把所谓“社会学探讨忽视了作为我们有关事实的信念之原因的这些事实所发挥的作用”这样一种指责置于何地呢？关于这种含糊不清的指责所具有的第一种意义——各种事实在这里就是对象，我已经表明这种指责是错误的。关于它的第二种意义——各种事实在这里是信念的内容，它在某种程度上却是正确的。撇开某些细节不谈，我们确实不应当把一种信念的内容当作这种信念的原因来对待。但是之所以如此，是因为这是一种信念。不过，批评者们有可能像弗鲁那样认为（第370页），他们从社会学家那里所获得的，是有关事实发挥的因果关系作用的互相矛盾的信号。他们实际上所获得的并不是如此。他们所获得的是对于两个非常明确的问题的前后一致的回答——其中的一个问题与实在的作用有关，另一个问题则与对于实在的报道所具有的地位有关。他们完全把这些答案误认为是社会学家对同一个问题作出的不一致的反应了。

五、失去的对称性和复得的对称性

促使我们努力为那些真实信念和虚假信念、合理性信念和不合理性信念寻找同样的原因的对称性假设，似乎是公然违反常识的。我们的日常态度都具有讲究实际和进行评价的色彩，而且我们所进行的各种评价都天生就具有不对称性。就我们的好奇心而言，情况也同样如此。一般说来，只有那些异乎寻常的和具有威胁性的事物才会引起我们的注意。归根结底，这种情况的根源在于与形成习惯有关的生理机能之中，而通过这种形成习惯的过程，我们的大脑就可以迅速适应各种背景性条件，并且把它们的信息处理能力保存下来——无论局部性常规什么时候出了问题，这种能力都可以得到应用。由于我们的背景
176 的很大一部分是由各种社会规律组成的，因此，仅仅这一点就足以保证我们的好奇心是从社会角度得到构造的。对称性假设提出的是一种要求，即人们应当克服这些倾向，应当重新建构我们的好奇心。幸运的是，它并不要求我们超越那些与我们的神经组织有关的生理学法则，不过，它的确要求我们重新建构我们的好奇心所适应的那种局部的社会背景。通过不断创造一些新的、具有自己认为理所当然的专业视角的专家群体，我们就可以做到这一点。

这些新的好奇心结构不会影响到剩下的两种不对称性形式。我把这些不对称性形式称为“心理学方面的不对称性”和“逻辑学方面的不对称性”。其中的任何一种不对称性都不与当初的——也许为了使它与其他要求有所区别，可以被称为“方法论方面的不对称性”的——要求相一致。我下面将对它们一一进行考察。当人类学家们研究——比如说——某种巫术文化的时候，他们都在暗中提出了所谓“哪些情况有可能使一个有理性的人欣然接受这些信念”的问题。即使不成为一个信仰者，这个问题也是可以提出并且加以回答的。这样做是与下列剩余性评价相一致的，即这些信念都是虚假的信念。这就是上面提到的心理学方面的不对称性。它之所以与方法论方面的对称性相一致，是因为人们所希望的这种说明的特征不依赖于这种评价而存在。如果这种正在被人类学家研究的、已经制度化的信念，恰巧是这位人类学家可以接受的信念，那么这种说明就可能是一种同样适当的说明。这里的假定是，任何一种制度化的信念都不依赖于它那些大脑有毛病的，或者缺乏自然理性的拥护者而存在。

某种巫术文化的成员也许会说，他们之所以信仰那些巫师，是因为他们偶然遇到了那些巫师。而一位人类学家则会说，这是因为他们正在把他们在一个规模很小、缺乏组织、容易寻找替罪羊的群体中所获得的社会经验符号化。这种人类学理论可以合乎逻辑地隐含下列观点，即各种（被人们根据其表面价值接受的）巫术信念都是虚假的信念。这种不一致性就是上面所指出的不对称性。在攻击这种对称性假设的过程中，霍利斯（Hollis）已经强调过这样一种不对称性的存在。他指出，社会学家

> 必定也得出过他自己关于这些行动者为什么信仰他们所相信的东西的说明。在这样做的过程中，他不可能不认可或者不拒斥这些行动者本人所提出的各种理由，或者说，假如这些行动者并非一心一意，那么他就不可能不站在某些行动者一边反对另一些行动者。我……将要提出的主张是，认可过程和拒斥过程都不具有对称性。（Hollis，1982 年版，第 77 页）

认可过程和拒斥过程的确都不具有对称性，但是这种观点并没有触及方法论方面的对称性。我现在就说明为什么会这样。

知识社会学家致力于对实际发生的事情进行某种描述。他必定会 177
提供有关行动者们正在对什么作出反应、他们具有关于他们的环境的什么经验，以及哪些意图可以表明他们与这种环境的互动和他们相互之间的互动的特征描述。他必定会使这些假定变得可以进行说明，而且这些假定有时候（尽管并不总是）还含有有关这些行动者的信念的真实情况的逻辑学方面的涵义。但是，正像我们已经看到的那样，这个与说明有关的故事还包含着超越这些假定的另一个步骤。这个有趣的问题是，正处于被研究状态的行动者们怎样才能对这个世界进行描述。认为这个世界并不包含巫师，并没有解决人们是不是相信它包含着巫师的问题。作出真实的选择与作出虚假的选择一样，都不是没有问题的：方法论方面的对称性就相当于这种情况。

牛顿-史密斯曾经指出，“方法论方面的对称性”这个观念表现了某种对当初的对称性要求的不断削弱（Newton-Smith，1981 年版，第 250 页）。这种指责以下列前提为基础，即这种要求当初是一种“对于有关真和假、合理和不合理的概念的攻击”（第 248 页）。他指出，存在于对称性要求背后的假定是，所有这些区分都是“以某种方式存在的假钞（bogus）”。由于要承认心理学方面和逻辑学方面的不对称性，就几乎不可能把这些概念当作假钞来对待，所以他认为我从以前的立场上倒退了。然而，这里并不存在任何倒退，因为当初的立场并没有把这些区分当作假钞来对待。我根本不是把它们当作假钞来对待，而是认为它们具有极大的实用性，并且竭尽全力详细说明它们在实践方面所具有的主要功能（参见第 37～43 页）。运用诸如“真”和“假”这样的术语并没有什么过错：受到怀疑的是我提供的对于这种用法的各种说明。

在有关这种对称性要求的地位的绝大多数争论中随处可见的问题，植根于自然主义视角和非自然主义视角之间的冲突之中。对称性要求所要到达的目的是，制止非自然主义的理性概念对这种关于因果关系的论述的干预。它的目的并不是排斥对于理性的、恰到好处的自然主义解释——无论这种解释是心理学方面的还是社会学方面的，情况都是如此。例如，就那些误以为社会学家对非自然主义的理性概念的拒斥，是对推理过程本身的拒斥的人而言，布朗即是一个典型代表（Brown，1989 年版）。

也许有人会根据下列理由反对这种判断，即某些批评对称性要求的人认为，他们自己的立场就是自然主义。牛顿-史密斯曾经以理性主义的名义拒斥过这种对称性要求，但是他却试图使他所说的理性主义植根于达尔文的进化论。只要人们听从理性的指挥，我们就没有必要进行任何进一步的研究了，但是情况之所以如此，是因为它是一个
178 “无情的事实”，而且这种事实具有存在价值是合情合理的。因此，我们便在合情合理之中看到了“某种持续存在的利益”（第 256 页）。在这里，我们似乎看到了自然主义和理性主义结成了某种联盟。然而这

些混合在一起的立场并不是铁板一块。它们都试图满足某种不可能满足的条件：使理性既是自然的一部分，又不是自然的一部分。如果它们不把理性置于自然之外，它们就会失去它们对它那具有特权和规范性的特征的把握；而如果它们把理性置于自然之外，它们就会否定它所具有的自然地位。它们无法使理性同时满足这两种条件。

那些头脑清醒的理性主义者知道悬而未决的是什么。沃勒尔虽然坚定地反对这种对称性要求及其隐含的相对主义，但是他也看到了牛顿-史密斯诉诸进化过程的做法所具有的缺陷（Worrall，1990 年版）。对于一个理性主义者来说，这样做不可能从根本上解决问题，因为这里仍然存在为我们信仰这种理论辩护的任务，仍然存在指出我们怎样知道这种信仰是真实的任务。为了完成这种任务，我们必须假定我们能够直观各种作为证据的关系和某些逻辑方面的真，所以即使在这里，我们也需要与由认识论方面的事实组成的领域打交道，也就是说：与“那些抽象的、并不具体的事实”［第 314 页；Geach 出于某种明确的神学意图，也运用过这同一种论断（1977 年版，第 51 页）］打交道。如果这种抽象的、并不具体的领域可以被用来进行说明和辩护，那么它就必须存在于这种由生物变迁和社会变迁组成的流之外。如果使它植根于进化过程，那么它就不会比其他任何一种倾向或者自然趋势具有更多的、提供证明的力量了。最重要的是，这种“理性准则”必须是一种正确的准则（第 315 页）。沃勒尔指出，“我认为，这位理性主义者所接受和她那不断从自然出发进行解释的反对者所拒斥的，是一个由存在于所有各种心理事实之外的逻辑事实组成的世界”（第 316 页）（再补充为“心理事实和社会事实”就更好了）。沃勒尔正确地认为他的论断可以表明：

> 任何一种为了避免相对主义而运用有关自然化的认识论的进化论观点，同时又想避免对各种逻辑学—认识论方面的真作出承诺的尝试，都是注定要失败的。（第 318 页）

从沃勒尔对逻辑推理的分析来看，他的描述是很清楚的。甲和乙都对一个逻辑推理过程进行反思。这个推理过程是无效的，但是甲看到了这一点，而乙却没有看到这一点。沃勒尔通过与视知觉的对比来研究论述这个案例。甲之所以完全看到了实际情况，是因为与此有关的那些知觉过程都发挥了适当的作用。相形之下，乙的视力则受到了某种推理因素的“蒙蔽”或者“堵塞”。就这个与逻辑有关的案例而言，假如甲的真知灼见与一个由认识论真理组成的、“并不具体的”领域有关，那么这种情况把因果关系置于何地呢？根据这种观点，心理学家或者社会学家所处理的各种常见的原因，也许有助于说明为什么乙的视力受到了蒙蔽；而且，它们也许可以说明甲如何能够看到真
179 实情况（比如说，受教育、受训练以及才智等，是如何为一种畅通无阻的、关于真理的观点开辟道路的）。然而，因果关系是不会说明这种对真理本身的最后把握的。合理性的活动并不是因果关系的一个类。

我们在这里所看到的，恰恰是我自始至终一直坚持认为的、代表了理性主义者对知识社会学的反对意见所具有的潜在模型的、具有不对称性色彩和目的论色彩的描述。我从来没有［像 Chalmers 断言的那样（1990 年版，第 83 页）］攻击过那些似乎不合理的极端主义者。毋宁说，我一直在提出一种前后一致的、表达除了强纲领之外唯一正确的选择的论断。

六、数学和必然王国

为了表明可以对数学知识进行社会学说明，我曾经论证过我们能够设想某种可供替换的数学。批评者们曾经断言：第一，与任何一种可供替换的数学有关的证据都是不可想象的；第二，我忽略了那些在时间和空间方面相互分离的、实际进行数学研究的人们之间形成一致意见的广阔范围（参见 Freudenthal，1979 年版；Triplett，1986 年

版；Archer，1987年版）。

弗罗伊登塔尔（Freudenthal）拒绝考虑我所提供的各种有关可供替换的数学的例子（这些例子从希腊的数学一直延伸到拉卡托斯对欧拉定理的说明）。他指出，它们“与……关于数学的社会学毫不相干”（第74页）。他提出的主张是，它们仅仅涉及各种概念的定义，而没有涉及证明过程本身。因此，

> 各种定义虽然的确是某种共同体的共识的对象，然而它们并不属于（而且人们也从来不认为它们属于）数学必然性的王国。（第74～75页）

对于各种定义的协商是一回事，而争论各种证明的有效性则是另一回事（第80页）。我之所以没有看到这一点，是因为我没有觉察到真正的数学与“形而上学”之间的区别，这种区别把所有各种“哲学方面的潜在的预设前提”（第75页）都包含在内了。特里普利特（Triplett）独立得出了同样的观点，而阿彻（Archer）则认可弗罗伊登塔尔对我那些例子的“详细剖析”（第238页）。

格拉特利（Gellatly，1980年版）和詹宁斯（Jennings，1988年版）所作出的回答，非常有效地确定了这些论断所具有的缺陷。这些批评者通过随心所欲地利用数学和元数学之间的界线，是用未经证明的假定来进行辩论的。我所提出的主张是，这样一种界线本身是一种常规、是一种具有历史性的变量。认识到人们如何确定什么东西存在于数学之内、什么东西存在于数学之外，这只是知识社会学所面临的问题的一个组成部分，而与形成这种认识有关的各种可供替换的方式
则构成了各种可供替换的数学观念。人们根本不可能恰恰以这些批评 180
者所使用的方式认为这种界线是理所当然的。我们的数学之所以似乎没有任何可供替换的东西，原因之一在于我们通常都不允许这种可供替换的数学存在。我们拒绝考虑这种可能性，或者使它变得无影无踪，或者把它界定为错误做法、界定为非数学（我马上就会提供一个

有关的例子)。我们进行的这些有关对各种可供替换的数学作出回应的实际解释,都有助于证明我们认为它们并不存在的坚定信念。出于我并不想假装理解的某些原因,我们似乎能够参与这种必不可少的解释活动,同时却并没有意识到我们正在做什么。我曾经为了使人们注意这些实际解释而煞费苦心(参见本书第169～170页)。那么,我的批评者们通过他们的回应都做了一些什么呢?他们只不过利用了我所描述的这些实际解释,然后便引用由这种利用产生的结果来反对我的结论。这种做法是胆大妄为之举,但是也几乎是不得要领的。

让我们考虑一下沃利斯在证明三角形的面积等于底的一半乘以高的时候所使用的方式。他运用了各种无穷小和一些由无穷大的分子和无穷大的分母组成的分式(参见本书第165～166页)。我们虽然不再接受这种证明,但是在沃利斯看来,这种证明属于必然性的王国。也就是说,它是一种对于这种公式是正确的具体证明。在称这种证明是一种候补"证明"的时候,我是像数学教师和那些实际进行数学研究的数学家运用这个术语那样运用这个术语的。弗罗伊登塔尔通过改变"证明"这个术语的意义、通过以一种特殊的方式运用它,也就是说,通过把它当作一种抽象的推理图式来对待,对这些例子采取了回避态度。由于受符号逻辑的影响,这种特征描述缺乏数学思想所具有的基本要素。拉卡托斯已经使我们认识到,这种要素,这种关于证明的观念,是准经验的、可以激发和组织符号操作过程的模型(1976年版)。当然,沃利斯的证明包含着某种明确的证明观念。这种对意义的改变使一些诸如此类的例子被不公平地忽略了。然而,我觉察到了这些解释手段,并不意味着我可以拒绝考虑这里的全部反对意见。现在的问题是:这种特殊的、与证明有关的、直截了当的意义真的处于知识社会学力所能及的范围之外吗?我下面将用一个特殊的例子回过头来论述这一点。

所有这三位批评者都把广泛存在于数学家们之间的一致意见,把存在于数学史上的各种连续性,当作反对知识社会学的直接证据来对待。他们声称，如果强纲领是正确的，那么这些事实就是不可思议的。因此，弗罗伊登塔尔指出，构成数学思考过程的各种条件都“是极其普遍的，所以它们没有为社会学的、必定与众不同的调查研究留下任何发挥作用的余地”（第 70 页）。“必定与众不同”这种表述是至关重要的。当阿彻说强纲领是“相对主义”的时候（这种说法是正确的），她也进行了类似的推理，然后她便把“相对的”当作“普遍的” 181
对立面来对待（例如，第 235 页和第 237 页）。

这些推理的逻辑从两个方面来看都是可以质疑的。首先，“相对的”对立面并不是“普遍的”，而是“绝对的”。这些批评者要想驳斥相对主义，所需要的就不仅仅是见解的普遍性，他们还需要见解是正确的。甚至一致同意也无法保证他们所需要的那种属性。正像沃勒尔已经说过的那样，理性的准则必定是正确的。其次，社会学研究从哪种意义上说“必定与众不同”呢？如果这意味着任何一种常规性安排从原则上说都可能与众不同，也就是说，由于它可以是另一种样子，所以它必定是可能的，那么这样说就是正确的。但是，这并不意味着一种常规性安排实际上——或者从经验角度来看——必然展示变化，而决不展示始终如一。这种说法又一次忽略了由于某些纯粹偶然的原因而出现规律的可能性。

无论对于支持强纲领的人来说，还是对于反对强纲领的人来说，困难都在于认识下面这一点，即如果知识社会学是正确的，那么可以期望文化方面的变化在数学知识中达到何种程度。当然，这里既存在某些使人们期望一定程度的一致性的原因，也存在某些使人们说明它的对策。这些原因和对策有：（1）各种内在固有的、共同的、得到人们共享的推理习性；（2）某种共同的、可以为基本的数学研究过程提供基本的经验模型的环境；（3）各种文化之间的接触和对各种文化遗产的继承。另一方面，我们也许可以预期——比如说——人们对各种反例和反常现象的反应发生的变化，预期我在第六章中所描述的那些维度发生的变化。到这种纲领被转化成一种真正的理论为止（有关这个方面的尝试，参见 Bloor，1978 年版），人们有把握讨论的只不过是有关可能性的问题。我们有可能把握可以根据社会学方面的理由允许其存在的变化吗？具体说来，在“必然性的王国”之中、在以最抽象和最严格的形式设想的证明所具有的逻辑核心之中，可以找到诸如此类的变化的可能性吗？

让我们把所谓 *modus ponens*（肯定前件式）逻辑公式作为一个例子来考虑一下。它的意思是说，如果肯定 p，而且 p 隐含着 q，那么就必须肯定 q。用符号来表示就是：

$$\begin{array}{l} p \\ \underline{p \supset q} \\ \therefore q \end{array}$$

这里存在逃避这个公式的强制性和必然性的任何可能吗？如果前提真，那么结论不必定是真的吗？当然，这是一种对于有效的推理形
182 式的界定，而且我们在这里确实看到了一个有关我们的理性能力可以直觉到的这样一种形式的例子——只要我们的头脑没有发昏，情况就是如此。在这里，我们似乎看到了某种理性的或者说是绝对的共相（universal）——在这种共相面前，人们必定会证明强纲领不堪一击。自然主义的社会学探讨怎样才能具体说明我们的认识生活所具有的这些成分呢？

我们可以这样来加以说明。首先，通过遵循巴恩斯和布鲁尔所采取的路线（1982 年版），我希望指出，以这种方式进行辩论的趋势之所以广泛流传，是因为这种模式是与生俱来的。我们虽然还不知道对它的永恒性表达是什么，但是它却是以某种形式存在的、我们的自然理性所具有的一个特征（这意味着它在各种动物那里也会存在，而且实际情况确实是如此）。批评者们都非常轻蔑地对待这种步骤，阿彻就曾经指出，“他们都是在生物学中兜圈子”（第 241 页）。然而，从自然主义的立场出发来看，这样做是完全正当的；不过，它只能是这个故事的开端。其次，涉及的是社会学。我们也应当采取同样的路线。就我们的自然理性而言，一种诸如肯定前件式这样的模式所具有的普遍性，将会使它突出表现出来。因此，当我们着手建造各种认识

方面的常规的时候，我们①往往会针对有关组织和协调我们的集体思维过程的问题，运用这些突出的解决方法。简而言之，我们往往会把它提高到某种认识体制（cognitive institution）的层次之上。这样，它作为一种逻辑常规就会受到某种特殊保护的影响——比如说，就会因此而受到来自那些在运用它的过程中出现的反例和反常现象的特殊的保护的影响。

对于一个诸如肯定前件式这样有效的推理形式来说，各种反例有可能存在吗？实际上，人们虽然对于它们的了解已经经历了几个世纪，但是它们却一直在我们的文化意识边缘处于一种不可思议的状态，处于我们既了解又不了解的某种状态。逻辑学家们在很久以前就已经认识到，对肯定前件式的某些运用会使我们从真实的前提出发得出虚假的结论，但是他们称这些运用为“悖论”。我在这里所说的是“连锁推理悖论”（sorites paradox），也就是说，是与堆（heap）有关的问题。如果你有一堆沙子，并且从其中拿走一粒沙子，那么你仍然拥有一堆沙子。那么再拿走一粒沙子，现在你仍然拥有一堆沙子。如果你拥有一堆沙子，而且拿走一粒沙子……在这里，我们虽然看到了某种肯定前件式形式的推理，但是如果我们不断地运用它，这堆沙子最终就不复存在了，因而这里的结论也就是错误的：我们就不会看到一堆沙子剩下来，而是根本看不到任何沙子了。这里的前提都是真实的，这个推理过程也是肯定前件式，而得出的结论却是虚假的。所以，它根本不是一种有效的推理形式。或者，如果我们非要说它是有效的（因为我们可以看到它的有效性），那么出错误的根源就必定在其他地方，而这个例子就纯粹是一个“悖论”、一个难题、一件怪事了吗？人们所作出的传统反应是，指责这里运用了一些诸如“堆”这样的、“含糊不清的”谓项。据说，逻辑只能运用于一些清楚的，或者说经过充分界定的概念。只是在最近，人们才开始进行有关走其他道路、修正我们关于当我们运用肯定前件式的时候会出现什么情况的

① 原文在这里是“they”，疑是“we”之误；今按后者译出。——译者注

观念的实验（Sainsbury，1988 年版）。

183 当然，人们当作对绝对必然性的体现而提出来的，除了肯定前件式以外，还有其他一些可以选择的表达。阿彻曾经提出过“不矛盾律”（1987 年版），也就是说，一个陈述不可能既是真的又是假的，即$\sim(p \cdot \sim p)$。在这里，逻辑学家们又一次为知识社会学家提供了证明支持相对主义有道理所需要的材料。他们已经设想出了一些违反这种“法则”的形式逻辑体系——比如说，三值逻辑就是如此（参见 Makinson，1973 年版）。在这种情况下，这种争论就取决于这些技术性体系所具有的意义。社会学家将会发现，各种各样的修辞手段都被用来使它们脱离社会发展进程。人们告诉我们的并不是说它们都是一些悖论，而是说它们都是“寄生”在那些据说构成了它们的基础的二值逻辑体系之上的东西——也就是说，它们都是“寄生”在那些确实体现矛盾律的逻辑体系之上的（这种观点与人们为了非欧几里得几何学脱离社会进程而进行的古老的论证相似：他们说，这些几何学都是寄生在我们那独特的、欧几里得式的空间直觉之上的。参见 Richards，1988 年版）。这种用来贬低三值逻辑体系的技术根本不具有任何令人信服之处。作为形式体系，二值逻辑和三值逻辑完全处于同一个平面之上。我们绝不能把前者的形式机制看作是对于后者的形式机制的运用。这两种体系所发挥的作用既相互独立又相辅相成。然而，三值形式逻辑体系的确以我们的自然理性为预设前提，也就是说，以我们那些非形式的、用来操纵它们那些符号的思想过程和思维技巧为预设前提。但是，要想证实二值逻辑的形式机制，我们也同样需要这样做。这些与生俱来的技巧也许具有一般性，甚至偶尔会具有普遍性，但是它们并没有把任何绝对地位赋予不矛盾律。

这样，各种已经经过预言的、可以替换这些“绝对共相”的东西就都被展示出来了。一种对于强纲领的反直观的、的确具有强烈的难以置信色彩的预见，就这样被证实了。另一个具有普遍涵盖范围的法则也受到了同样的检验，并且通过了这种检验。在这里脱颖而出的关键点是，围绕着这些候选对象的、与“绝对”有关的光环，必定是由那些构成它们的特殊地位的社会构成物（social contrivances）产生出来的。当我们感受到它们那令人信服和具有强制性的特征的时候，我们的反应对象就是文化传统和文化常规。因此，事实证明，“必然性的王国”就是社会的王国。

七、结论：科学和异端邪说

我不久以前惊讶地发现，我刚才概略考察的各种——包括我自己的论断在内的——论断，都只不过是对一个世纪以前发生的那场争论的重演而已（Bloor，1988 年版）。有关强纲领的争论早就被人们在另一种语境中——也就是说，在神学和宗教教义史之中——进行过 184
了。当我在第三章中主张“我们是通过把科学当作某种圣物来对待而使科学不受社会学审视的影响”的时候，我的论述所具有的真实程度超出了我的认识。当初，强纲领是在与神的信念的关系而不是在与科学信念的关系中出现的，人们在那个时候用来反对它的论断，与人们今天用来反对它的论断毫无二致。今天，我们就撰写科学史的确切方式进行争论；而在昨天，人们虽然争论的是撰写教会教义史的确切方式，但是我们本来都会对这种论证非常熟悉。

强纲领是那种与所谓图宾根教会史学学派联系在一起的立场的相似物。在费迪南德·克里斯迪安·鲍尔[①]的领导下，这些学者开始把历史学的各种技术义无反顾地运用于研究基督教教会学说史。他们拒斥被鲍尔称为“超自然主义”的、陈旧的基督教会史范式。正像鲍尔在其《教会史学的各个时代》（1852 年版）中所说明的（参见 Hodgson，1968 年版，第 53 页），“超自然主义者”把教义史分成了两个

① 鲍尔（Ferdinand Christian Baur，1792—1860）：德国神学家，基督新教图宾根学派创始人，提出了“早期基督教是犹太基督教和非犹太基督教矛盾斗争的产物”，《福音书》曾经被后人为了克服这种矛盾而加以修正的“意图说”，对 20 世纪教会史研究和《圣经》研究影响很大。——译者注

部分，并且以不同的方式来研究它们。其中的一个部分是有关可信的使徒真理的记录。这种真理来源于神，不需要进行超越其神圣性的任何其他的解释。另一个部分则是有关异端邪说和违反教义的记录。这个部分应当用能够蒙蔽坚信徒众，并且使他们误入歧途的所有各种事物来加以说明。在这里，人们是根据野心、贪婪、无知、迷信以及邪恶来进行说明的。我们都是堕落的造物，而这一点就可以说明对真正的教义发展之路的各种背离。

显然，存在于“超自然主义”背后的各种假定，是与那些昭示今天的理性主义者在反思科学时所撰写的历史的假定完全一致的。在神的灵感的历史性展现之处，我们看到的是理性探究的不断展现过程，看到的是科学的“内在的”历史。在异端邪说的存在之处，我们看到的是不合理性和具有社会学、心理学方面原因的对真正的科学方法的各种背离，看到的是科学的“外在的”历史。神学之中的教义错误，在科学中被意识形态偏见取代了。今天的理性主义者们说：

> 当一位思想家做合乎理性的事情的时候，我们没有必要进一步探究那些导致他行动的原因；相反，当他所做的事情实际上不合乎理性——即使他认为他的做法合乎理性——的时候，我们就需要进一步进行某种说明了。（Laudan，1977 年版，第 188～189 页）

通过运用同样的话，仅仅进行少数几处替换，就可以准确地描述以前的超自然主义者坚持的立场所具有的特征。因此，

> 当一位基督徒相信什么合乎正统的时候，我们没有必要进一
> 185 步探究那些导致他的信念的原因，相反，当他相信那实际上是异
> 端邪说的东西——即使他认为这种东西合乎正统——的时候，我
> 们就需要进一步进行某种说明了。

鲍尔用一种对早期教会那些互相竞争的派别之间的政治冲突和政治协商的研究，代替了这种虽然令人崇敬但是也显得荒谬可笑的观点。他根据各种教义的“倾向”——也就是说，根据那些昭示它们的利益，对这些教义进行分析，拒绝以某种具有优先性的、关于这些倾向之中的哪些倾向从神学角度来看是正确的教义判断为中心，来构成他那些探究。简而言之，他研究了我们最珍视的那些教义的社会形成过程，而且他是作为一个虔诚的和令人尊敬的信徒而这样做的（Hodgson，1966 年版）。

就知识社会学而言，鲍尔和图宾根学派都是真正的开拓者。他们的重大成就都没有进入哲学家、社会学家以及科学史学家所共同具有的意识，以至于后者不得不重复同样的辩论，这真是太令人悲哀了。让我们也提出下列真诚的希望，即这些历史性的相似之处再也不会出现。就鲍尔及其同事努力改变那些神学传统的信奉者们从历史角度反思他们自己的信念和实践的方式而言，他们最后还是失败了。他们的批评者们问道：为什么要对神学争论如此关注呢？难道这些争论不会结束？难道这不是证明了神的实在和教会教义的真理最后总是要肯定自身吗（例如，Matheson，1875 年版）？图宾根学派尽管进行了广泛而又详细的探究，得出了与证据有关的大量财富，人们却认为他们是在贬低他们所研究的东西。他们的影响最终被独裁政府支持的蒙昧主义、盲从态度以及极端保守的神学所产生的影响压倒了。

参考书目[*]

Archer, M. "Resisting the Revival of Relativism." *International Sociology* 2, no. 3 (September 1987): 219-23.

Aristotle. *Metaphysics*. Trans. J. Warrington. London: Dent, 1956.

Arthur, B. "Positive Feedbacks in the Economy." *Scientific American* (February 1990): 92-99.

Austin, J. *Philosophical Papers*, chap. 5. Oxford, Clarendon Press, 1961.

Barber, B. "Resistance by Scientists to Scientific Discovery." *Science* 134, no. 3479 (1961): 596-602.

Barber, B., and R. Fox. "The Case of the Floppy-eared Rabbits." *American Journal of Sociology*, no. 64 (1958): 128-36.

Barker, S. *Philosophy of Mathematics*. Englewood Cliffs, N. J.: Prentice-Hall, 1964.

* 鉴于本书所列的参考书目少有中文版，为了便于读者在进一步研究过程中按图索骥地直接查找和利用原文资料，这里照录了原书的 Bibliography。——译者注

Barnes, B. *Scientific Knowledge and Sociological Theory*. London: Routledge & Kegan Paul, 1974.

——. "Natural Rationality: A Neglected Concept in the Social Sciences." *Philosophy of the Social Sciences* 6, no. 2 (1976): 115–26.

——. *T. S. Kuhn and Social Science*. London: Macmillan, 1982.

——. "Problems of Intelligibility and Paradigm Instances." In *Scientific Rationality: The Sociological Turn*, edited by J. Brown, 113–25. Dordrecht: Reidel, 1984.

Barnes, B., and D. Bloor. "Relativism, Rationalism and the Sociology of Knowledge." In *Rationality and Relativism*, edited by M. Hollis and S. Lukes, 21–47. Oxford: Blackwell, 1982.

Bartlett, F. C. *Remembering*. Cambridge: Cambridge University Press, 1932.

Bartley, W. W. Ⅲ. "Alienation Alienated: The Economics of Knowledge versus the Psychology and Sociology of Knowledge." In *Evolutionary Epistemology, Rationality and the Sociology of Knowledge*, edited by G. Radnitzky and W. W. Bartley, 423–51. La Salle, Ill.: Open Court, 1987.

Baur, F. C. "Epochs of Church Historiography." In *Ferdinand Christian Baur on the Writing of Church History*, edited by P. Hodgson, New York: Oxford University Press, 1968.

Ben-David, J. *The Scientist's Role in Society*. Englewood Cliffs, N. J.: Prentice-Hall, 1971.

——. "Sociology of Scientific Knowledge." In *The State of Sociology: Problems and Prospects*, edited by J. F. Short, 40–59. Beverly Hills: Sage Publications, 1981.

Bloor, C., and D. Bloor. "Twenty Industrial Scientists." In *Essays in the Sociology of Perception*, edited by M. Douglas, 83–

102. London: Routledge and Kegan Paul, 1982.

Bloor, D. "Two Paradigms for Scientific Knowledge?" *Science Studies* 1, no. 1 (1971): 101–15 .

——. "Wittgenstein and Mannheim on the Sociology of Mathematics." *Studies in the History and Philosophy of Science* 4, no. 2 (1973): 173–91.

——. "Popper's Mystification of Objective Knowledge." *Science Studies* 4 (1974): 65–76 .

——. "Psychology of Epistemology?" *Studies in the History and Philosophy of Science* 5, no. 4 (1975): 382–95.

——. "Polyhedra and The Abominations of Leviticus." *British Journal for the History of Science* 11 (1978): 243–72. Reprinted in *Essays in the Sociology of Perception*, edited by M. Douglas, 191–218. London: Routledge and Kegan Paul, 1982.

——. "Durkheim and Mauss Revisited: Classification and the Sociology of Knowledge." *Studies in the History and Philosophy of Science* 13 (1982): 267–97.

——. *Wittgenstein: A Social Theory of Knowledge*. London: Macmillan, 1983.

——. "Rationalism, Supernaturalism, and the Sociology of Knowledge." In *Scientific Knowledge Socialized*, edited by I. Hronsky, M. Feher, and B. Dajka. Budapest: Akedemiai Kiado, 1988.

Bosanquet, B. *The Philosophical Theory of the State*. London: Macmillan, 1899.

Bostock, D. *Logic and Arithmetic*. Oxford: Clarendon Press, 1974.

Bottomore, T. B. "Some Reflections on the Sociology of Knowledge." *British Journal of Sociology* 7, no. 1: 52–58.

Boyer, C. B. *The History of Calculus and Its Conceptual Development*. New York: Dover Publications, 1959.

Bradley, F. H. *Ethical Studies*. Oxford: Clarendon Press, 1876.

Brown, J. *The Rational and the Social*. London: Routledge, 1989.

Burchfield, J. D. *Lord Kelvin and the Age of the Earth*. London: Macmillan, 1975.

Burke, E. *Reflections on the Revolution in France* (1790). In *The Works of the Right Honourable Edmund Burke*, vol. 5. London: Rivington, 1808.

Cajori, F. *A History of Mathematics*, 2d Edition. New York: Macmillan, 1919.

Cardwell, D. S. L. *From Watt to Clausius*. London: Heinemann, 1971.

Carruccio, E. *Mathematics and Logic in History and in Contemporary Thought*. Trans. I. Quigley. London: Faber & Faber, 1964.

Cassirer, E. *The Problem of Knowledge*. Trans. W. H. Woglom and C. W. Hendel. New Haven: Yale University Press, 1950.

Chalmers, A. *Science and Its Fabrication*. Milton Keynes: Open University Press, 1990.

Coleman, W. "Bateson and Chromosomes: Conservative Thought in Science." *Centaurus* 15, no. 3−4: 228−314.

Collins, H. *Changing Order: Replication and Induction in Scientific Practice*. London: Sage, 1985.

Conant, J. B. "The Overthrow of Phlogiston Theory." In *Harvard Case Histories in Experimental Science*, edited by J. B. Conant and L. K. Nash. Cambridge, Mass.: Harvard University Press, 1966.

Cowan, R. S. "Francis Galton's Statistical Ideas: the Influence of Eugenics." *Isis* 63 (1976): 509–28.

Dedekind, R. *Essays on the Theory of Numbers*. Trans. W. W. Berman. New York: Dover Publications, 1963.

DeGre, G. *Science as a Social Institution*. New York: Random House, 1967.

Desmond, A. *The Politics of Evolution: Morphology, Medicine, and Reform in Radical London*. Chicago: University of Chicago Press, 1989.

Dienes, Z. P. *Building up Mathematics*. London: Hutchinson, 1960.

——. *The Power of Mathematics*. London: Hutchinson, 1964.

Douglas, Mary. *Purity and Danger: An Analysis of Concepts of Pollution and Taboo*. London: Routledge & Kegan Paul, 1966.

——. *Natural Symbols*. London: Barrie & Jenkins, 1970.

Durkheim, E. *The Elementary Forms of the Religious Life*. Trans. J. W. Swain. London: Allen and Unwin, 1915. (Quotations are from the 1961 Collier Books edition.)

——. *The Rules of Sociological Method*, 8th Edition. Trans. S. A. Soloway and J. H. Mueller. New York: The Free Press, 1938.

——. *Selected Writings*. Edited by Anthony Giddens, 251–53. Cambridge: Cambridge University Press, 1972.

Evans-Pritchard, E. E. *Witchcraft, Oracles and Magic among the Azande*. Oxford: Clarendon Free Press, 1937.

Flew, A. "A Strong Programme for the Sociology of Belief." *Inquiry* 25 (1982): 365–85.

——. "Must Naturalism Discredit Naturalism?" In *Evolutionary Epistemology, Rationality and the Sociology of Knowledge*, edited by G. Radnitzky and W. W. Bartley, 402–21. La Salle, ILL.: Open Court, 1987.

Forman, P. "Weimar Culture, Causality, and Quantum Theory, 1918－1927: Adaptation by German Physicists and Mathematicians to a Hostile Intellectual Environment." In *Historical Studies in the Physical Sciences*, vol. 3, edited by R. McCormmach, 1－115. Philadelphia: University of Pennsylvania Press, 1971.

Frege, G. *The Foundations of Arithmetic*. Trans. J. L. Austin. Oxford: Blackwell, 1959.

French, P. *John Dee*. London: Routledge & Kegan Paul, 1972.

Freudenthal, G. "How Strong is Dr. Bloor's 'Strong Programme'?" *Studies in History and Philosophy of Science* 10 (1979): 67－83.

Geach, P. *The Virtues*. Cambridge: Cambridge University Press, 1977.

Gellatly, A. "Logical Necessity and the Strong Programme for the Sociology of Knowledge." *Studies in History and Philosophy of Science* 11, no. 4 (1980): 325－39.

Giddens, A. *Emile Durkheim: Selected Writings*. Edited with an introduction by A. Giddens. Cambridge: Cambridge University Press, 1972.

Gooch, C. P. *Studies in German History*. London: Longmans, 1948.

Halevy, E. *The Growth of Philosophical Radicalism*. Trans. M. Morris. London: Faber & Faber, 1928.

Hamlyn, D. W. *The Psychology of Perception*. London: Routledge & Kegan Paul, 1969.

Haney, L. H. *History of Economic Thought*. New York: Macmillan, 1911.

Heath, Sir T. *Diophantus of Alexandria: A Study in the History of Greek Algebra*, 2d Edition. Cambridge: Cambridge University Press, 1910.

——. *A History of Greek Mathematics*, 2 vols. Oxford: Clarendon Press, 1921.

Hesse, Mary. *Models and Analogies in Science*. Notre Dame: University of Notre Dame Press, 1966.

——. *The Structure of Scientific Inference*. London: Macmillan, 1974.

——. "The Strong Thesis in the Sociology of Science." In *Revolutions and Reconstructions in the Philosophy of Science*, 29–60. Brighton: Harvester, 1980.

Hobhouse, L. T. *The Metaphysical Theory of the State*. London: Allen & Unwin, 1918.

Hodgson, P. *The Formation of Historical Theology: A Study of Ferdinand Christian Baur*. New York: Harper & Row, 1966.

——. *Ferdinand Christian Baur on the Writing of Church History*. New York: Oxford University Press, 1968.

Hollis, M. "The Social Destruction of Reality." *In Rationality and Relativism*, edited by M. Hollis and S. Lukes, 67–86. Oxford: Blackwell, 1982.

Jacob, J. "Boyle's Atomism and the Restoration Assault on Pagan Naturalism." *Social Studies of Science* viii (1978): 211–33.

Janik, A., and S. Toulmin. *Wittgenstein's Vienna*. London: Weidenfeld & Nicolson, 1973.

Jennings, R. "Truth, Rationality and the Sociology of Science." *British Journal for the Philosophy of Science* 35 (1984): 201–11.

——. "Alternative Mathematics and the Strong Programme: Reply to Triplett." *Inquiry* 31 (1988): 93–101.

Kantorowicz, H. "Savigny and the Historical School of Law." *Law Quarterly Review* 53 (1937): 326–43.

Kitcher, P. *The Nature of Mathematical Knowledge*. Oxford: Oxford University Press, 1984.

Klein, J. *Greek Mathematical Thought and the Origin of Algebra*. Trans. E. Brann. Cambridge, Mass.: MIT Press, 1968 (first published in 1934 and 1936).

Kuhn, T. S. *The Copernican Revolution*. Cambridge, Mass.: Harvard University Press, 1957.

——. "Energy Conservation as an Example of Simultaneous Discovery." In *Critical Problems in the History of Science*, edited by M. Clagett. Madison: University of Wisconsin Press, 1959.

——. "The Historical Structure of Scientific Discovery." *Science* 136 (1962a): 760-64.

——. *The Structure of Scientific Revolutions*. Chicago: University of Chicago Press, 1962b.

Lakatos, I. "Infinite Regress and the Foundations of Mathematics." *Proceedings of the Aristotelian Society*, supp. v. 36 (1962): 155-84.

——. "Proofs and Refutations." *British Journal for the Philosophy of Science* 14 (1963-64): 1-25, 120-39, 221-43, 296-342.

——. "A Renaissance of Empiricism in the Recent Philosophy of Mathematics." In *Problems in the Philosophy of Mathematics*, edited by I. Lakatos, 199-220. Amsterdam: North Holland Publishing Company, 1967.

——. "History of Science and Its Rational Reconstructions." In *Boston Studies*, v. 8, edited by R. C. Buck and R. S. Cohen. Dordrecht: Reidel, 1971.

——. *Proofs and Refutations*. Cambridge: Cambridge University Press, 1976.

Lakatos, I., and A. Musgrave, eds. *Criticism and the Growth of Knowledge*. Cambridge: Cambridge University Press, 1970.

Langmuir, I. *Pathological Science*. Edited by R. N. Hall. New

York：General Electric R & D Centre Report no. 68-c-035，1968.

Laudan，L. *Progress and Its Problems*：*Towards a Theory of Scientific Growth*. London Routledge & Kegan Paul，1977.

Lovejoy，A. O. "Reflections on the History of Ideas." *Journal of the History of Ideas* 1，no. 1 (1940)：3-23.

Lukes，S. "Relativism：Cognitive and Moral." *Proceedings of the Aristotelian Society*，supp. v. 48 (1940)：165-89.

Lummer，O. "M. Blondlot's N-ray Experiments." *Nature* 69 (1904)：378-80.

McDougall，W. *The Group Mind*. Cambridge：Cambridge University Press，1920.

MacKenzie，D. *Statistics in Britain*，*1865—1930*：*The Social Construction of Scientific Knowledge*. Edinburgh：Edinburgh University Press，1981.

Makinson，D. *Topics in Modern Logic*. London：Methuen，1973.

Mander，J. *Our German Cousins*：*Anglo-German Relations in the 19th and 20th Centuries*. London：John Murray，1974.

Manicas，P.，and A. Rosenberg. "Naturalism，Epistemological Individualism and the 'Strong Programme' in the Sociology of Knowledge." *Journal for the Theory of Social Behavior* 15 (1985)：76-101.

Mannheim，K. *Ideology and Utopia*. Trans. with an introduction by L. Wirth and E. Shils. London：Routledge & Kegan Paul，1936.

——. *Essays on the Sociology of Knowledge*. London：Routledge & Kegan Paul，1952.

——. "Conservative Thought." In *Essays on Sociology and Social Psychology*. London：Routledge & Kegan Paul，1953.

Matheson, Rev. G. *Aids to the Study of German Theology*. Edinburgh: Clark, 1875 .

Merton, R. K. "Priorities in Scientific Discoveries." *American Sociological Review* 22, no. 6 (1957): 635–59.

——. *Social Theory and Social Structure*. London: Collier-Macmillan, 1964.

——. *The Sociology of Science: Theoretical and Empirical Investigations*, chap. 1. Chicago: University of Chicago Press, 1973.

Mill, J. S. *A System of Logic: Ratiocinative and Inductive*. London: Longmans, 1848. All quotations are from the 1959 impression of the eighth edition. All references are given by citing the book, chapter, and section number.

Millikan, R. *Language, Thought and Other Biological Categories*. Cambridge, Mass.: MIT Press, 1984.

Montmorency, J. E. G. de. "Friedrich Carl von Savigny." In *Great Jurists of the World*, edited by J. Macdowell and E. Mason. London: John Murray, 1913.

Morrell, J. B. "The Chemist Breeders: The Research Schools of Liebig and Thomas Thomson." *Ambix* xix, no. 1: 1–46.

Nash, L. K. "The Atomic-Molecular Theory." *In Harvard Case Histories in Experimental Science*, edited by J. B. Conant and L. K. Nash. Cambridge, Mass.: Harvard University Press, 1966.

Newton-Smith, W. *The Rationality of Science*. London: Routledge & Kegan Paul, 1981.

Nisbet, R. A. *The Sociological Tradition*. London: Heinemann, 1967.

Pascal, R. "Herder and the Scottish Historical School." *Publications of the English Goethe Society*, New Series xiv: 23–42.

Peters, R. S. *The Concept of Motivation*. London: Routledge

& Kegan Paul, 1958.

Piaget, J. *The Child's Concept of Number*. Trans. C. Cattegro and F. M. Hodgson. London: Routledge & Kegan Paul, 1952.

Pickering, A. *Constructing Quarks: A Sociological History of Particle Physics*. Edinburgh: Edinburgh University Press, 1984.

Pinch, T. *Confronting Nature: The Sociology of Solar-Neutrino Detection*. Dordrecht: Reidel, 1986.

Poincaré, H. *Science and Method*. Trans. F. Maitland. New York: Dover Publications, 1908.

Polya, G. *Analogy and Induction*. Volume I *of Mathematics and Plausible Reasoning*. Princeton: Princeton University Press, 1954.

Popper, K. R. *The Logic of Scientific Discovery*. London: Hutchinson, 1959 (first published 1934).

——. *The Poverty of Historicism*. London: Routledge & Kegan Paul, 1960.

——. *Conjectures and Refutations*. London: Routledge & Kegan Paul, 1963.

——. *The Open Society and Its Enemies*, vol. 2. London: Routledge & Kegan Paul, 1966.

——. *Objective Knowledge*. Oxford: Clarendon Press, 1972.

Reiss, H. S. *The Political Thought of the German Romantics*, 1793–1815. Oxford: Blackwell, 1955.

Richards, J. *Mathematical Visions: The Pursuit of Geometry in Victorian England*. London: Academic Press, 1988.

Rudwick, M. J. S. *The Meaning of Fossils*. London: Macdonald, 1972.

——. "Darwin and Glen Roy: A 'Great Failure' in Scientific Method?" *Studies in the History and Philosophy of Science* 5, no. 2（1974）：97－185.

——. *The Great Devonian Controversy：The Shaping of Scientific Knowledge among Gentlemanly Specialists*. Chicago：University of Chicago Press，1985.

Russell，B. *Portraits from Memory*. London：Allen & Unwin，1956.

Ryle，G. *The Concept of Mind*. London：Hutchinson，1949.

Sainsbury，R. *Paradoxes*. Cambridge：Cambridge University Press，1988.

Scheffler，I. *Science and Subjectivity*. New York：Bobbs-Merrill，1967.

Shapin，S. "Phrenological Knowledge and the Social Structure of Early Nineteenth-Century Edinburgh." *Annals of Science* xxxii（1975）：219－43.

——. "The Politics of Observation：Cerebral Anatomy and Social Interests in the Edinburgh Phrenology Disputes." In *On the Margins of Science*（Sociological Review Monograph No. 27，1979），edited by R. Wallis.

——. "Homo Phrenologicus：Anthropological Perspectives on an Historical Problem." In *Natural Order：Historical Studies in Scientific Culture*，edited by B. Barnes and S. Shapin. Beverly Hills：Sage，1979.

——. "History of Science and Its Sociological Reconstructions." *History of Science* xx（1982）：157－211.

Shapin，S.，and S. Schaffer. *Leviathan and the Air-Pump*. Princeton：Princeton University Press，1985.

Skinner，B. F. "The Operational Analysis of Psychological Terms." *Psychological Review* 52：270－77.

Slezak，P. "Scientific Discovery by Computer as Empirical Refutation of the Strong Programme." *Social Studies of Science* 9, no. 4 (Nov. 1989): 563-600.

Spengler, O. *The Decline of the West*. Trans, C. F. Atkinson. London: Allen & Unwin, 1926.

Stark, W. "Liberty and Equality or: Jeremy Bentham as an Economist." *Economic Journal* 51 (1941): 56-79; and 56 (1946): 583-608.

——. *The Sociology of Knowledge*. London: Routledge & Kegan Paul, 1958.

Staude, J. R. *Max Scheler*, 1874—1928, chap. 3: "The Genius of the War." New York: The Free Press, 1967.

Storer, N. W. *The Social System of Science*. New York: Holt, Rinehart & Winston, 1966.

Strawson, P. "Truth." *Proceedings of the Aristotelian Society* supp. v. xxiv (1950): 129-56.

Strong, E. W. *Procedures and Metaphysics*. Hildersheim: Georg Olms, 1966 (first published 1936).

Toulmin, S. "Crucial Experiments: Priestley and Lavoisier." *Journal of the History of Ideas* 18 (1957): 205-20.

Triplett, T. "Relativism and the Sociology of Mathematics: Remarks on Bloor, Flew, and Frege." *Inquiry* 29 (1986): 439-50.

Turner, R. S. "The Growth of Professorial Research in Prussia, 1818 to 1848—Causes and Context." In *Historical Studies in the Physical Sciences*, vol. 3, edited by R. McCormmach, 137 - 82. Philadelphia: University of Pennsylvania Press, 1971.

Van der Waerden, B. L. *Science Awakening*. Trans. A. Dresden. Groningen: Noordhoff, 1954.

Warrington, J. *Translation of Aristotle's Metaphysics*. London: Dent, 1956.

Watkins, D. S. "Blondlot's N-rays: A History of a Notable Scientific Error." Unpublished paper from Department of Liberal Studies, University of Manchester, 1969.

Williams, R. *Culture and Society* 1780—1950. London: Chatto & Windus, 1958.

Winch, P. "Understanding a Primitive Society." *American Philosophical Quarterly* 1 (1964): 307–24.

Wittgenstein, L. *Remarks on the Foundations of Mathematics*. Oxford: Blackwell, 1956.

——. *Philosophical Investigations*. Trans. G. E. M. Anscombe. Oxford: Blackwell, 1967.

Wolff, K. H., ed. *Essays on Sociology and Philosophy by Emile Durkheim* et al. New York: Harper & Row, 1964.

Wood, R. W. "The N-rays." *Nature* 70 (1904): 530–31.

Worrall, J. "Rationality, Sociology and the Symmetry Thesis." *International Studies in the Philosophy of Science* 4, no. 3 (1990): 305–19.

Yates, Frances A. *The Rosicrucian Enlightenment*. London: Routledge & Kegan Paul, 1972.

Yearley, S. "The Relationship between Epistemological and Sociological Cognitive Interests." *Studies in History and Philosophy of Science* 13 (1982): 253–88.

Young, R. M. "Malthus and the Evolutionists: The Common Context of Biological and Social Theory." *Past and Present* 43 (1969): 109–45.

Znaniecki, F. *The Social Role of the Man of Knowledge*. New York: Octagon Books, 1965.

索　引

Knowledge and Social Imagery, 2nd ed.
by David Bloor

Licensed by The University of Chicago Press, Chicago, Illinois, U. S. A.

图书在版编目（CIP）数据

知识和社会意象/（英）布鲁尔著；霍桂桓译．—北京：中国人民大学出版社，2014.1

（当代世界学术名著）

书名原文：Knowledge and Social Imagery

ISBN 978-7-300-18550-7

Ⅰ.①知… Ⅱ.①布… ②霍… Ⅲ.①知识社会学 Ⅳ.①C912.67

中国版本图书馆 CIP 数据核字（2013）第 308862 号

当代世界学术名著

知识和社会意象

［英］大卫·布鲁尔（David Bloor） 著

霍桂桓 译

Zhishi he Shehui Yixiang

出版发行	中国人民大学出版社		
社　　址	北京中关村大街 31 号	**邮政编码**	100080
电　　话	010－62511242（总编室）		010－62511770（质管部）
	010－82501766（邮购部）		010－62514148（门市部）
	010－62515195（发行公司）		010－62515275（盗版举报）
网　　址	http://www.crup.com.cn		
	http://www.ttrnet.com（人大教研网）		
经　　销	新华书店		
印　　刷	北京东君印刷有限公司		
规　　格	155 mm×235 mm　16 开本	**版　　次**	2014 年 4 月第 1 版
印　　张	19.25 插页 2	**印　　次**	2014 年 4 月第 1 次印刷
字　　数	261 000	**定　　价**	48.00 元